두번째

# 1일 1그림

# 두 번째 1일 1그림

나의 공간, 나의 작은 수채화

—

2017년 7월 22일 1판 1쇄 발행
2019년 2월 11일 1판 2쇄 발행

—

**지은이** 김이랑
**펴낸이** 이상훈
**펴낸곳** 책밥
**주소** 03986 서울시 마포구 동교로23길 116 3층
**전화 번호** 02) 582-6707
**팩스 번호** 02) 335-6702
**홈페이지** www.bookisbab.co.kr
**등록** 2007.1.31. 제313-2007-126호

—

**기획·진행** 기획1팀 김난아
**디자인** 디자인허브 김혜진

—

**ISBN** 979-11-86925-23-2 (13650)
**정가** 15,800원

—





**책밥**은 (주)오렌지페이퍼의 출판 브랜드입니다.

이 도서의 국립중앙도서관 출판예정도서목록(CIP)은 서지정보유통지원시스템 홈페이지(http://seoji.nl.go.kr)와 국가자료공동목록시스템(http://www.nl.go.kr/kolisnet)에서 이용하실 수 있습니다.(CIP제어번호: CIP2017016056)

이랑의 #하루

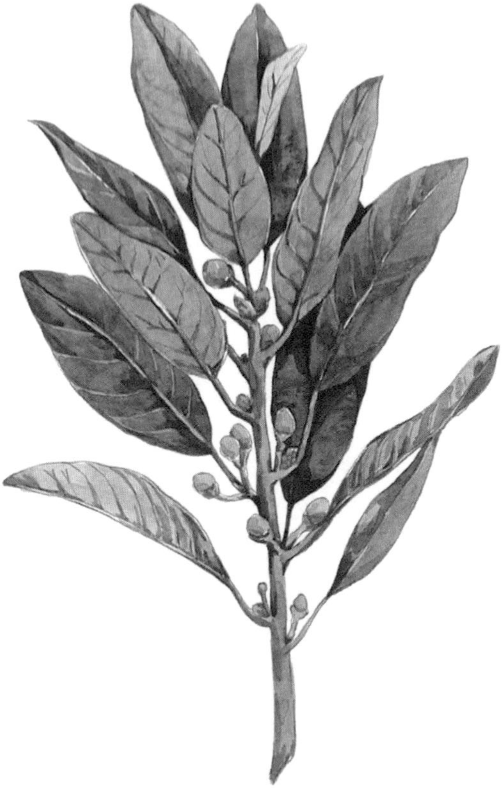

나의 공간, 나의 작은 수채화

# 두번째 1일1그림

김이랑 지음

책밥

# 다시, 1일 1그림

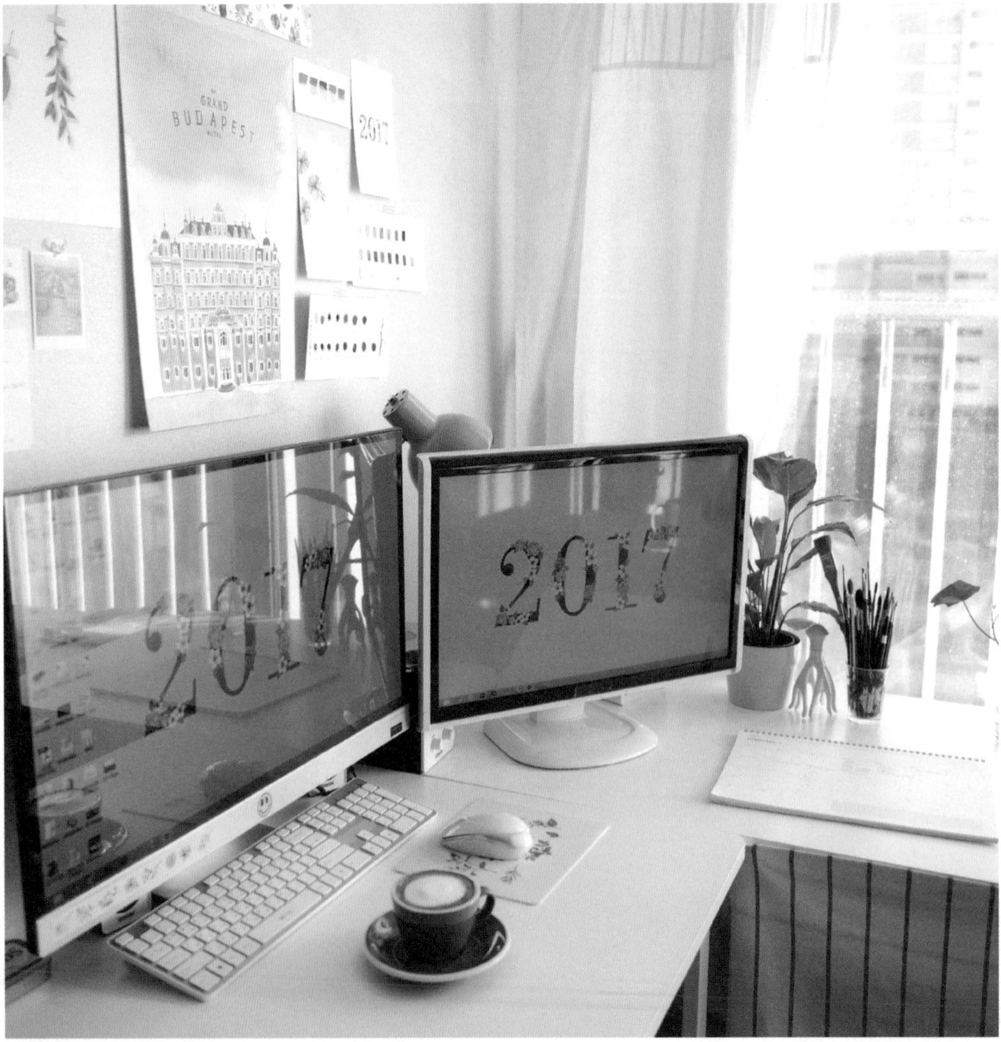

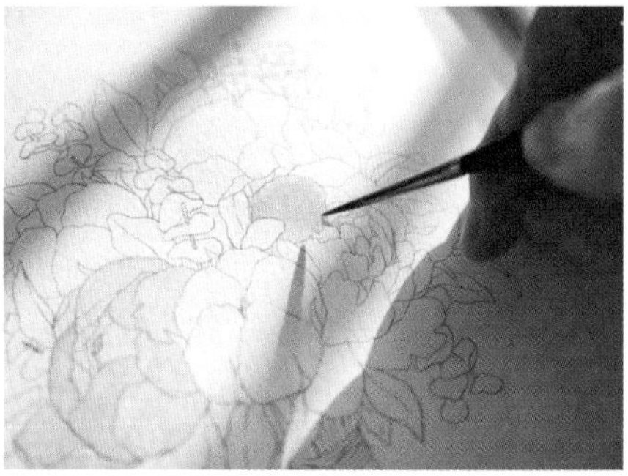

첫 책이 나온 지 정확히 1년 만에 두 번째 책의 머리말을 쓰고 있습니다. 여전히 예쁜 그림들 그리고 계시지요? 혹시 무엇을 그려야 할지 몰라 막막한 기분이신가요? 그림을 그릴 때에는 좋아하는 것을 그리는 게 가장 중요하다고 생각합니다. 흰 종이를 바라보며 무엇을 그릴지 막막한 기분이 들 때에는 좋아하는 것을 떠올려 보세요. 내가 좋아하는 것들로 가득한 내 방에서 그림의 소재를 찾기도 하고, 좋아하는 카페에서 마셨던 맛있는 커피, 햇살 좋은 날 공원을 산책하며 보았던 예쁜 나뭇잎, 여행지에서 지나쳤던 귀여운 과일가게 등 행복했던 순간들을 떠올리며 그림을 그립니다. 그러다 보면 그림을 시작할 때 무엇을 그릴까, 하는 생각보다는 좋아하는 것을 보았을 때 이걸 그려 보면 좋겠다, 하는 생각이 먼저 든답니다. 저의 책상 앞에는 〈그리고 싶은 것들〉이라는 목록이 항상 붙어 있습니다. 그리고 싶은 것들을 하나하나 써 놓은 목록이에요. 그 목록을 볼 때마다 늘 행복해지고 왠지 벅차오르곤 합니다. 좋아하는 것을 빼곡히 적은 나만의 〈그리고 싶은 것들〉 리스트를 만들어 보면 어떨까요? 여러분의 '1일 1그림'이 한결 행복해질 거예요.

김이랑

ㅇ 차례



01 내 방에서

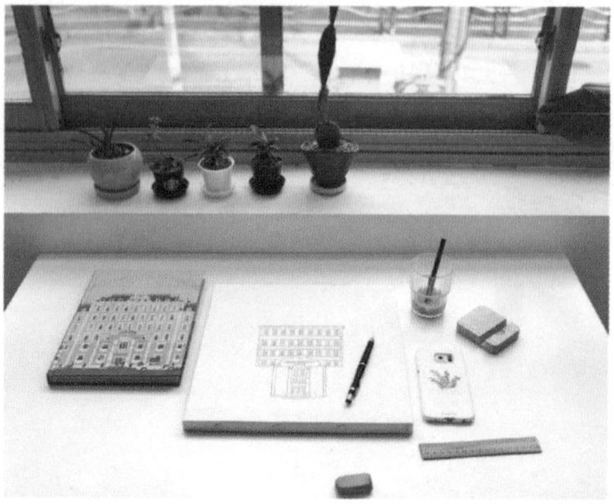



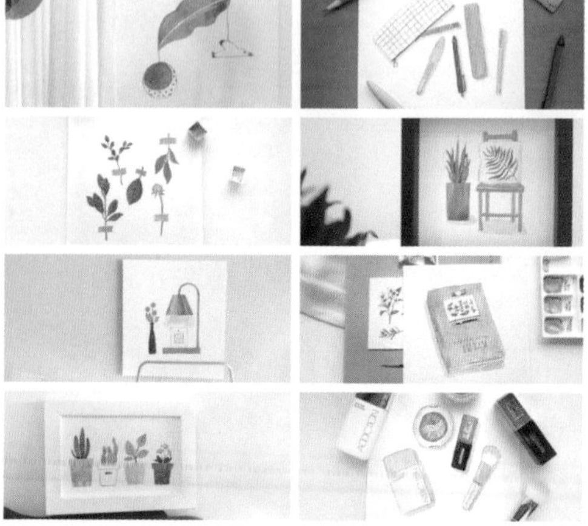

## 2 식탁 위의

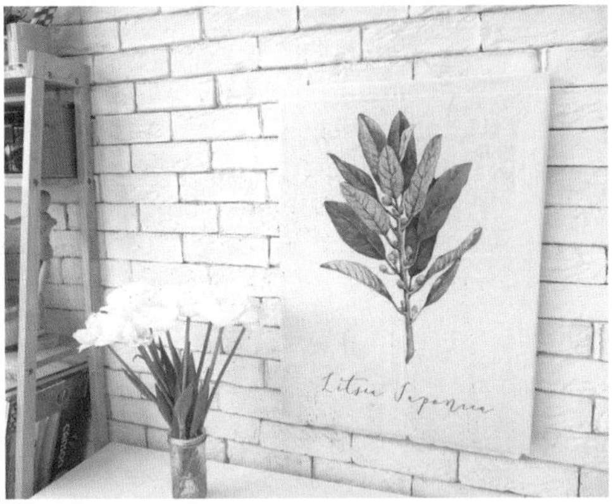




## 3 카페에서

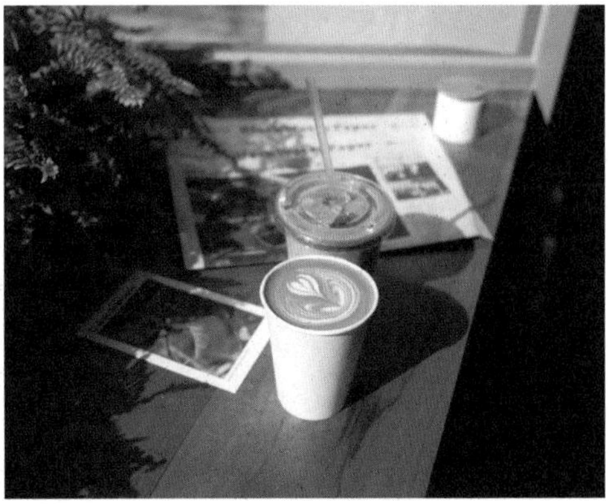



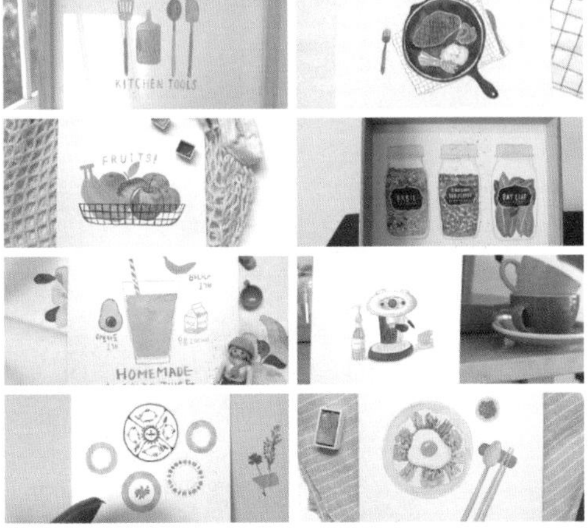


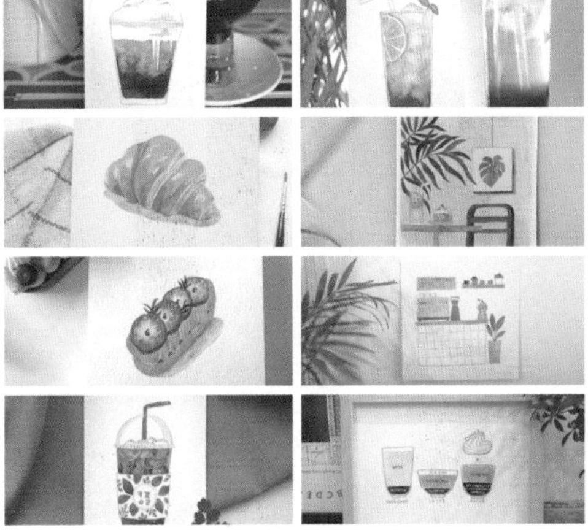

Contents

## 4 공원에서

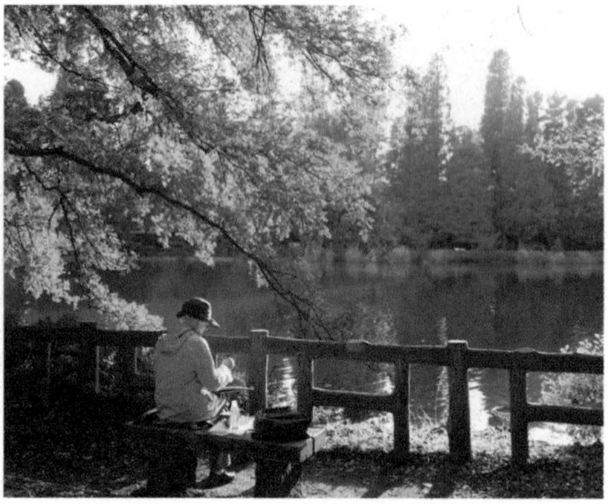



## 5 여행지에서

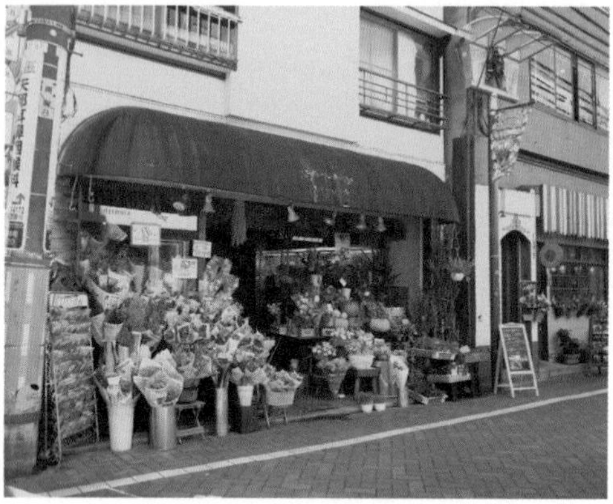



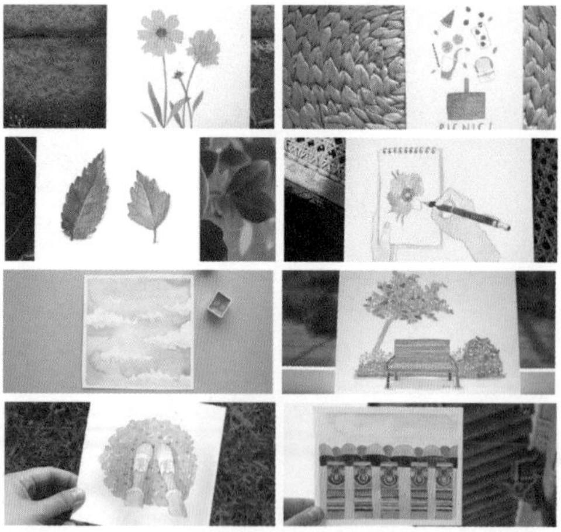

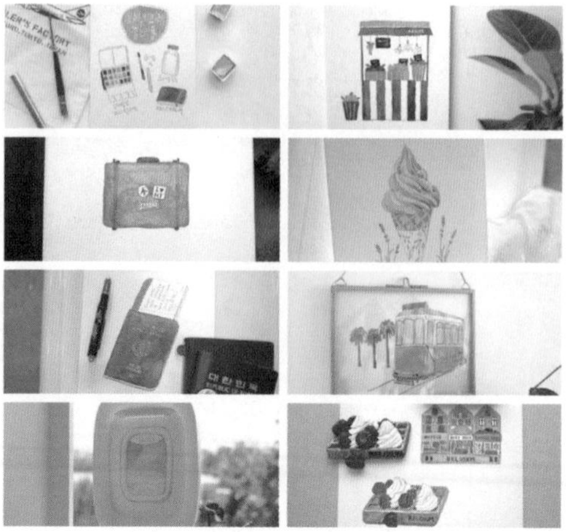

# 6 내가 그린 그림 활용하기

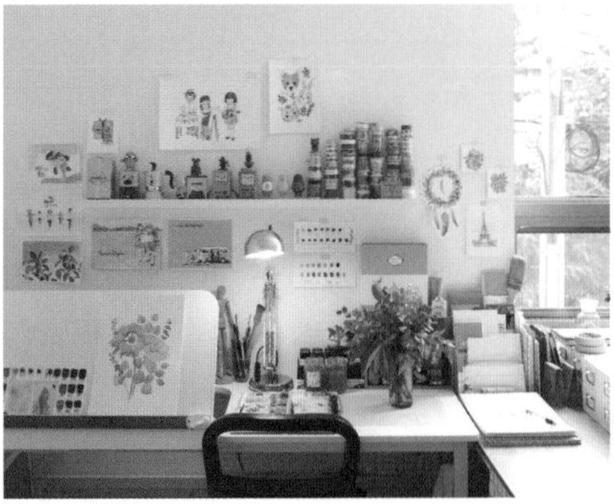



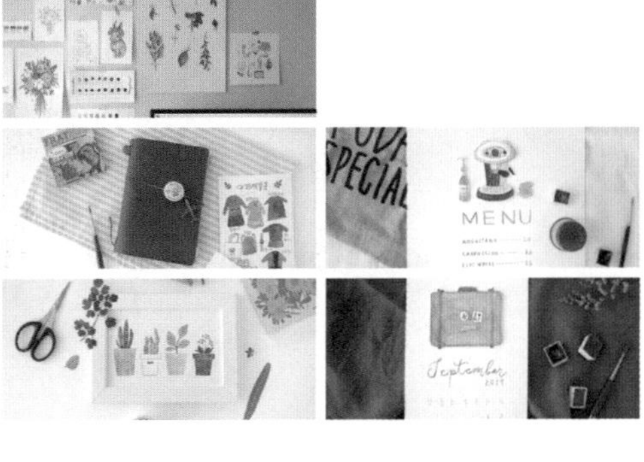


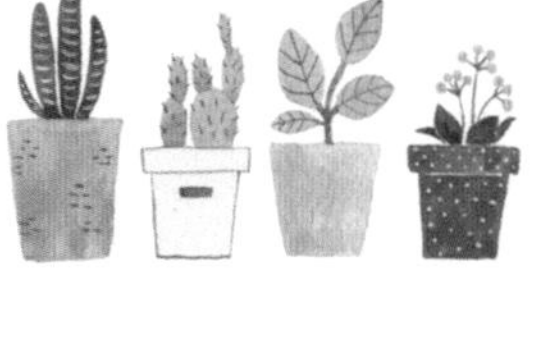

# 수채화 도구를 소개합니다

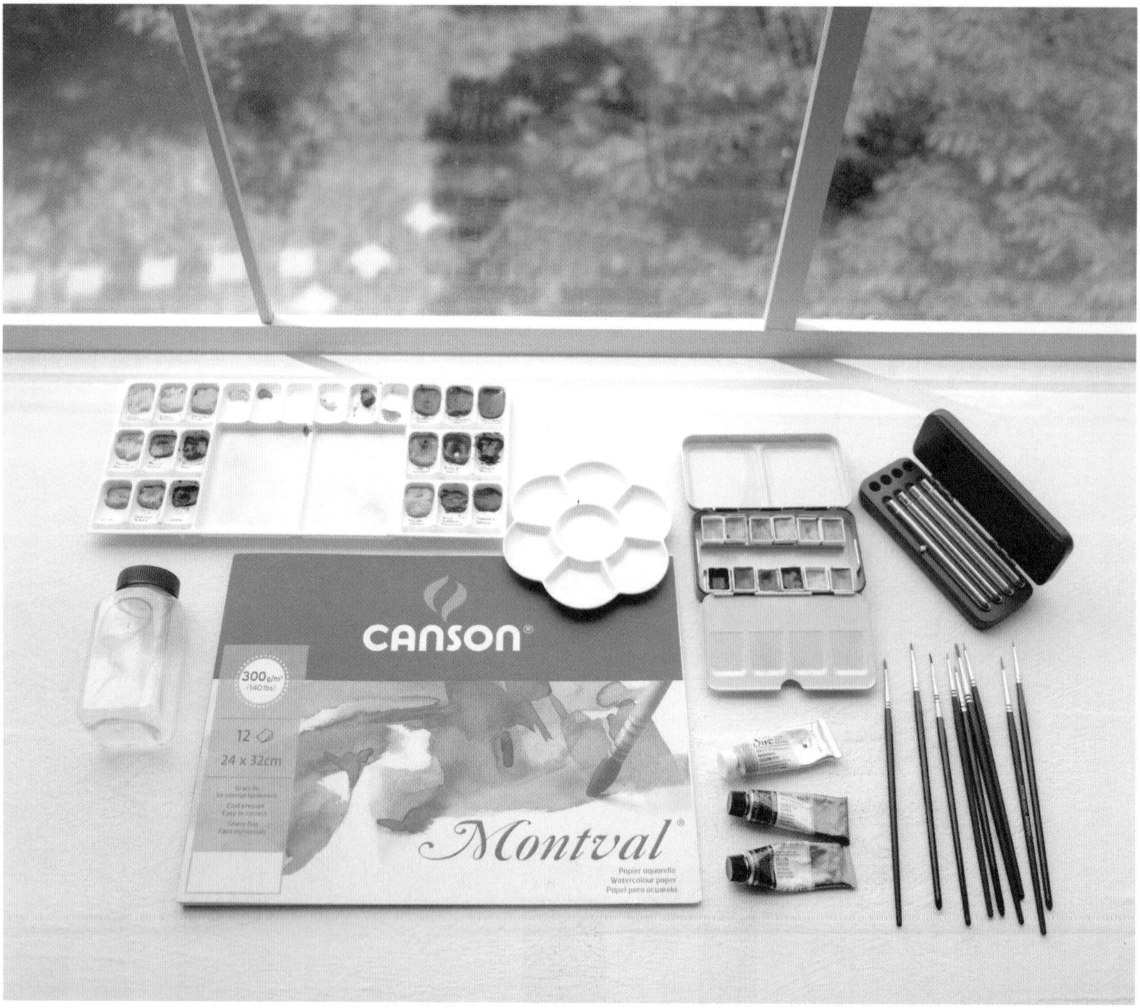

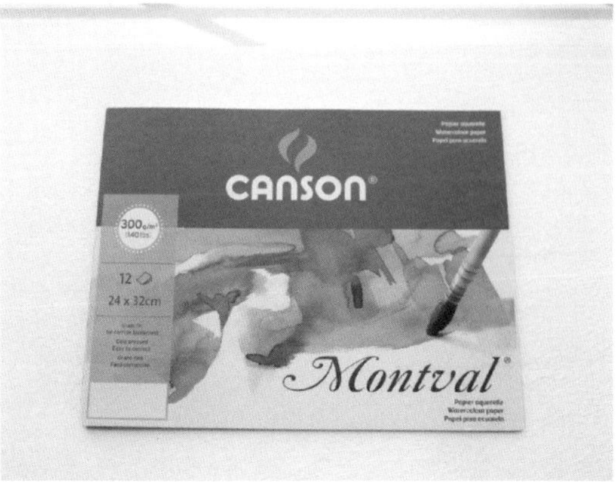


## 종이

수채화를 그릴 때에는 200g 이상의 종이를 사용하는 것이 좋습니다. 특별히 물을 많이 써야 하는 그림일 경우에는 300g 이상의 수채화용지를 추천합니다. 저는 두께가 적당하고 가격도 합리적인 캔손 몽발 수채패드를 자주 사용한답니다. 야외에서 그림을 그리고 싶다면 미니 스케치북을 준비해 주세요. 펜탈릭 수채저널이 크기도 다양하고 종이의 질이 좋아 휴대용으로 적합합니다.

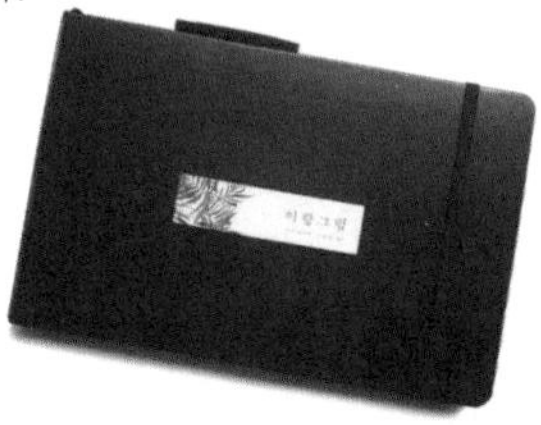

펜탈릭 수채저널

## 붓

붓의 모(毛)는 천연모와 인조모로 나뉩니다. 부드러운 천연모는 물을 많이 흡수하고 유연한 것이 특징이며, 인조모는 물을 많이 흡수하지 못하기 때문에 세밀한 표현에 적합합니다. 그림 스타일에 따라 다르지만, 2호 크기의 천연모 붓은 두루두루 사용하기 좋으니 조금 비싸더라도 하나쯤 가지고 있는 것이 좋아요. 천연모는 붓촉이 뾰족하게 잘 모여서 작은 그림을 그릴 때도 유용하고, 물을 많이 머금기 때문에 어느 정도 큰 그림도 그릴 수 있습니다. 천연모 중에서는 피렌체에서 만든 재키(Zecchi)의 2호 붓을 가장 좋아합니다. 좀 더 큰 그림을 그리고 싶다면 4호를 준비해 주세요. 선을 긋거나 글씨를 쓰는 등의 세밀한 작업이 가능한 세필붓도 자주 사용합니다. 세필붓은 붓촉이 쉽게 상할 수 있어 상대적으로 저렴한 바바라 20R 시리즈를 여러 개 구입해서 사용하고 있습니다. 또한 휴대용 붓은 뚜껑이 따로 있어서 붓촉이 상하지 않게 가지고 다닐 수 있어 좋습니다.

이 책의 그림들은 주로 재키 2호 붓을 사용해 그렸어요. 하지만 중간 사이즈의 다른 붓을 사용해도 무방합니다. 큰 붓은 재키 4호 붓, 얇은 붓은 바바라 20R 0호와 1호를 사용했으니 참고해 주세요.

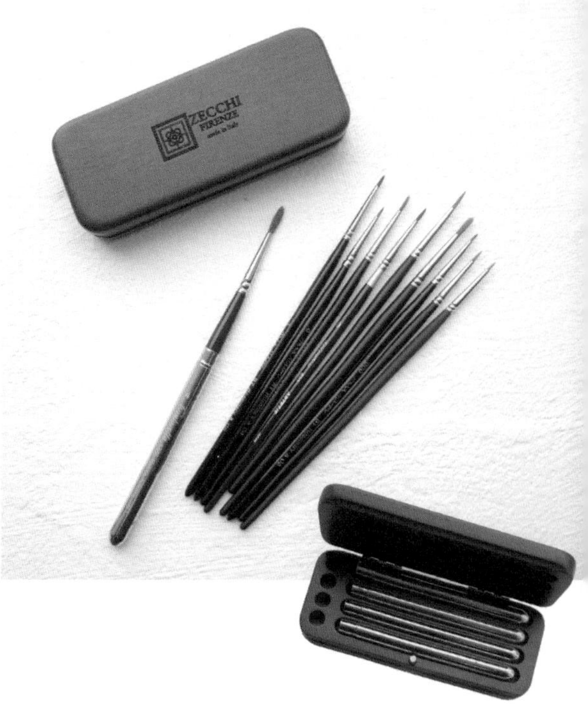

•
### 물감

기본색이 포함된 24색 정도의 물감 세트를 구비해 두고 좋아하는 색을 하나씩 추가로 구입하는 것이 좋습니다. 신한 SWC 또는 미젤로 물감을 추천합니다. 하지만 24색 세트에도 쓰지 않는 색이 있기 마련이니 자주 사용하는 물감을 12색 정도 구입한 후에 부족한 색을 추가하며 나만의 물감 색 조합을 찾아보는 것도 좋아요. 맨 처음 12색을 구입할 때에는 노란색, 빨간색, 초록색, 파란색, 갈색 등의 중요한 색은 꼭 포함하기로 해요.

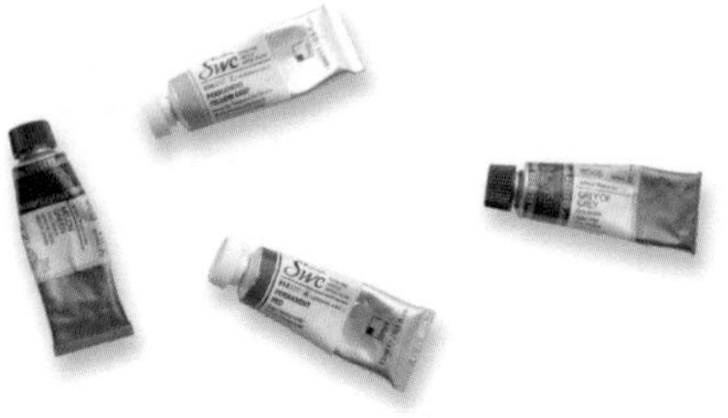

○
## 그 외에 있으면 좋은 특수 물감들

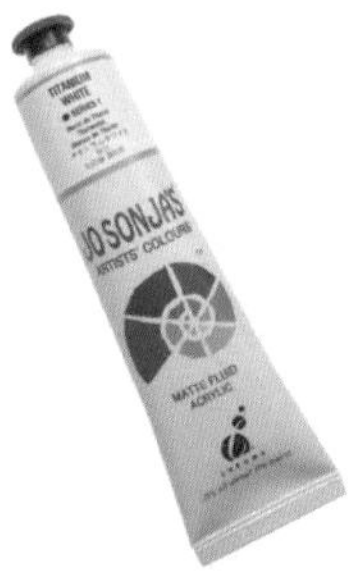

JO SONJA'S Titanium White

### 아크릴물감

수채화물감은 그 특성상 흰색을 덧바르기 힘들어요. 그렇기 때문에 흰색 아크릴물감을 구비해 두면 좋습니다. 반짝반짝 빛나는 물체의 광택을 표현할 때 가장 좋으며, 흰 여백을 남겨 두고 채색해야 하는데 실수로 채색해 버린 경우에도 유용합니다. 아크릴물감은 한번 굳으면 다시 물에 풀어지지 않습니다. 매끈한 곳에 묻으면 긁어낼 수 있지만 옷 등의 섬유 재질에 묻으면 절대 지워지지 않으니 꼭 주의해 주세요. 아크릴물감을 사용한 붓도 망가지지 않도록 바로바로 씻어야 하며, 저렴한 인조모 붓을 사용하는 것이 좋습니다. 또한 팔레트에 짜 놓으면 긁어내야 하니 일반 종이나 일회용 종이 팔레트를 사용하는 것을 추천합니다.

### 펄물감

반짝이는 펄의 느낌은 수채화 물감으로 표현하기 어려우므로 펄물감을 사용합니다. 물에 쉽게 녹지 않기 때문에 물감에 물을 듬뿍 올려 두고 붓으로 여러 번 문질러 녹이는 과정이 필요해요. 잘 녹여서 사용하면 이미 채색한 물감 위에도 불투명하게 색을 올릴 수 있습니다. 펄물감을 사용할 때도 아크릴물감과 마찬가지로 저렴한 인조모 붓을 사용하는 것이 좋습니다.

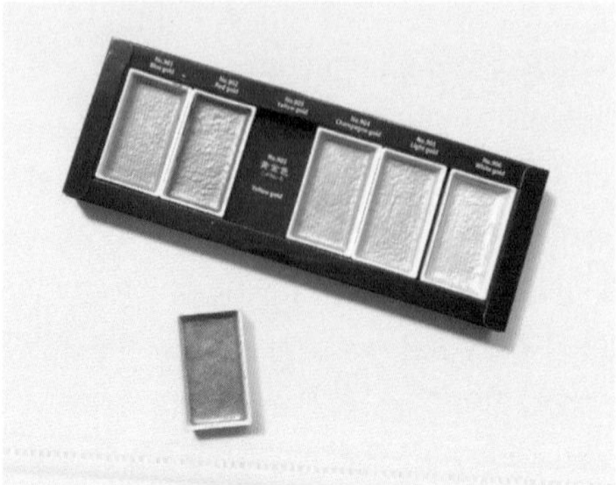

간사이 탐비(Gansai Tambi) 펄물감

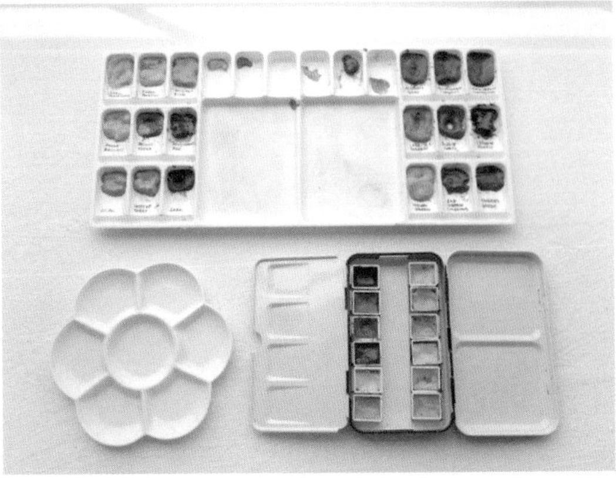

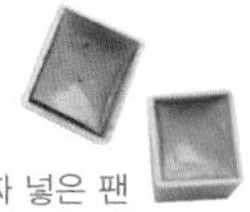

물감을 짜 넣은 팬

**팔레트**

플라스틱 소재의 팔레트는 물감 색이 밸 수 있으니 조색용으로는 도자기 팔레트를 추천합니다. 도자기는 물감이 배지 않아 색이 분명히 보이고 붓이 덜 상한다는 장점이 있습니다. 사용하지 않는 흰색 접시를 팔레트로 활용해도 좋아요. 야외용 팔레트가 필요하다면 빈 팬(Empty pans)에 물감을 짜 두고 미니 팔레트에 끼워서 사용합니다. 팬을 여러 개 만들어 놓고 나갈 때마다 필요한 색만 끼워 넣으면 나만의 야외용 팔레트가 완성됩니다.

**물통**

사용하지 않는 머그컵 등을 물통으로 활용해 보세요. 색이 배지 않는 도자기나 유리컵이 좋습니다. 야외에서 그림을 그릴 때에는 뚜껑이 있는 플라스틱 물통을 휴대하는 것이 편리합니다.

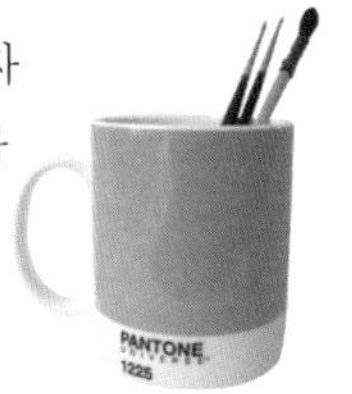


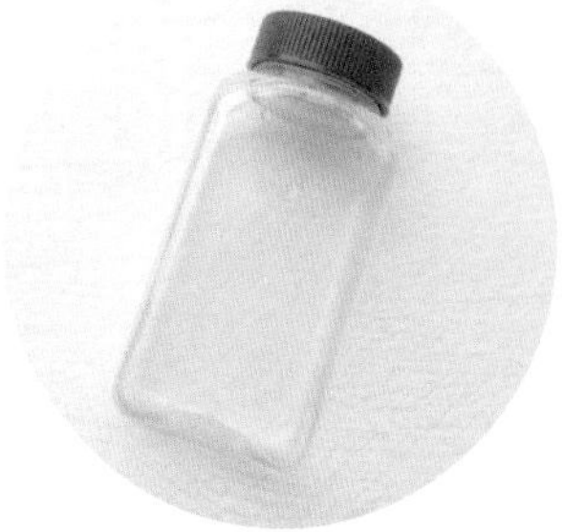

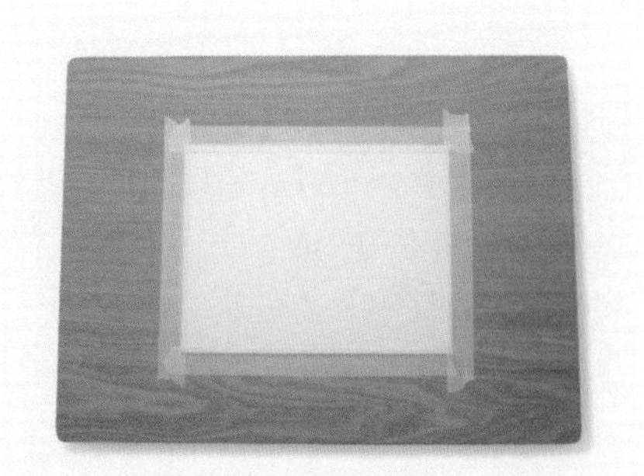

**마스킹테이프**

배경까지 채우는 그림을 그릴 때 물감이 바깥으로 삐져나오지 않도록 마스킹테이프를 붙입니다. 원하는 크기에 맞추어 사방을 둘러 붙인 후 그 안쪽에 그림을 그리면 돼요. 또한 종이가 우는 것을 방지하기 위해 사용하기도 합니다. 그림 사이즈보다 조금 크게(5~10mm 정도) 종이를 자른 후 그림 사이즈 외의 여백만큼 사방으로 테이프를 붙여서 책상이나 패널에 고정해 그림을 그려 보세요. 물을 많이 쓰더라도 종이가 훨씬 덜 울 거예요. 그림을 완성한 후에는 조심스럽게 테이프를 떼어 내야 종이가 상하지 않습니다.

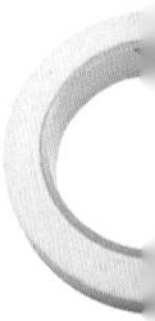

**라인펜**

연필 스케치를 좀 더 또렷하게 다듬고 싶을 때 사용합니다. 그림 주변에 글씨를 쓸 때에도 유용하고, 스케치 없이 펜드로잉을 하기에도 좋아요. 연필로 스케치를 하고 나서 라인펜으로 또렷하게 다듬고 연필 스케치를 깨끗이 지운 후 그 위에 수채화를 올려도 번지지 않아 좋습니다.

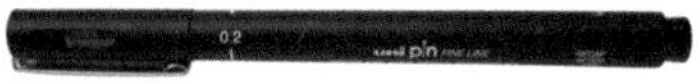

유니핀 피그먼트 라이너(0.2mm)

# 1. 물감의 농도 조절하기

**• 물감 발색하기**

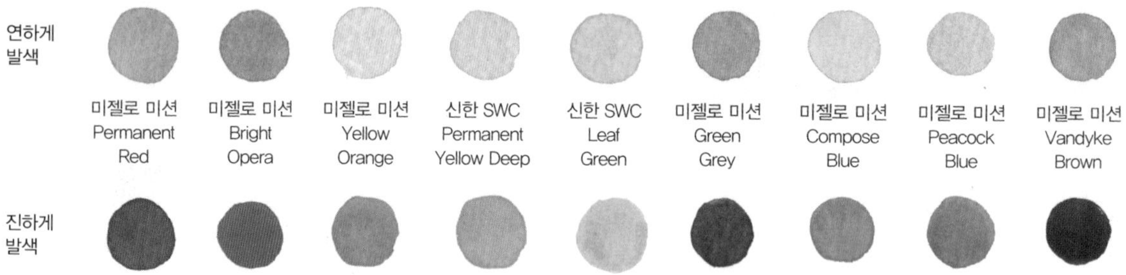


물감을 어떻게 발색하느냐에 따라서 같은 색도 다르게 표현됩니다. 붓에 물을 많이 섞어 물감을 연하게 발색하면 맑고 여린 파스텔 톤의 색감을 만들 수 있습니다. 반면 물보다 물감을 많이 묻혀 진하게 발색하면 또렷하고 선명한 색감을 표현할 수 있습니다.

단, 원하는 농도로 물감을 발색하기 위해서는 물의 양을 조절하는 연습이 필요해요. 연하게 발색하여 그림을 그릴 때에는 채색 당시의 색과 마른 후의 색이 달라지는 경우가 있으며, 물이 많이 고인 쪽이 좀 더 진하게 표현될 수 있으니 물의 양을 적당히 조절하는 연습을 해야 합니다. 진하게 발색할 경우에는 물이 부족하면 물감이 잘 펴지지 않고 거칠게 표현될 수 있으니 마찬가지로 물의 양을 조절하는 연습이 꼭 필요합니다. 물의 양을 조절하여 같은 색을 여러 색감으로 만들어 보세요.

**• 검은색 활용하기**

연하게 발색한 검은색으로는 그림에 음영을 넣을 수도 있고, 하얀 물체나 투명한 유리 재질의 테두리를 그릴 때에도 사용합니다. 진하게 발색하여 얇은 붓으로 그림 그리면 펜드로잉 느낌도 낼 수 있는 유용한 색입니다. 연하게 발색할 때는 물감보다 물을 많이 섞어 색을 연하게 만들고, 진하게 발색할 때는 물보다 물감을 많이 섞어 색을 진하게 만듭니다. 검은색을 다양한 농도로 발색하는 연습을 해 보세요.

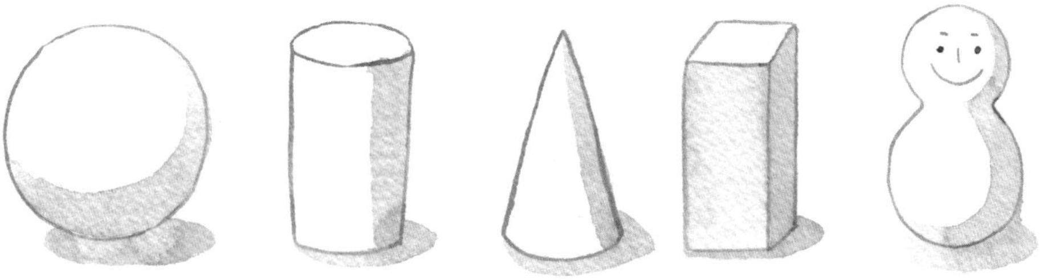

검은색을 중간 정도의 농도로 발색하여 사물의 테두리를 그린 후 물을 좀 더 섞은 연한 색으로 음영과 그림자를 넣을 수 있습니다.

**• 채색하기**

넓은 부분을 균일한 톤으로 채색하기

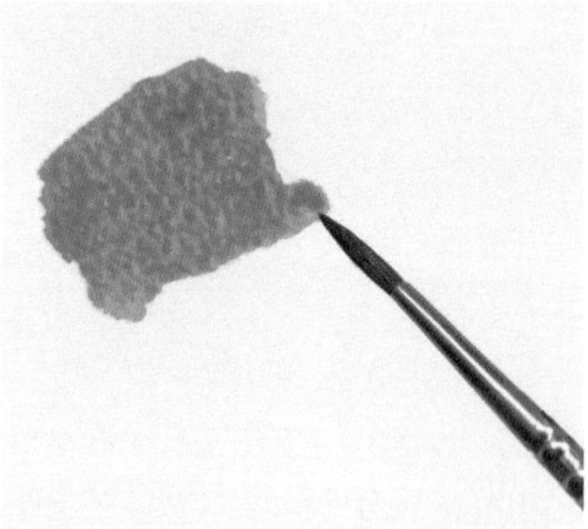

묽게 발색

진하게 발색한 물감에 물도 많이 섞는 방법을 이 책에서는 '묽게 발색한다'고 표현할 거예요. 이렇게 물감을 한 번에 많은 양으로 조색해 두면 균일한 톤으로 채색할 때 좋습니다. 반면 채색 도중에 물이나 물감이 모자라 추가로 섞을 경우에는 농도에 차이가 생겨 채색 시 얼룩이 남게 돼요. 물과 물감을 많이 섞어 묽게 발색해 두고 한 번에 빠르게 펴 발라야 넓은 부분을 얼룩지지 않게 채색할 수 있습니다. 묽게 발색한다는 표현의 의미를 꼭 기억해 주세요.

넓은 부분을 얼룩지게 채색하기

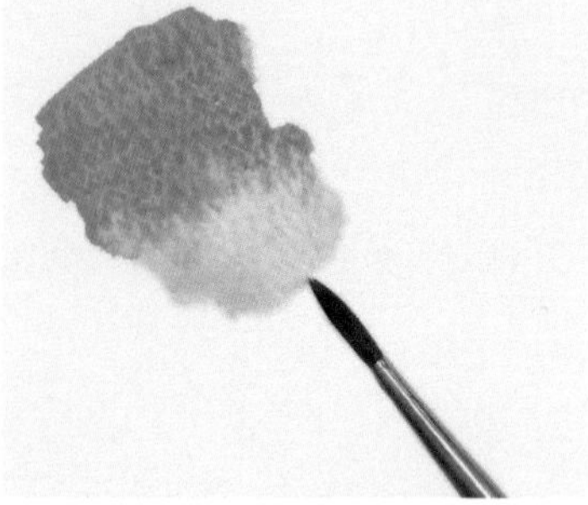

반대로 하늘이나 액체 등의 넓은 부분을 단조롭지 않게 표현하기 위해서는 물감의 농도에 일부러 변화를 주어 얼룩지게 채색합니다. 먼저 물감과 물을 많이 섞어 묽게 발색한 후 흥건한 느낌으로 채색합니다. 그러고 나서 붓을 살짝 씻은 후 붓의 물기를 채색한 바로 아래쪽으로 흘려보냅니다. 서로 다른 농도의 물감이 만나면 자연스럽게 섞이고 번져서 완전히 마른 후에는 더 예쁘게 표현됩니다.

## 2. 얇은 선 표현하기

얇은 붓으로 선을 얇게 그리는 연습을 해 봅니다. 잎사귀에 잎맥을 그려 넣거나 글씨를 쓸 때, 테두리를 그리거나 디테일을 묘사할 때에는 얇은 선으로 표현하는 것이 중요합니다. 붓에 물이 아주 많아도 얇게 그리기 어렵고, 물이 부족해도 붓이 매끄럽게 움직이지 않아 얇은 선을 그리기 어려워요. 물의 양을 적당히 맞추어 선을 얇게 그려 보세요. 얇은 선을 잘 활용하면 그림이 더욱 또렷하고 섬세해 보입니다.

Tip 인조모 세필은 모질이 탄탄해 초보자가 사용해도 또렷한 선을 그리기 쉽지만 붓이 머금는 물감의 양이 적어 물감을 자주 묻혀야 한다는 단점이 있어요. 반면 천연모 세필은 인조모보다 물감을 많이 머금어서 좋지만 모질이 부드러워 드로잉 시 컨트롤이 어렵고 붓이 쉽게 상한다는 단점이 있습니다.

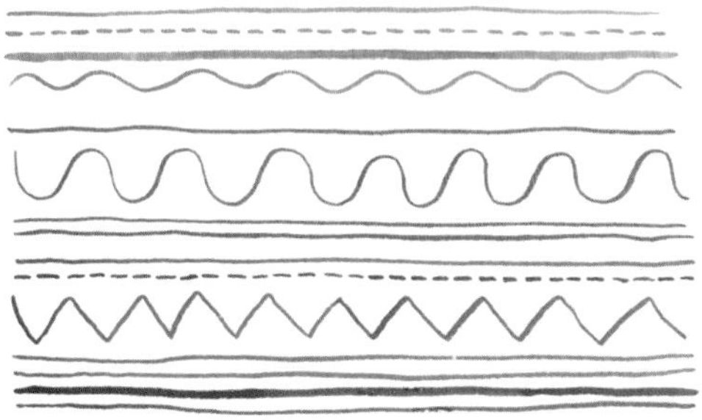

얇은 선과 점선, 조금 도톰한 선, 곡선 등 여러 종류의 선을 다양한 색으로 그려 보세요. 저는 바바라 20R 00호를 사용했습니다.

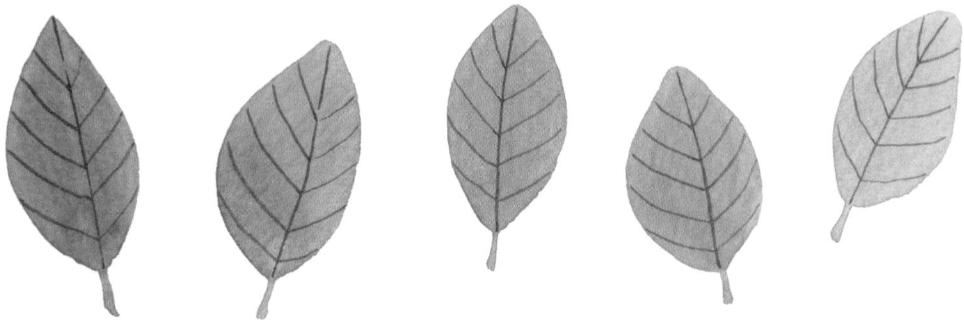

잎사귀를 여러 개 그린 후 얇은 선으로 잎맥을 그리는 연습을 해 보세요.

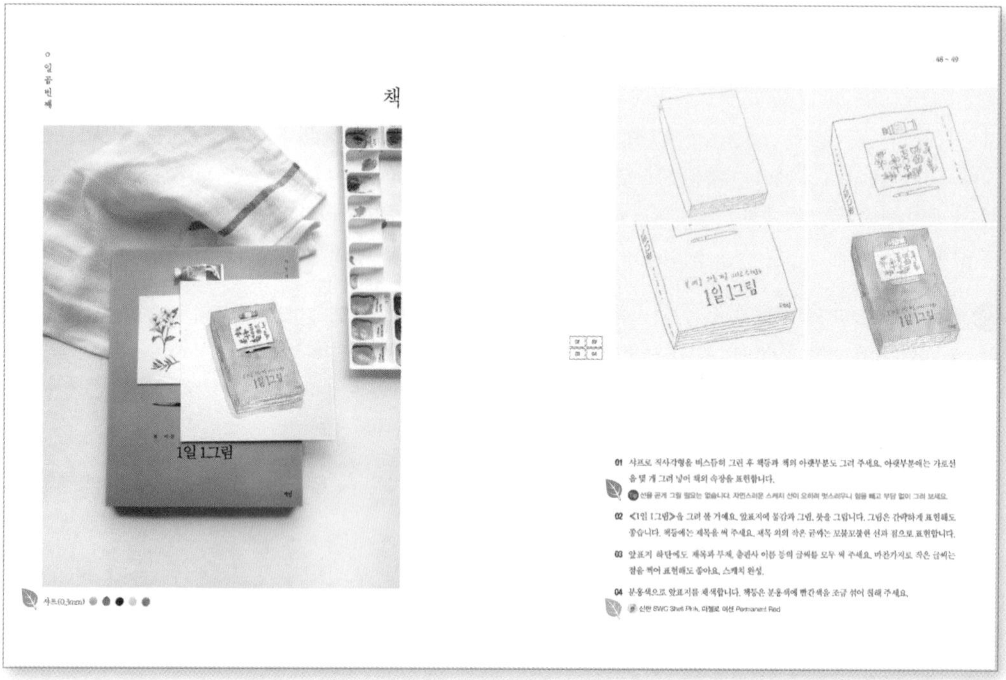


### 준비물

각 그림마다 필요한 준비물을 표시해 두었습니다. 샤프나 마스킹테이프, 마스킹액 등의 준비물과 함께 그림에서 사용한 물감 색을 순서대로 넣었어요. 붓은 주로 재키(Zecchi)의 2호 붓을 사용했기 때문에 별도로 표기하지 않았습니다. 사이즈만 비슷하다면 다른 제품을 사용해도 좋습니다. 다만, 넓은 부분을 채색할 때에는 좀 더 큰 붓으로, 섬세하게 표현하고 싶은 부분에서는 얇은 붓으로 바꿔서 사용해 주세요.

### 물감 이름

준비물에서 그림에 사용된 색들을 한눈에 확인할 수 있지만, 각 과정에서 사용한 물감의 정확한 이름을 설명 뒤에 한 번 더 넣었습니다. 제가 사용한 물감이 궁금하다면 여기서 확인해 주세요. 물론 다른 제품을 사용해도 상관없습니다.

### Tip

그림을 그리는 과정에서 필요한 참고 사항이나 도움이 될 만한 조언을 담았습니다.

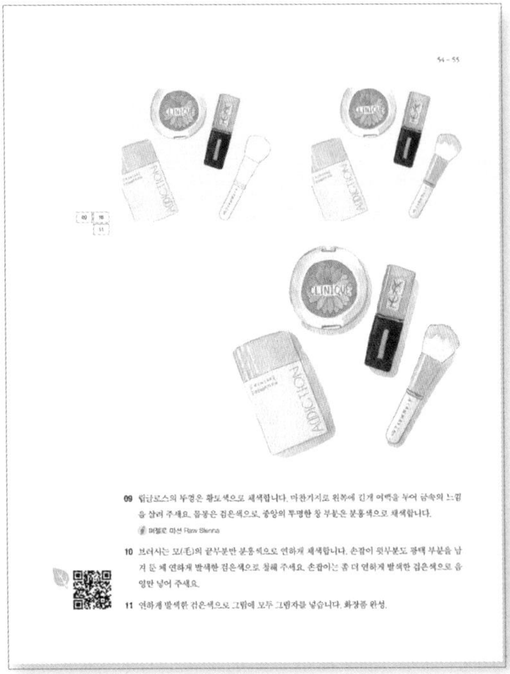
54 - 55

09 립글로스의 뚜껑은 황토색으로 채색합니다. 마찬가지로 왼쪽에 길게 여백을 두어 금속의 느낌을 살려 주세요. 몸통은 검은색으로, 중앙의 투명한 창 부분은 분홍색으로 채색합니다.

미젤로 미션 Raw Sienna

10 브러시는 모(毛)의 끝부분만 분홍색으로 연하게 채색합니다. 손잡이 윗부분도 광택 부분을 남겨 둔 채 연하게 발색한 검은색으로 칠해 주세요. 손잡이는 좀 더 연하게 발색한 검은색으로 음영만 넣어 주세요.

11 연하게 발색한 검은색으로 그림에 모두 그림자를 넣습니다. 화장품 완성.

### 동영상 QR코드

이 책에는 하나의 챕터마다 총 8개의 그림이 수록되어 있습니다. 그림 8개는 가장 쉬운 것부터 난이도 순서대로 구성했어요. 상대적으로 어렵게 느껴질 수 있는 각 챕터의 마지막 그림, 즉 여덟 번째 그림에는 동영상 QR코드를 넣어 두었습니다. 그림 그리는 과정을 눈으로 직접 볼 수 있다면 따라 그리기가 더욱 쉽겠죠? 스마트폰으로 QR코드를 찍어 확인해 보세요.

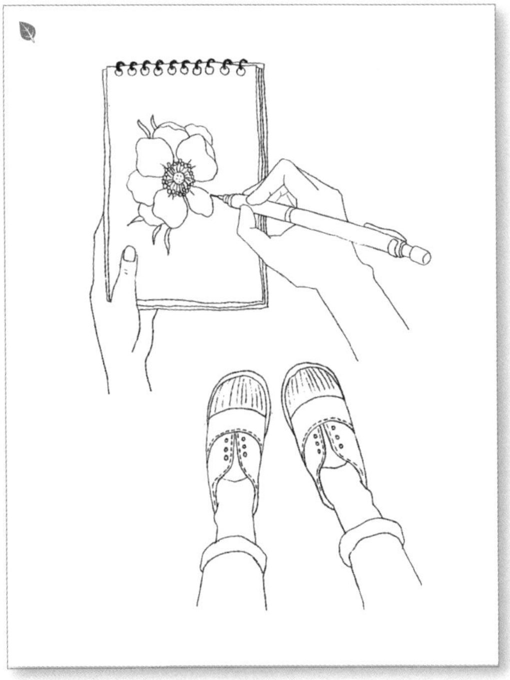

### 스케치 도안

샤프로 스케치부터 시작하는 그림들은 다른 그림보다 비교적 따라 그리기가 조금 어려운 편이에요. 그래서 책의 맨 뒤쪽에 스케치 도안을 담았습니다. 종이 위에 먹지를 올리고, 그 위에 도안을 올려 선을 그대로 따라 그려 보는 것도 좋은 연습이 될 거예요.

○

# 1

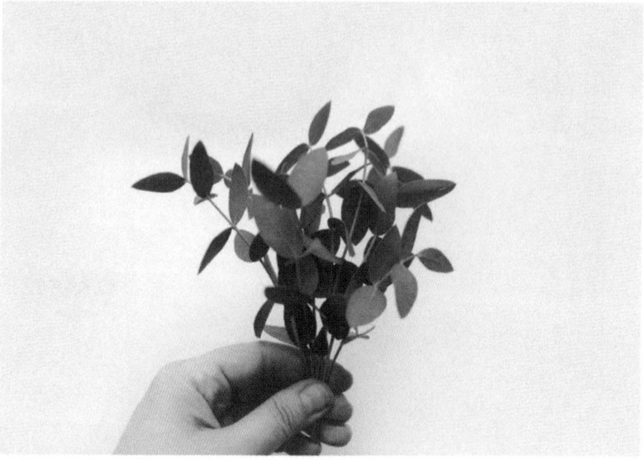

○

# 내 방에서

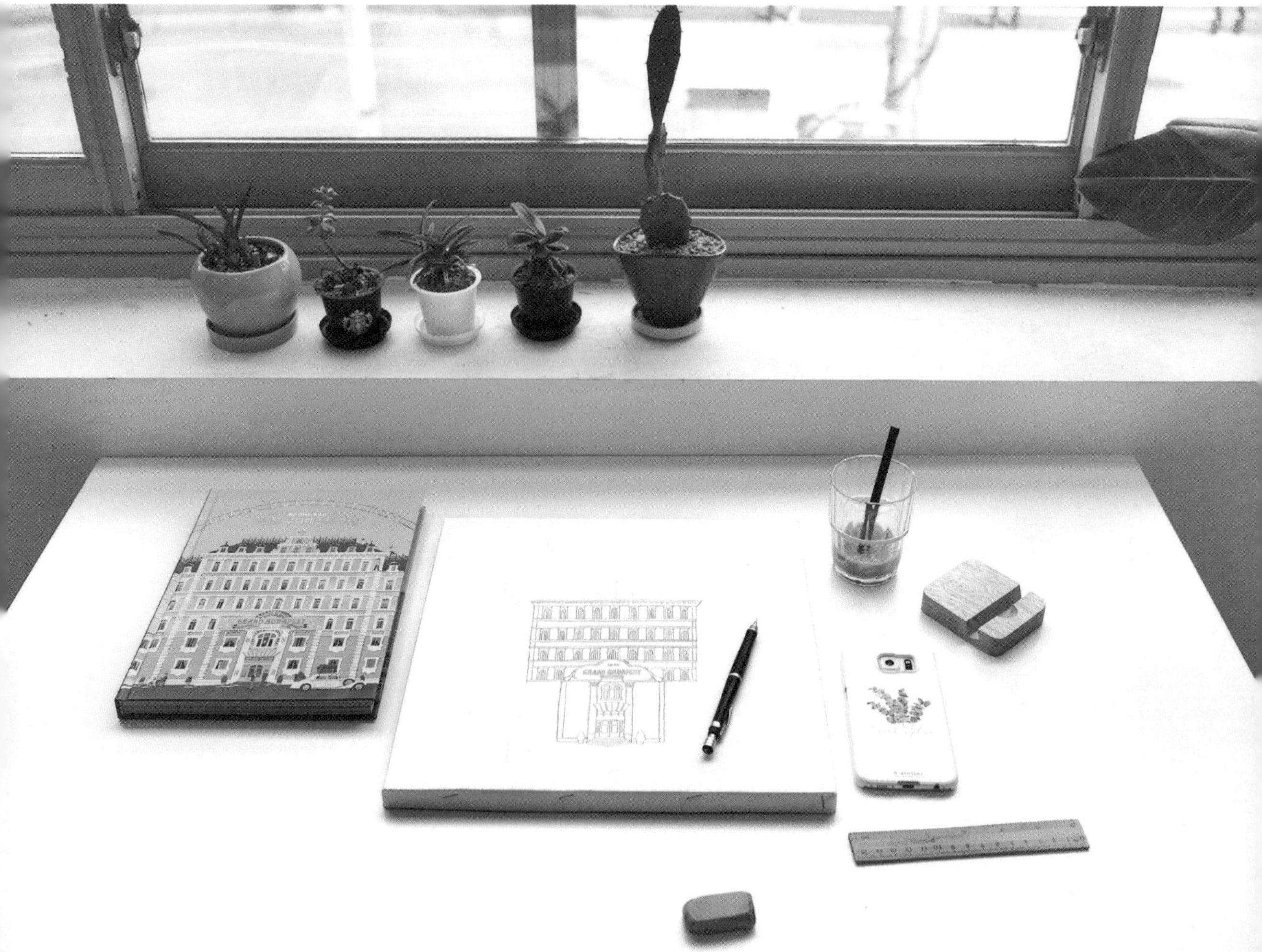

1일 1그림

ㅇ 첫 번째

# 모빌

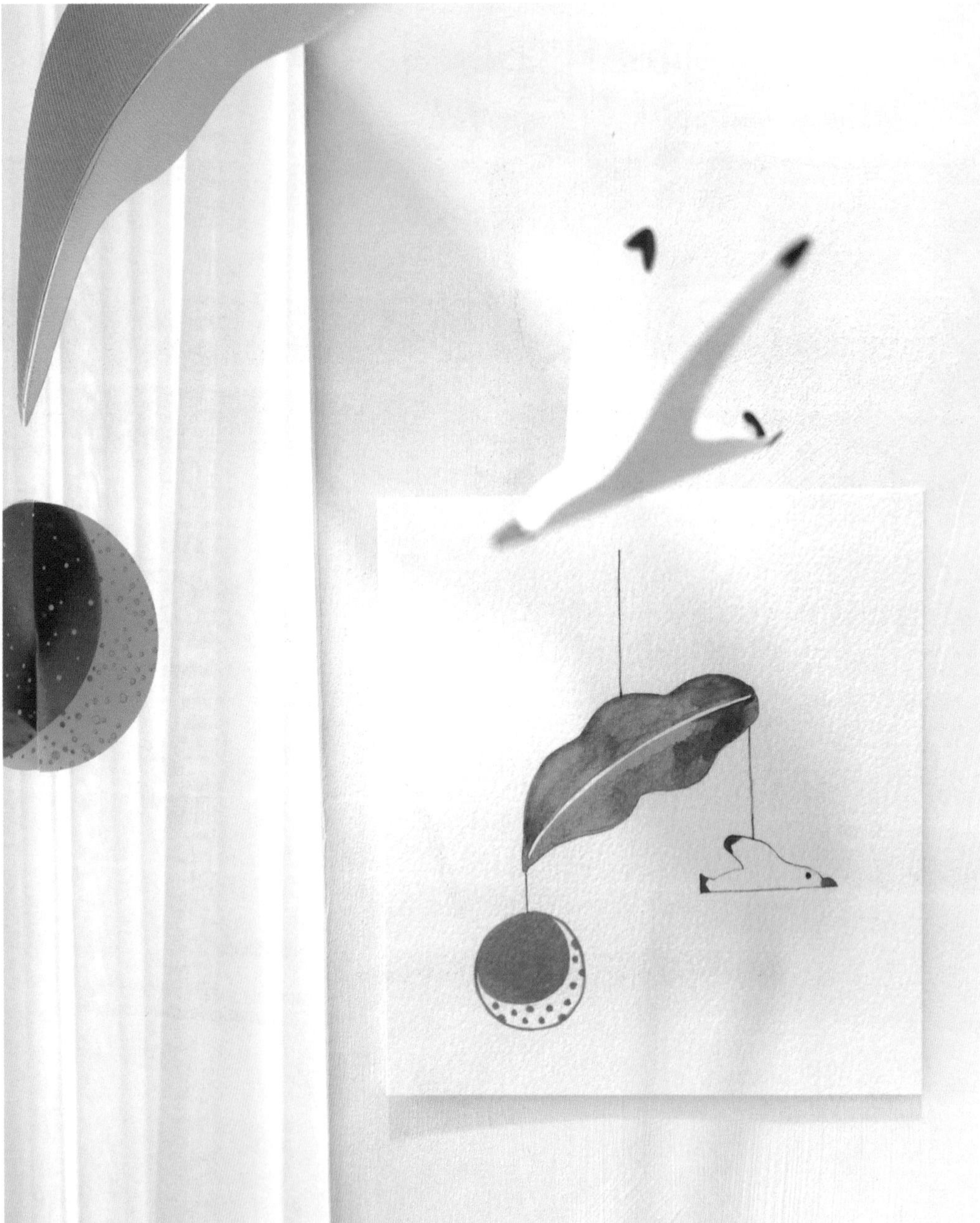

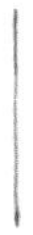

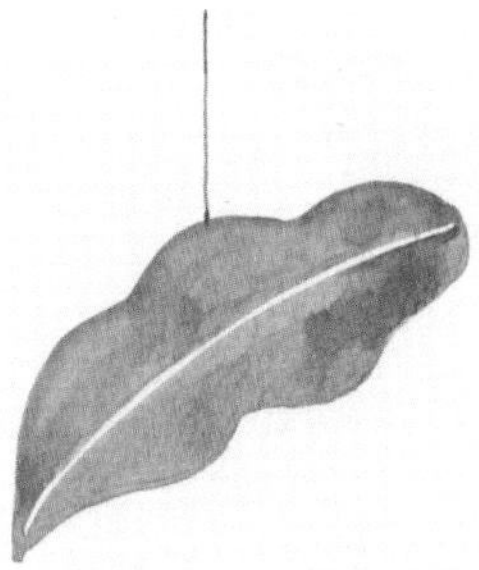

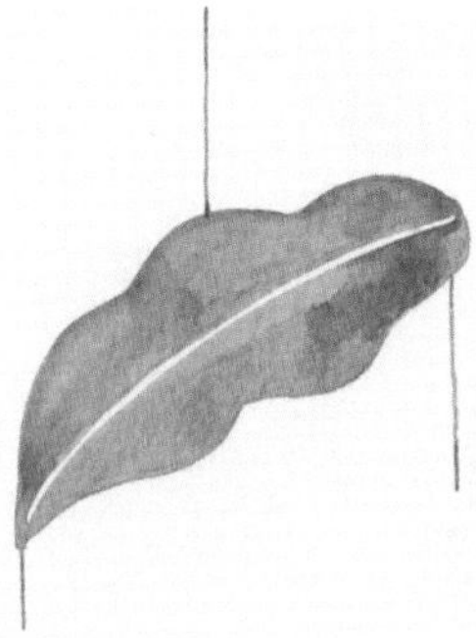

01 02
03

**01** 검은색으로 모빌의 줄을 그려 주세요. 너무 진하지 않게 적당히 물을 섞어 발색합니다.

미젤로 미션 Ivory Black

**02** 초록색으로 나뭇잎을 그립니다. 구름과 비슷한 모양이지만 아래쪽 끝부분은 뾰족하게 그려 주세요. 중앙에 얇고 기다란 잎맥 부분을 남겨 두고 색을 채웁니다.

미젤로미션 Green Grey + Sap Green

**03** 검은색으로 나뭇잎 양쪽 끝에 매달린 줄을 그립니다. 아래로 처진 나뭇잎 왼쪽에는 짧게, 위로 올라가 있는 오른쪽에는 좀 더 길게 줄을 그려 주세요.

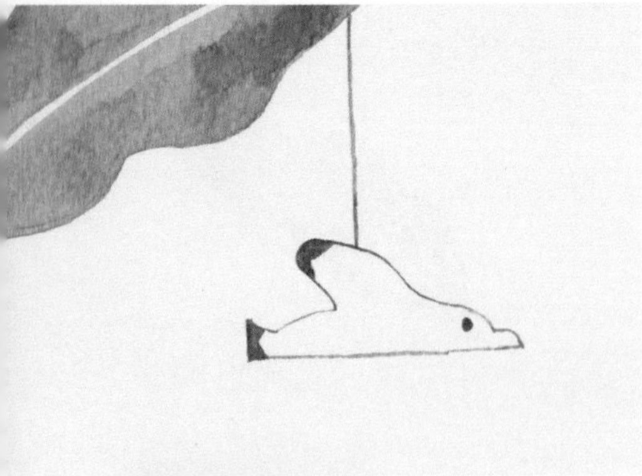

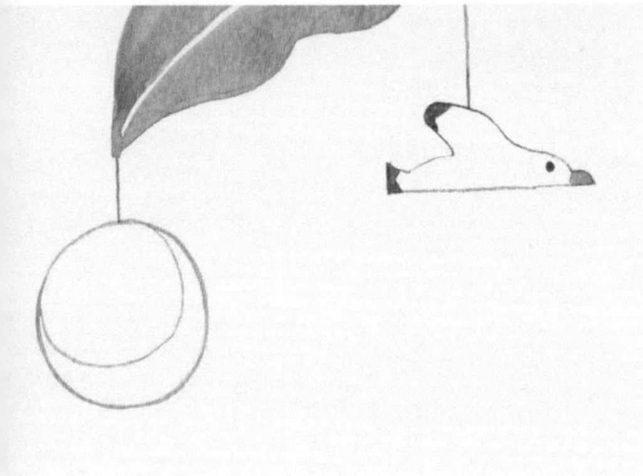

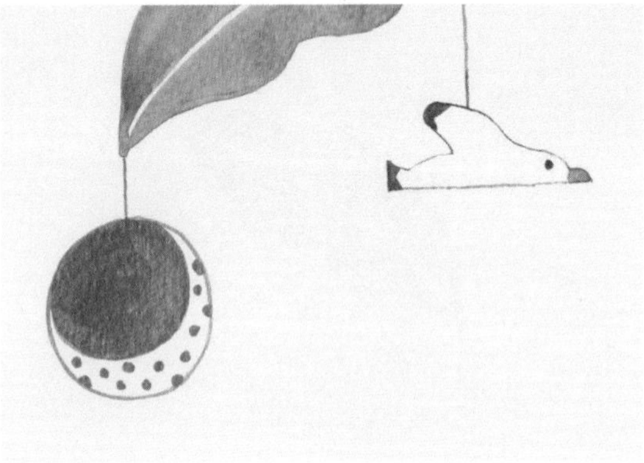

04
05 06

**04** 같은 색으로 오른쪽 줄 끝에 갈매기를 그립니다. 꼬리와 날개 끝부분에만 까맣게 색을 채우고, 같은 색으로 점을 찍어 눈도 그려 주세요.

**05** 황토색으로 갈매기의 부리를 칠합니다. 같은 색으로 왼쪽 줄 끝에 동그라미를 크게 그린 후 안쪽에 초승달 모양이 생기도록 곡선을 그려 넣습니다. 미젤로 미션 Raw Sienna

**06** 펄물감으로 초승달을 제외한 나머지 부분을 칠한 후 초승달 안쪽에는 점을 콕콕 찍어 물방울무늬를 채워 주세요. 펄물감이 없다면 황토색을 사용해도 무방합니다. 모빌 완성.

간사이 탐비 Yellow Gold or 미젤로 미션 Raw Sienna

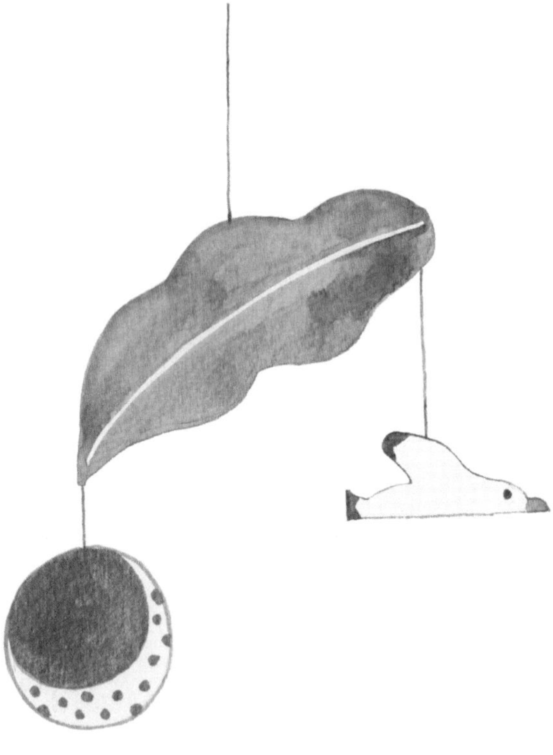

○ 두번째

# 드라이플라워

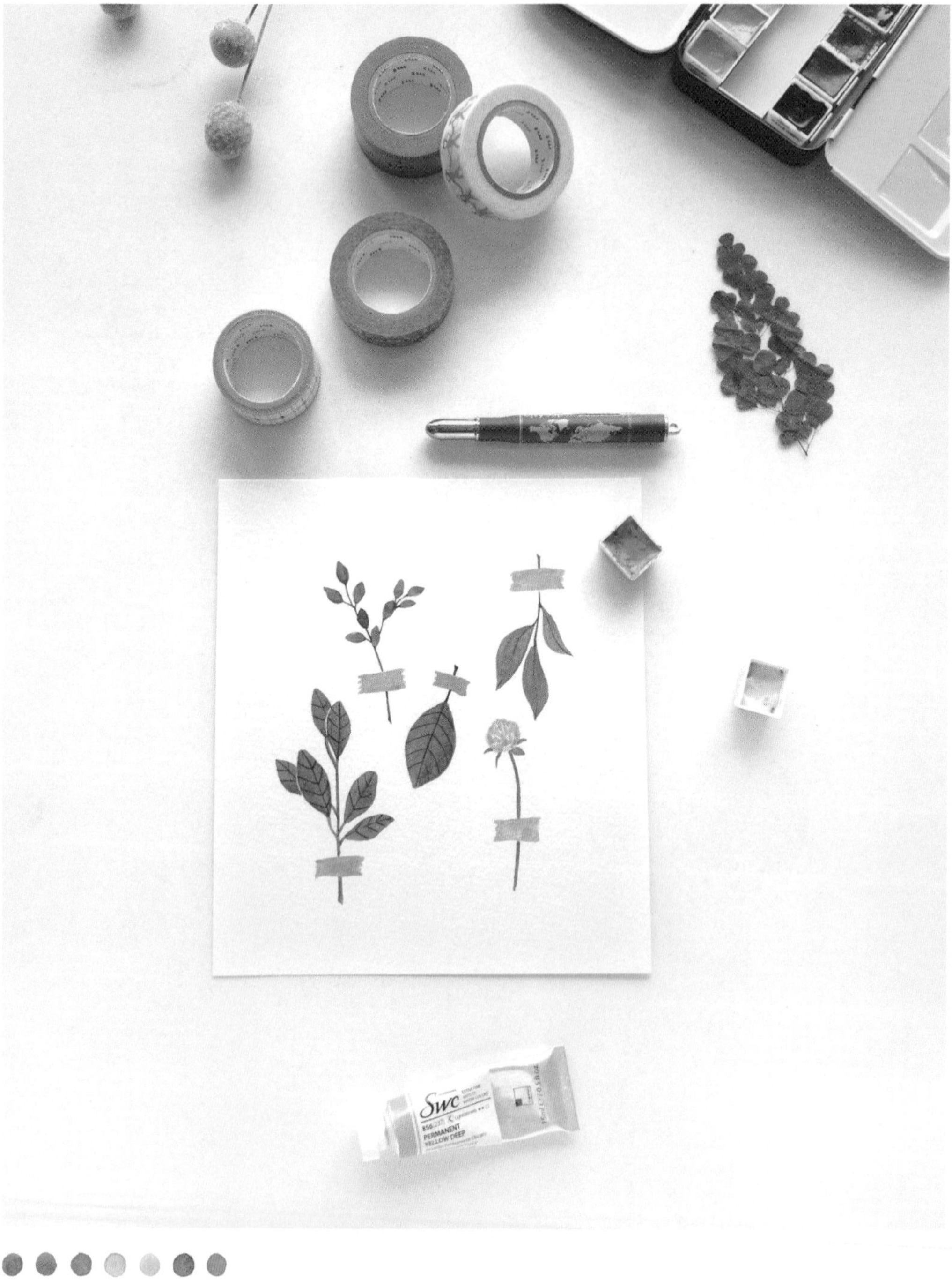

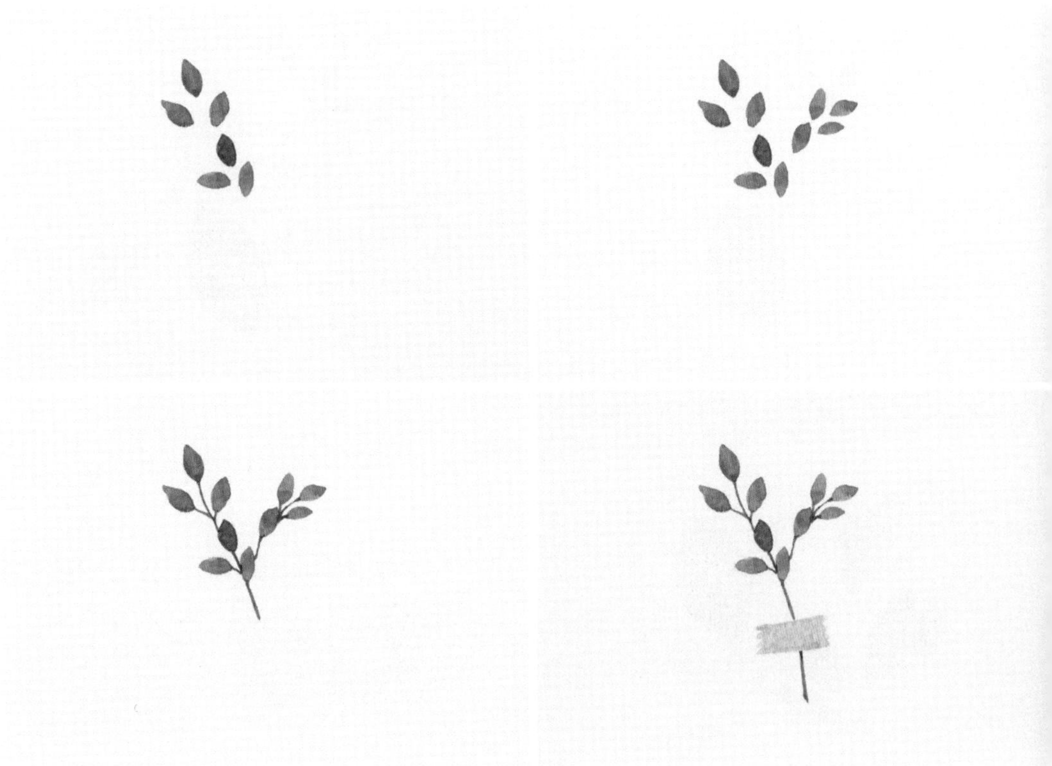

| 01 | 02 |
|---|---|
| 03 | 04 |

**01** 초록색으로 작은 잎사귀를 여러 개 그려 주세요. 가지에 매달린 모습을 상상하며 나란히 그립니다.

미젤로 미션 Green Grey

**02** 옆쪽으로 뻗어 나간 가지에 매달린 잎사귀도 그립니다.

**03** 갈색으로 가지를 그려 잎사귀들을 이어 줍니다. 미젤로 미션 Van Dyke Brown

**04** 황토색에 연한 회색을 섞어 가로로 붙인 테이프를 그립니다. 양옆은 삐죽삐죽한 모양으로 그려서 손으로 찢어 낸 듯한 느낌을 살려 주세요. 테이프 아래쪽으로 가지도 마저 그립니다.

미젤로 미션 Raw Sienna + Grey of Grey

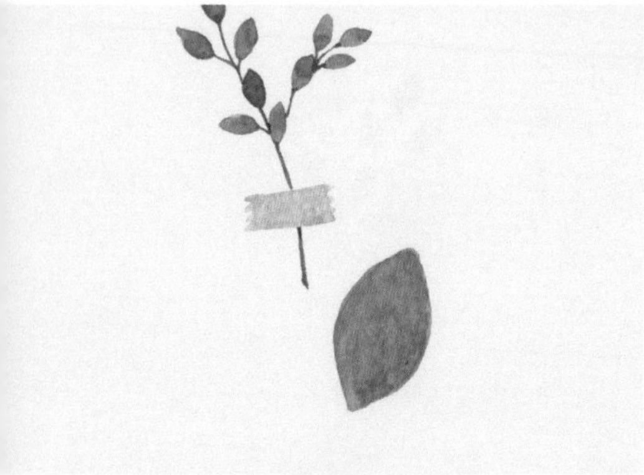

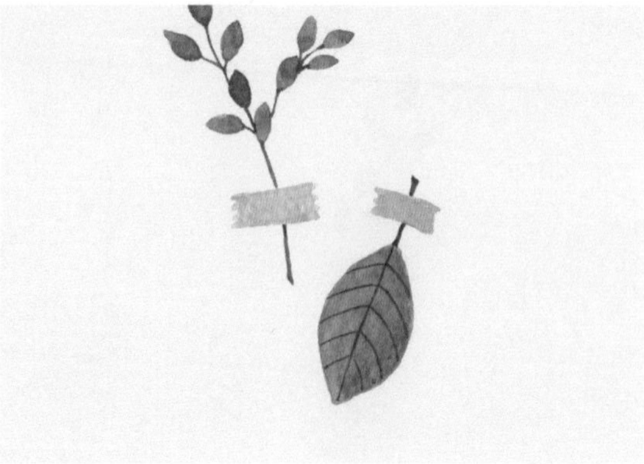

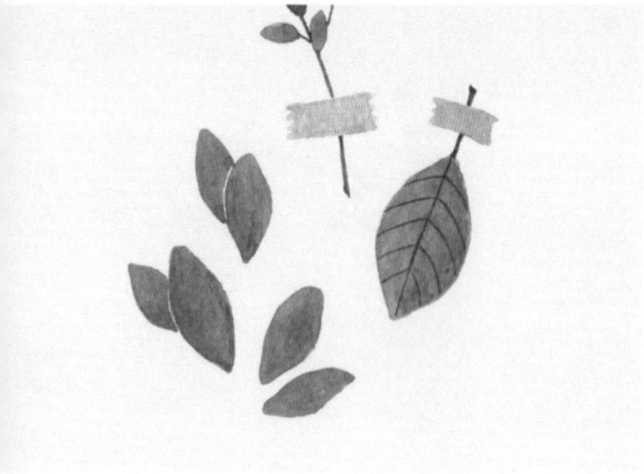

| 05 | 06 |
| --- | --- |
| 07 | |

**05** 연두색과 초록색을 섞어 아래쪽에도 큰 잎사귀를 하나 그립니다. 신한 SWC Leaf Green

**06** 잎사귀를 칠한 물감이 마르면 초록색으로 잎맥과 줄기를 그려 주세요. 앞서 그렸던 것과 마찬가지로 중간에 테이프도 그려 넣습니다.

**07** 이번에는 커다란 잎사귀가 붙어 있는 나뭇가지를 그릴 거예요. 초록색으로 잎사귀를 여러 개 그립니다. 몇 개는 겹쳐 있는 모습으로 그려야 자연스러워요. 앞서 그렸던 작은 나뭇가지처럼 가지의 방향을 생각하며 잎사귀의 위치를 잡아 주세요.

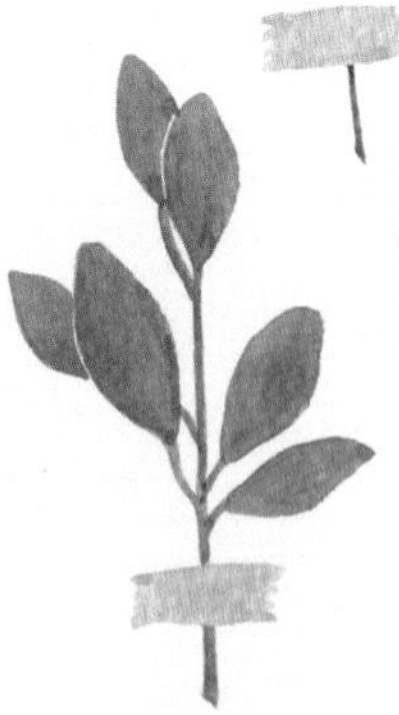

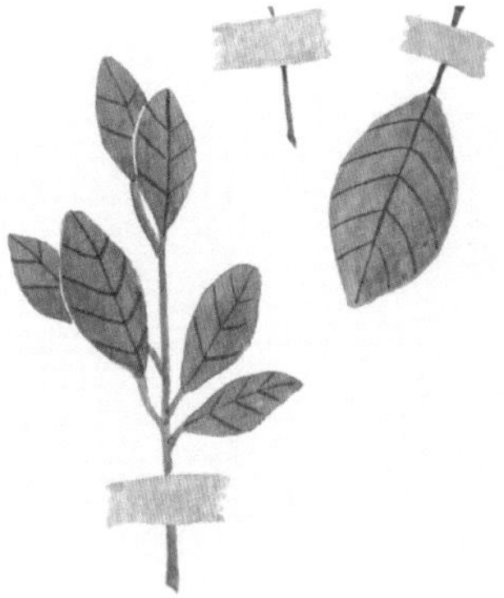

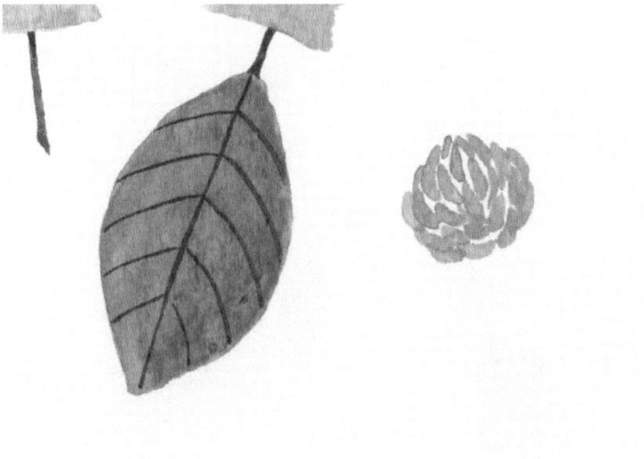

08 09
10

**08** 3~4번과 같은 방법으로 가지와 테이프를 그립니다. 가지는 앞서 그린 나뭇가지보다 조금 더 도톰하게 그려 주세요.

**09** 어두운 초록색으로 잎맥을 그려 넣습니다. 미젤로 미션 Shadow Green

**10** 오른쪽에는 천일홍을 그려 볼게요. 형광빛 분홍색으로 천일홍의 작고 길쭉한 꽃잎을 그립니다. 콕콕 점을 찍듯 그리며, 위로 갈수록 꽃잎이 점점 모여들도록 그려 주세요. 미젤로 미션 Bright Opera

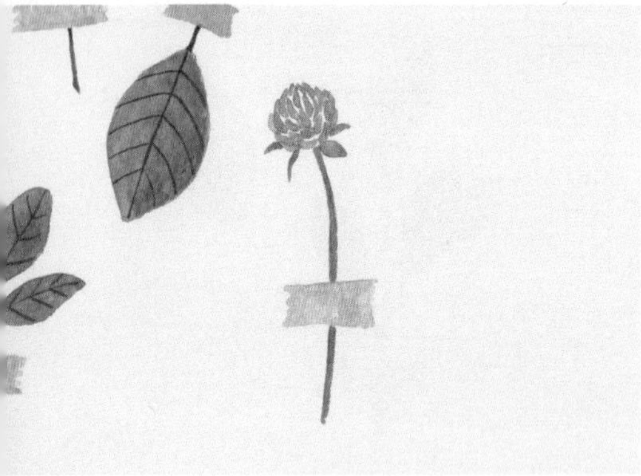

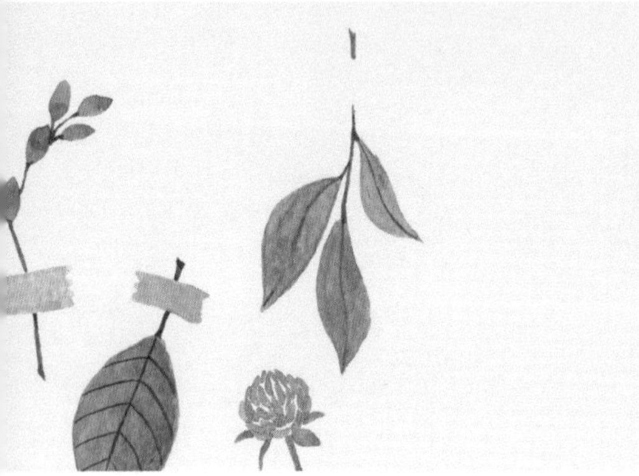

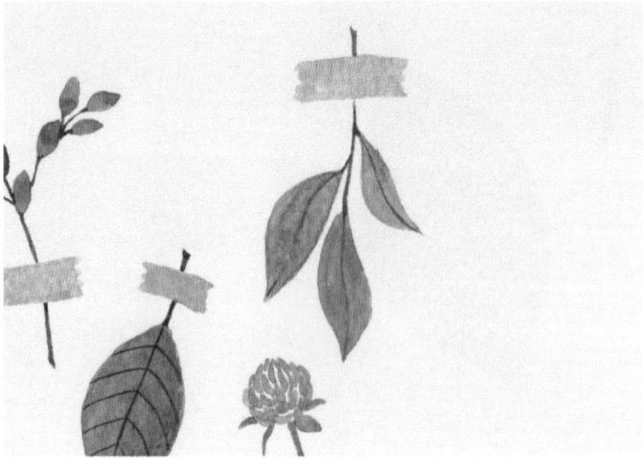

11
12 13

**11** 초록색으로 꽃받침과 잎사귀, 줄기를 그립니다. 4번과 같은 방법으로 테이프도 그려 주세요.

**12** 초록색에 연두색을 섞어 거꾸로 매달린 잎사귀를 그립니다. 끝이 뾰족한 모양의 잎사귀 세 개를 그린 후 초록색으로 잎맥과 줄기도 그려 주세요. 테이프를 그릴 자리는 남겨 둡니다.

**13** 같은 방법으로 테이프를 그려 주세요. 드라이플라워 완성.

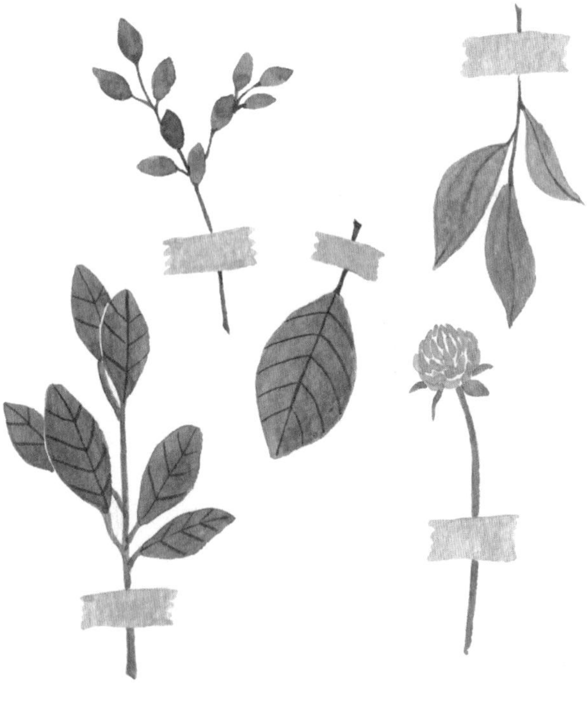

세번째

# 캔들워머

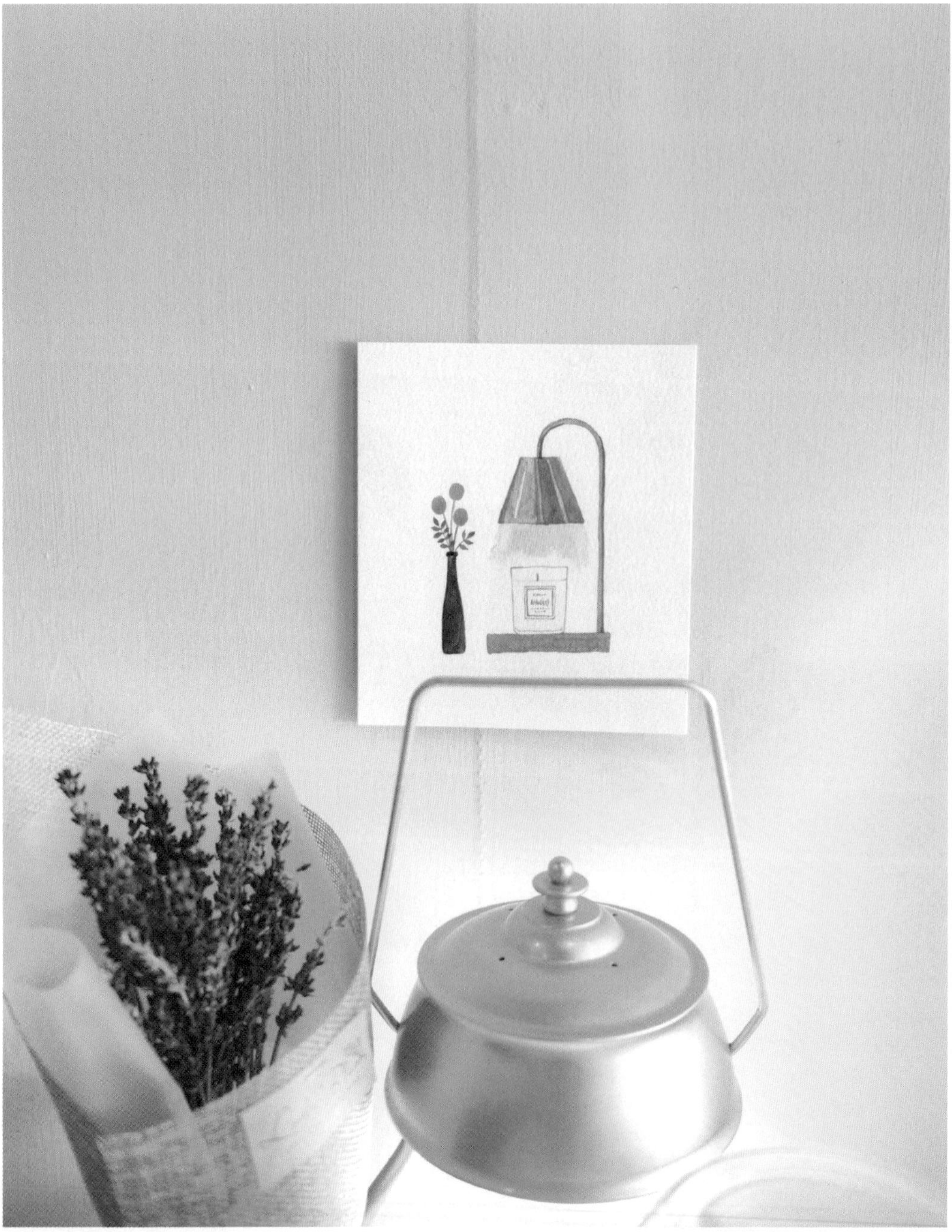

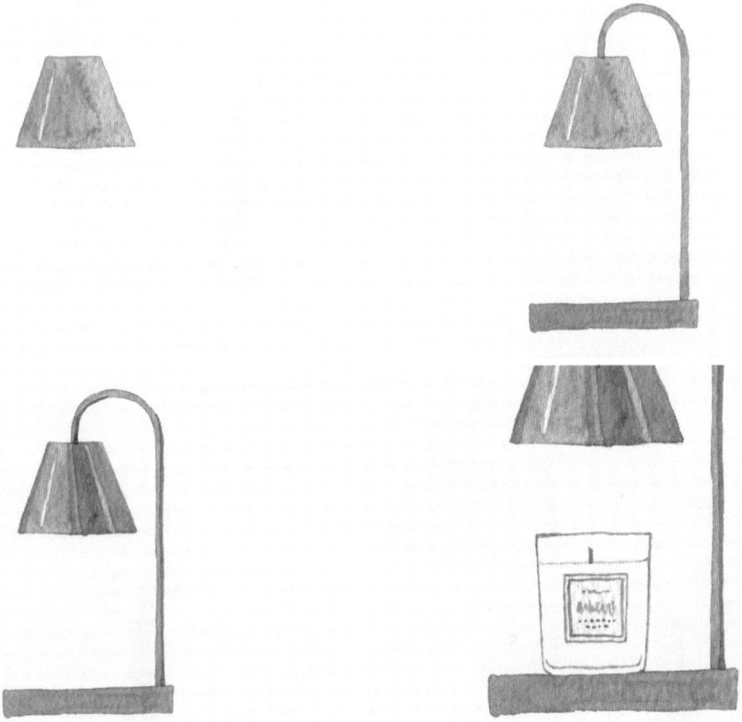

| | |
|---|---|
| 01 | 02 |
| 03 | 04 |

**01** 붉은 갈색을 연하게 발색하여 사다리꼴로 캔들워머의 갓을 그립니다. 금속의 느낌을 표현하기 위해 빛이 반사되는 부분을 흰 여백으로 길게 남겨 두고 칠해 주세요. 미젤로 미션 Red Brown

**02** 같은 색으로 캔들워머의 기둥과 받침대를 그려 주세요.

**03** 같은 색을 조금 진하게 발색하여 음영을 넣습니다. 캔들워머의 갓에는 간격을 두고 가는 선 두 줄과 넓은 선 두 줄을 그려 주세요. 기둥에도 얇은 선으로 음영을 넣어 주세요.

**04** 연하게 발색한 검은색으로 받침대 위에 캔들을 그립니다. 캔들 용기 안쪽에 가로로 선을 긋고 심지도 그려 주세요. 중앙에는 사각형을 큼지막하게 그립니다. 이어서 황토색으로 사각형 안쪽에 같은 모양의 테두리를 그리고 꼬불꼬불한 선과 작은 점을 넣어 금박의 라벨을 표현합니다.

미젤로 미션 Ivory Black, Raw Sienna

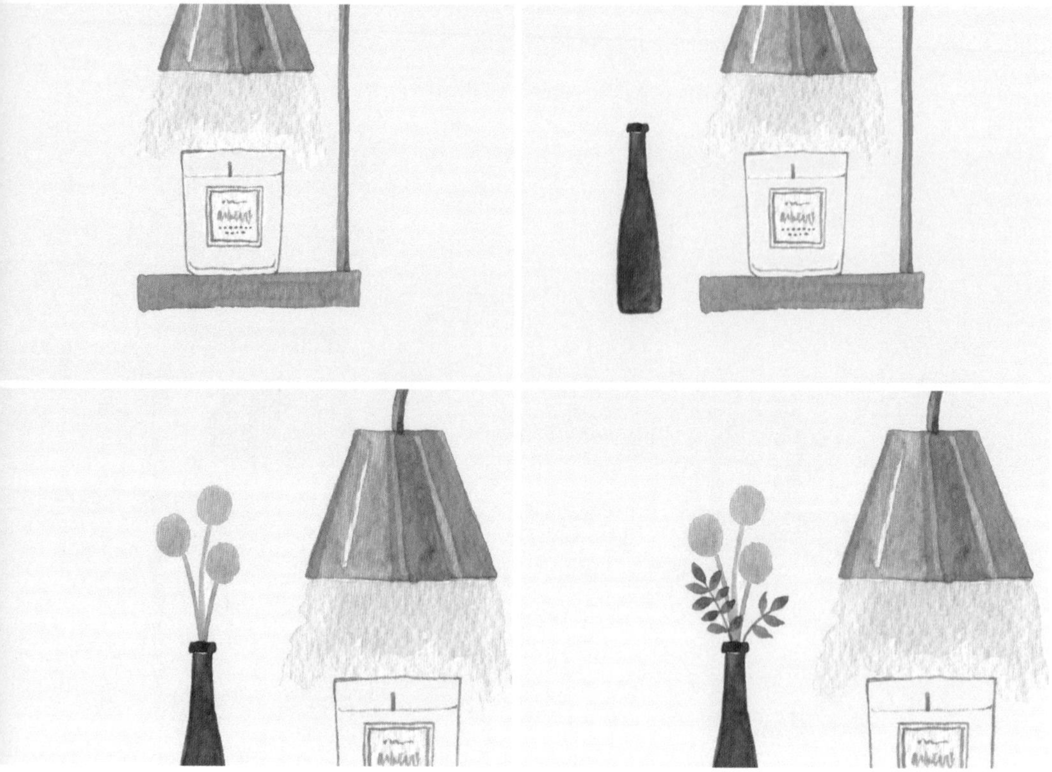

| | |
|---|---|
| 05 | 06 |
| 07 | 08 |

**05** 연하게 발색한 노란색으로 캔들워머에서 나오는 빛을 그립니다. 물기만 머금은 깨끗한 붓으로 채색한 부분의 아래쪽을 살살 문지르면 자연스럽게 그러데이션이 나타나 흩어지는 빛을 표현할 수 있습니다. 신한 SWC Permanent Yellow Deep

**06** 왼쪽에 얇고 기다란 갈색 병을 그립니다. 미젤로 미션 Van Dyke Brown

**07** 병에 꽂혀 있는 골든볼을 그려 볼게요. 병 위쪽에 노란색 동그라미를 세 개 그린 후 연두색으로 줄기도 그려 넣습니다. 신한 SWC Leaf Green

**08** 초록색으로 작은 잎사귀를 그려 줍니다. 꽃병과 캔들워머 완성. 미젤로 미션 Green Grey

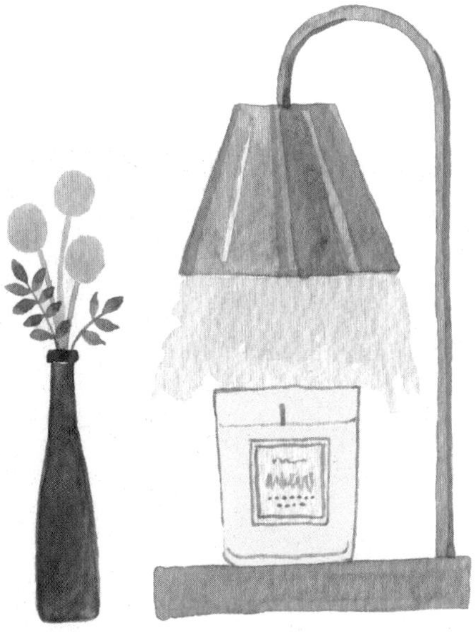

ㅇ
네
번
째

# 선인장

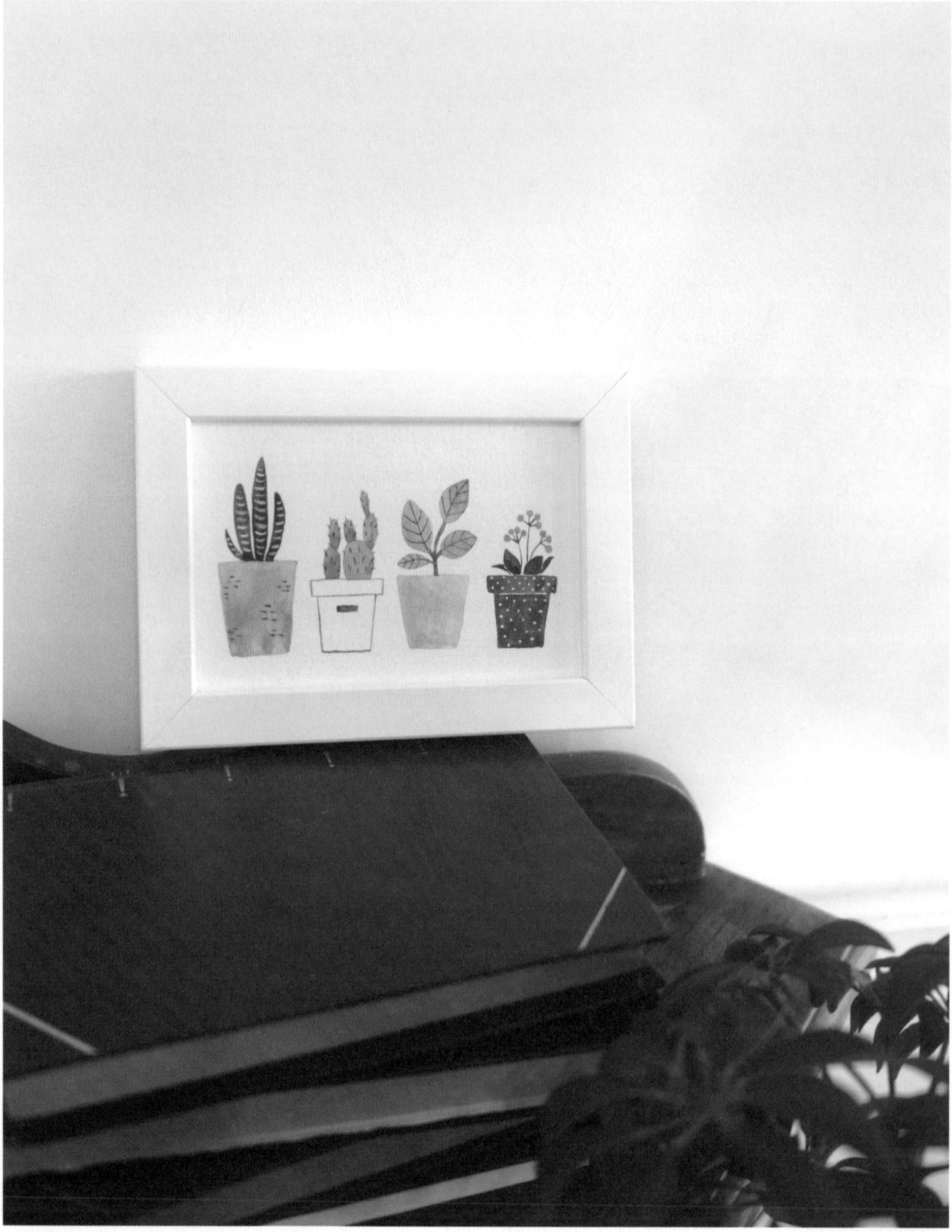

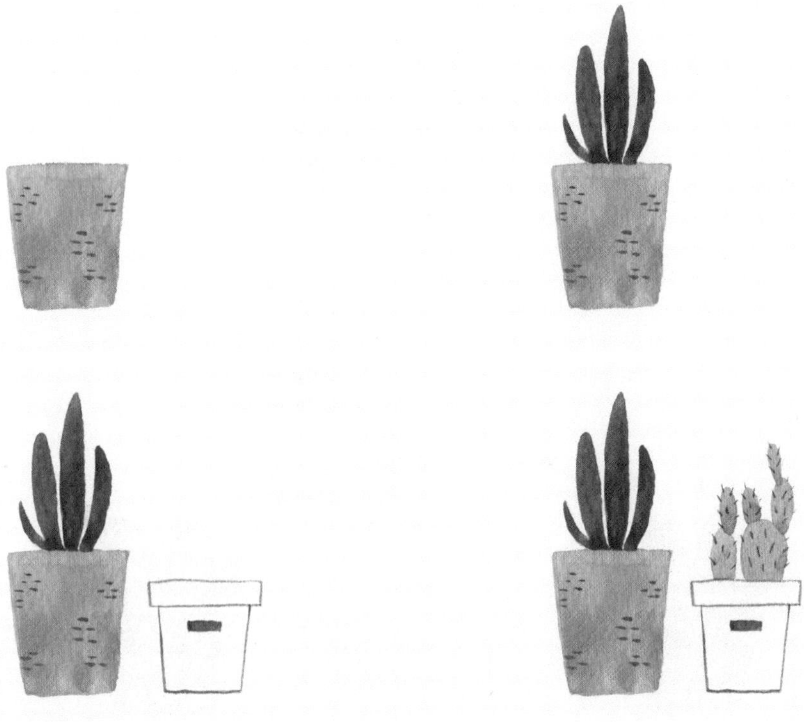

| | |
|---|---|
| 01 | 02 |
| 03 | 04 |

**01** 연한 회색에 검은색을 조금 섞어 만든 진한 회색으로 화분을 그립니다. 아래쪽으로 좁아지는 형태의 화분이 완성되면 검은색을 조금 더 섞어 화분에 무늬도 그려 넣습니다.

미젤로 미션 Grey of Grey + Ivory Black

**02** 초록색으로 스투키를 그려 볼게요. 길쭉한 모양으로 스투키의 몸통을 서너 개 정도 그립니다.

미젤로 미션 Green Grey

**03** 연하게 발색한 검은색으로 흰색 화분의 테두리만 그려 주세요. 같은 색으로 라벨도 그려 넣습니다.

**04** 연두색에 초록색을 섞어 두 번째 화분에도 선인장을 그립니다. 화분 바로 위쪽에 하나는 작게, 하나는 크게 동그란 형태의 몸통 두 개를 먼저 그린 후 물감이 마르면 작은 덩어리들을 몇 개 더 올려 주세요. 채색한 물감이 완전히 마르면 어두운 초록색으로 가시도 그려 넣습니다.

신한 SWC Leaf Green, 미젤로 미션 Shadow Green

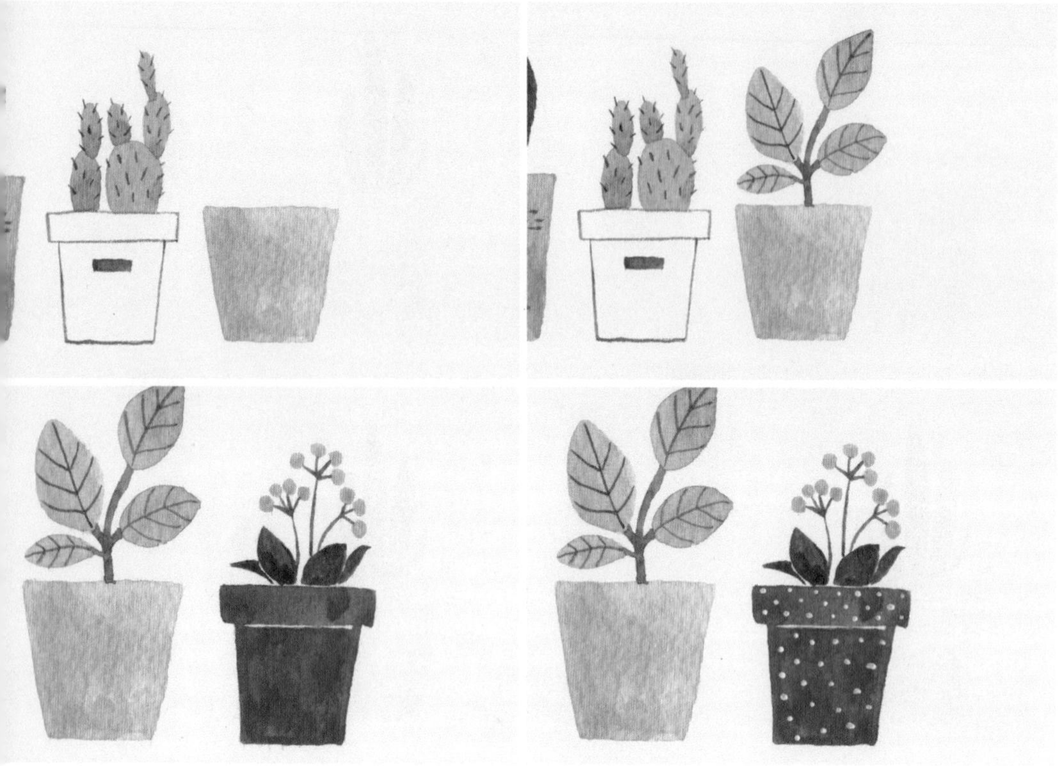

| 05 | 06 |
| --- | --- |
| 07 | 08 |

**05** 연한 회색으로 화분을 하나 더 그려 주세요.

**06** 두 번째 선인장과 같은 색으로 고무나무의 잎사귀를 크게 그려 주세요. 갈색으로 가지를 그려 잎사귀들을 이어 준 후 어두운 초록색으로 잎맥도 그려 주세요. 미젤로 미션 Van Dyke Brown

**07** 연한 회색에 검은색을 섞어 만든 아주 진한 회색으로 화분을 하나 더 그리고, 초록색으로 잎사귀부터 그린 후 위쪽으로 뻗어 나온 줄기를 그려 주세요. 기다란 줄기에서 뻗어 나온 작은 줄기도 서너 개 그립니다. 작은 줄기마다 노란색 꽃을 동글동글하게 그려 꽃나무를 완성합니다.
신한 SWC Permanent Yellow Deep

**08** 흰색 아크릴물감을 사용해 스투키에 가로로 줄무늬를 넣어 주세요. 같은 색으로 맨 오른쪽 화분에 물방울무늬도 넣어 줍니다. 선인장 완성. JO SONJA'S Titanium White

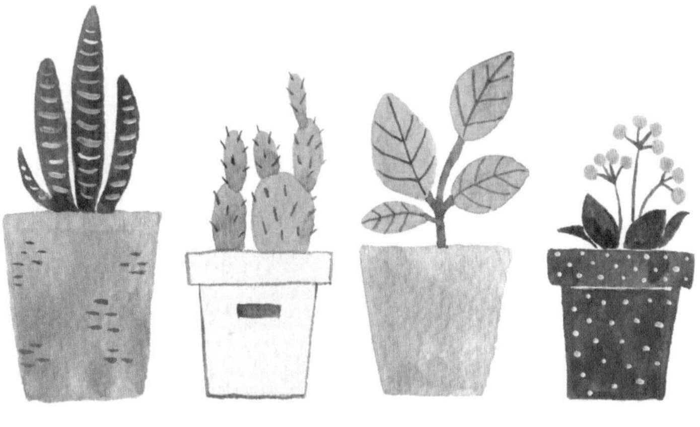

○ 다섯번째

# 필기도구

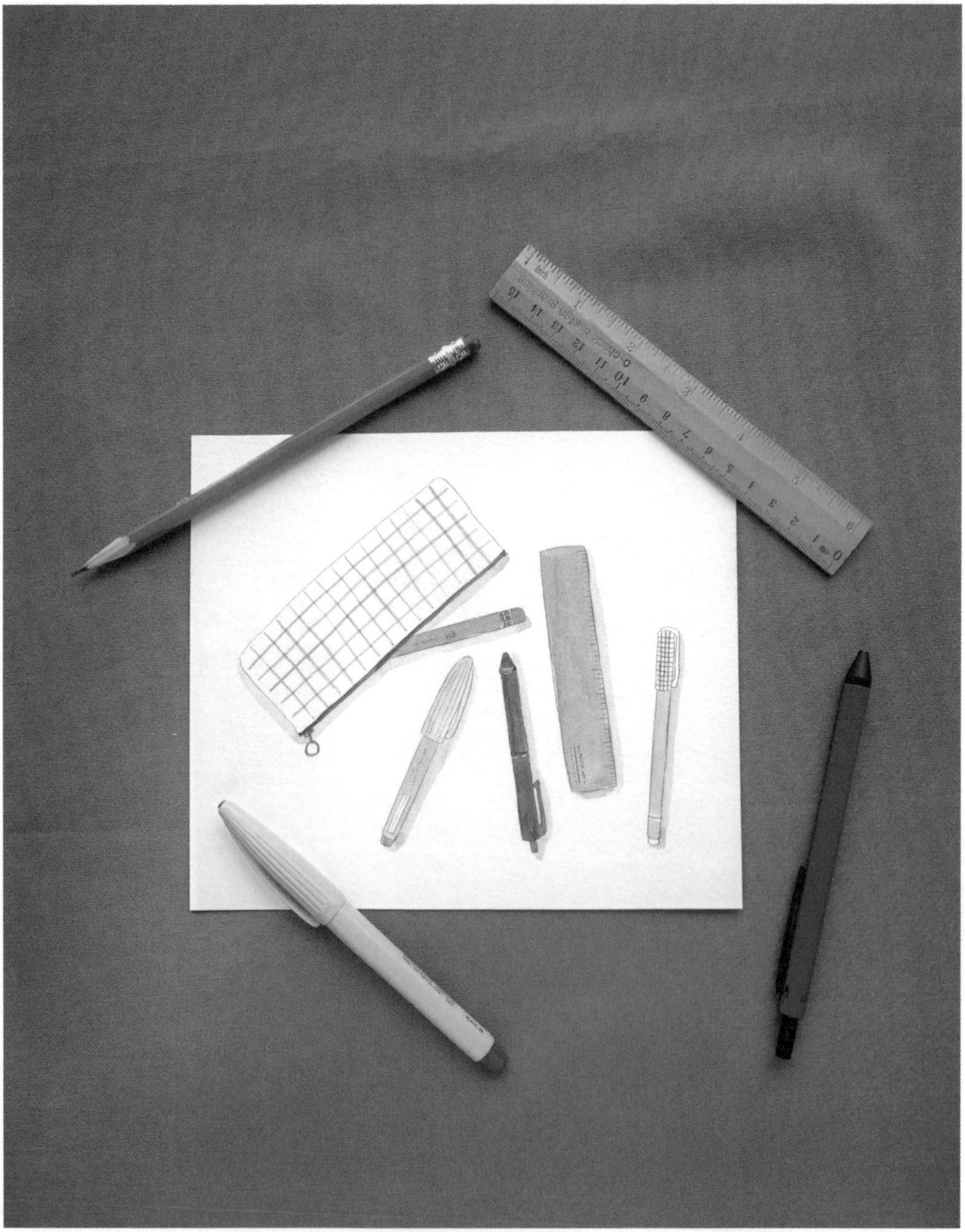

샤프(0.3mm)

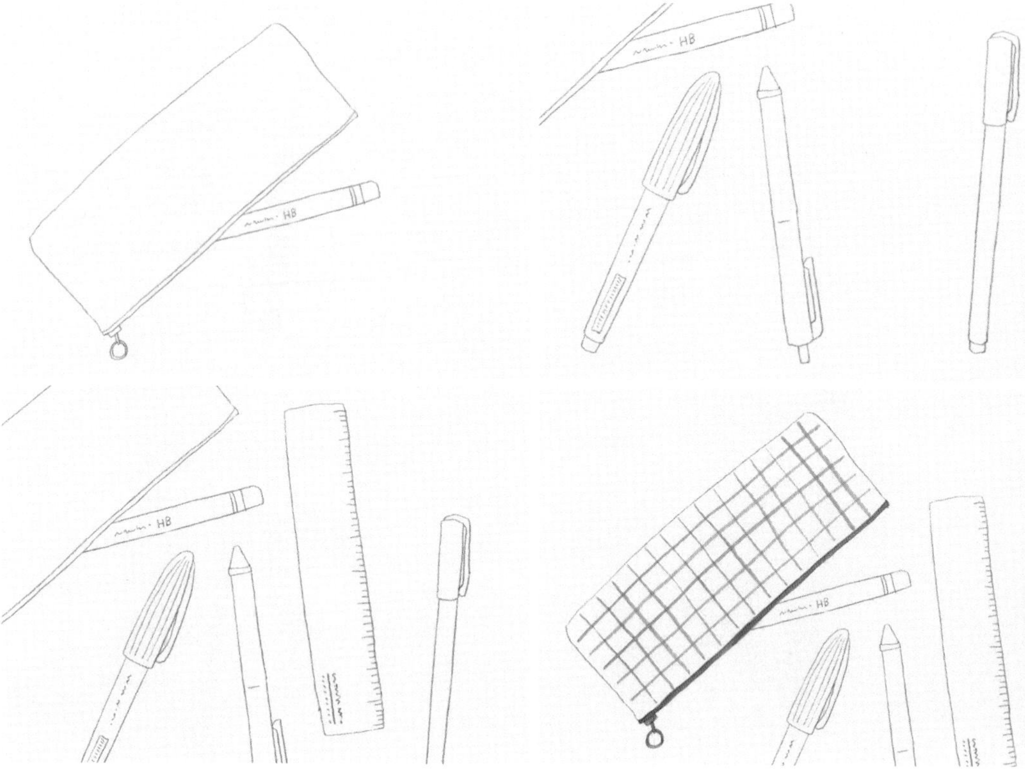


| | |
|---|---|
| 01 | 02 |
| 03 | 04 |

**01** 샤프로 직사각형 모양의 필통을 그립니다. 지퍼와 손잡이도 그려 주세요. 필통 안에서 살짝 삐져나온 연필은 끝부분에 지우개가 달린 형태로 그리고, 상표 등도 꼬불꼬불한 선으로 표현해 주세요.

**02** 플러스펜과 볼펜 등 다양한 펜을 그려 주세요. 가지고 있는 펜들을 관찰하여 상표나 바코드 등을 빠짐없이 묘사합니다.

**03** 자를 그립니다. 긴 눈금 하나, 작은 눈금 네 개를 반복해서 그려 넣으면 자가 완성됩니다. 스케치 완성.

**04** 작은 붓을 이용해 얇은 선으로 필통에 빨간색 격자무늬를 그려 넣습니다. 같은 색으로 지퍼와 손잡이도 채색합니다. 미젤로 미션 Permanent Red

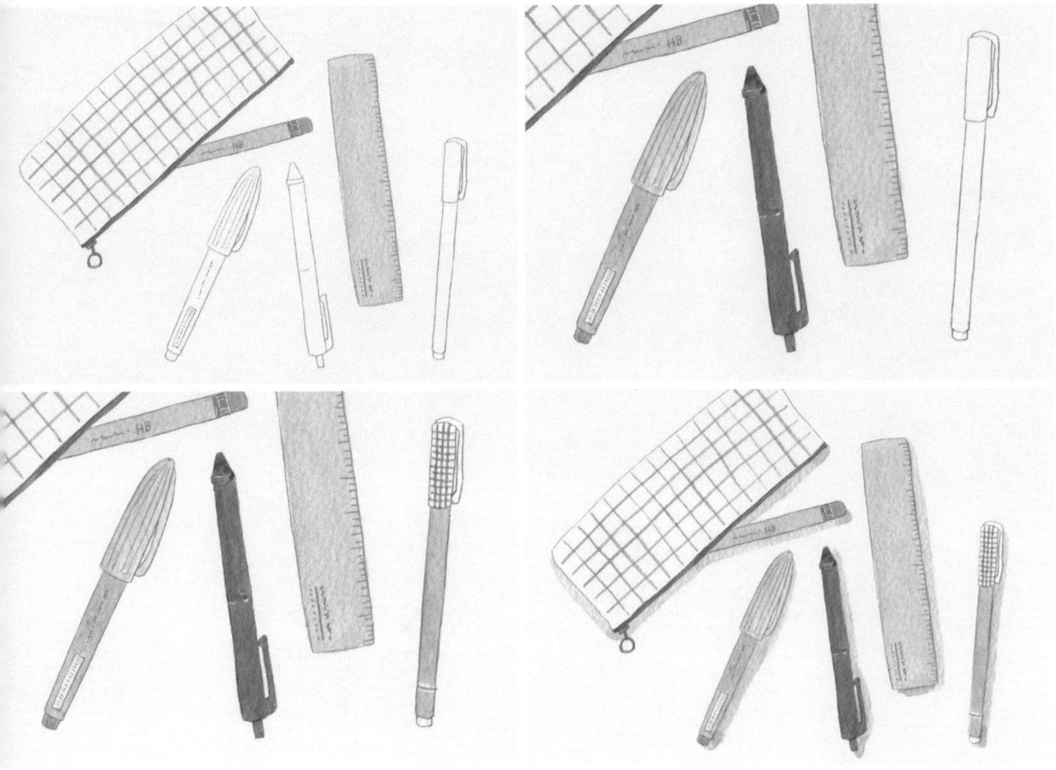

| | |
|---|---|
| 05 | 06 |
| 07 | 08 |

**05** 연필 몸통과 자는 노란색, 지우개는 분홍색으로 칠해 주세요. 연필과 지우개의 연결 부위는 황토색으로 촘촘히 줄무늬를 넣어 채웁니다.

신한 SWC Permanent Yellow Deep, Shell Pink, 미젤로 미션 Raw Sienna

**06** 민트색으로 플러스펜을 채색합니다. 뒤쪽 꽁무니는 연하게 발색한 검은색으로 칠해 주세요. 볼펜도 검은색과 빨간색으로 채색합니다. 미젤로 미션 Compose Blue, Ivory Black

**07** 뚜껑이 달린 펜의 몸통은 아래쪽에 살짝 여백을 남겨 두고 민트색으로 칠합니다. 뚜껑에는 빨간색 격자무늬를 넣어 주세요. 같은 색으로 몸통의 비워 둔 여백에 줄무늬를 하나 넣습니다.

**08** 연하게 발색한 검은색으로 그림에 모두 그림자를 넣어 주세요. 필기도구 완성.

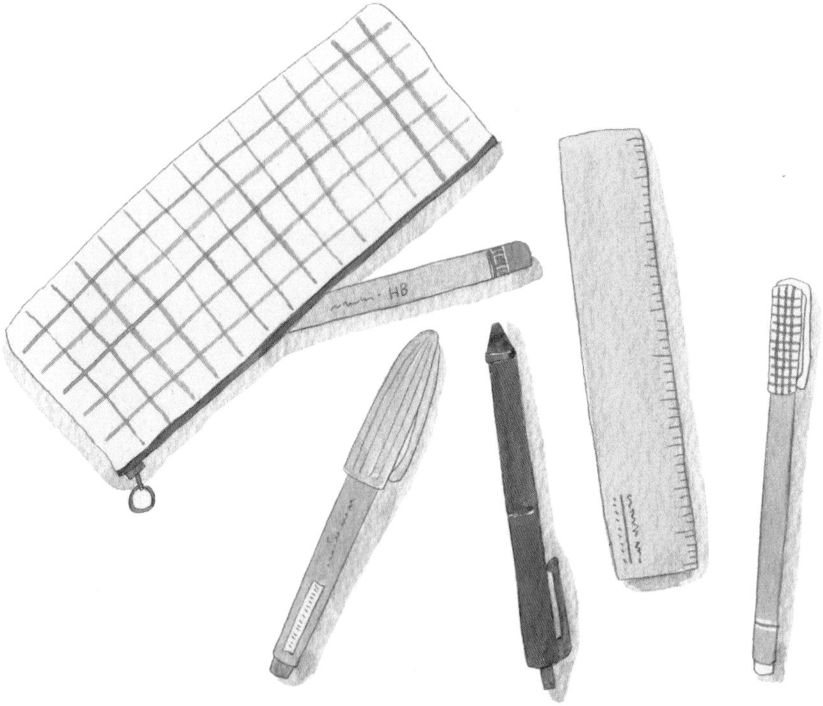
HB

ㅇ 여섯번째

# 쿠션을 얹은 나무의자와 화분

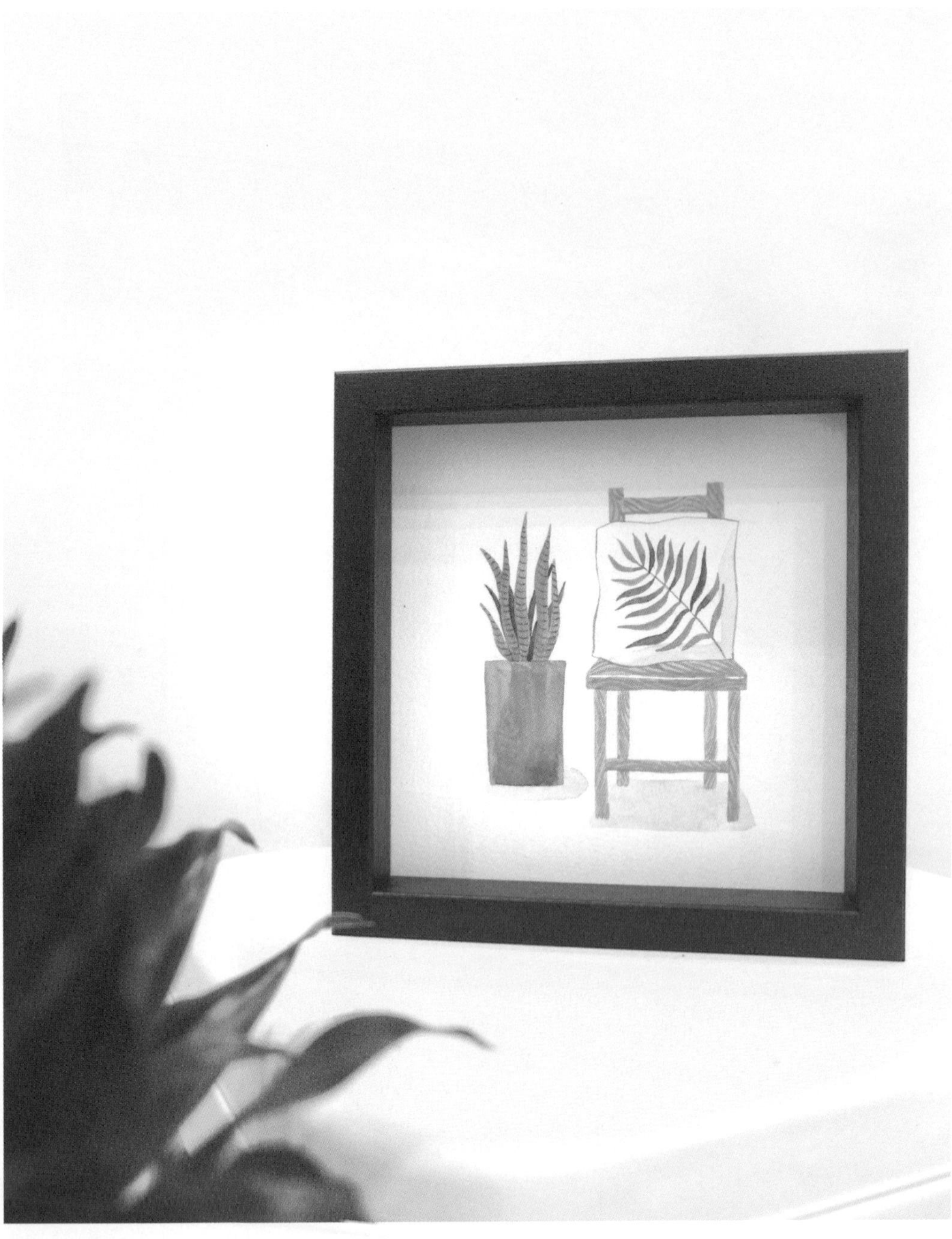

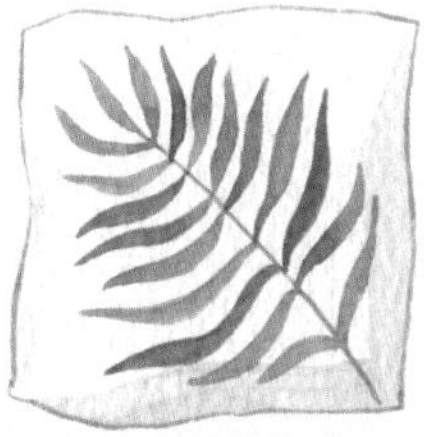

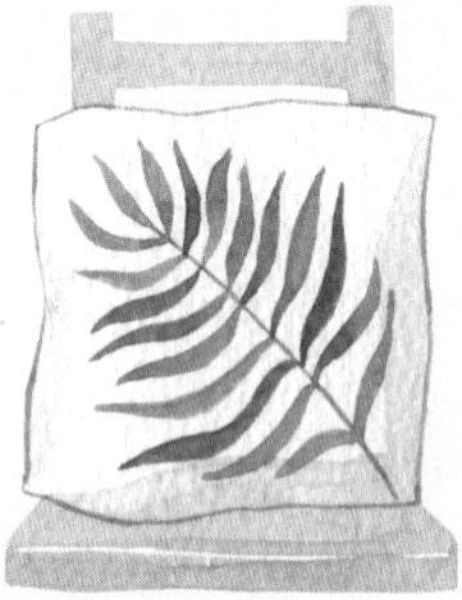

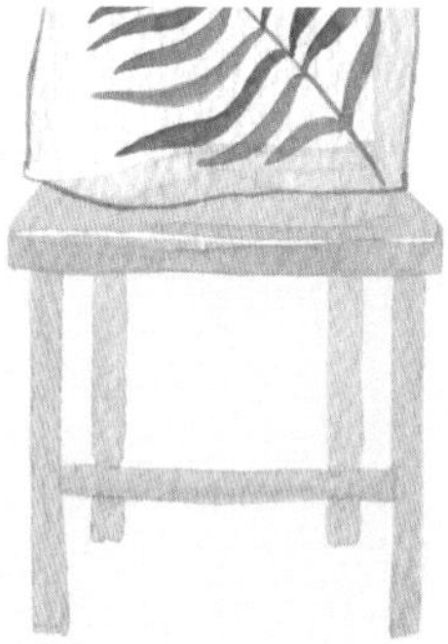

| | |
|---|---|
| 01 | 02 |
| 03 | 04 |

**01** 연하게 발색한 검은색으로 사각형의 쿠션을 그립니다. 굴곡 있는 선으로 자연스럽게 그려 주세요. 같은색에 물을 좀 더 섞어 음영도 넣어 줍니다. 미젤로 미션 Ivory Black

**02** 초록색으로 쿠션 안쪽에 대각선을 길게 그린 후 대각선 양쪽에 얇은 잎사귀를 나란히 달아 주세요. 잎사귀는 위쪽부터 아래로 갈수록 길어지다가 아래쪽에서 다시 짧아지도록 그려 주세요.

미젤로 미션 Green Grey

**03** 쿠션 뒤쪽으로 의자를 그릴 거예요. 황토색으로 쿠션 위로 살짝 보이는 등받이 부분을 먼저 그린 후 아래쪽에는 좌판을 그립니다. 좌판의 두께도 표현해 주세요. 미젤로 미션 Raw Sienna

**04** 같은 색으로 의자의 다리를 그립니다. 앞쪽 다리를 먼저 그린 후 그 사이에 가로로 발받침대도 그려 주세요. 뒤쪽 다리도 마저 그립니다.

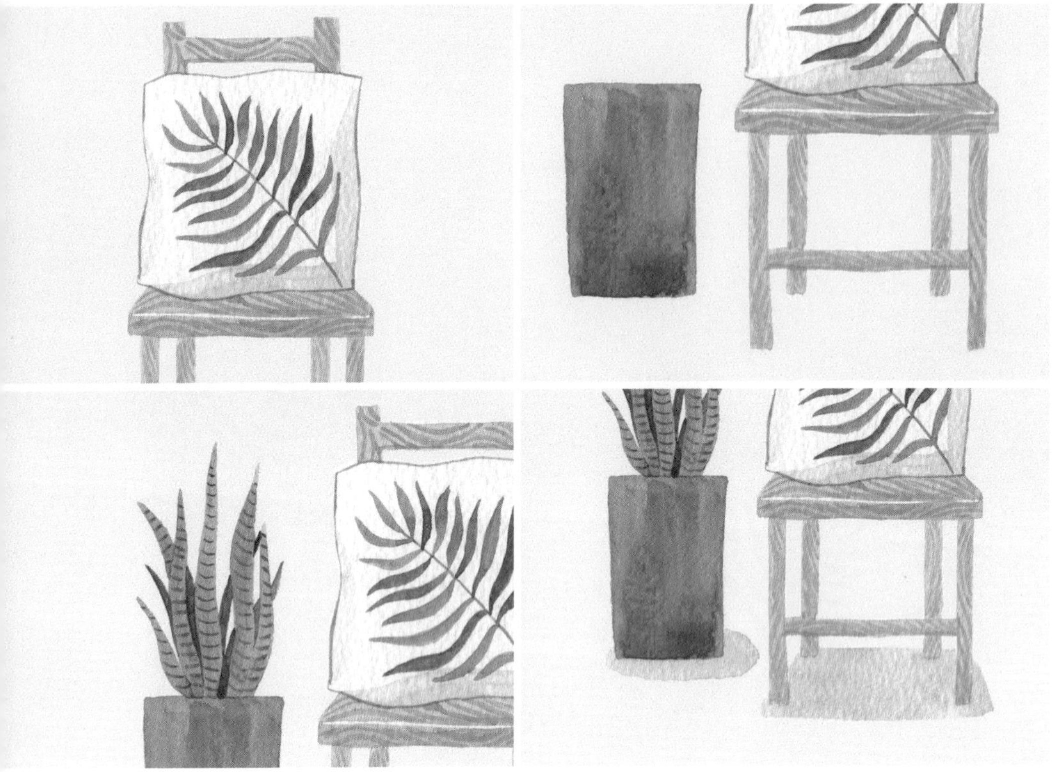

| | |
|---|---|
| 05 | 06 |
| 07 | 08 |

**05** 황토색에 갈색을 조금 섞어 의자에 나뭇결을 그려 넣습니다. 색이 너무 진해지지 않도록 주의합니다.

미젤로 미션 Van Dyke Brown

**06** 나뭇결을 전부 그린 후에는 연한 회색에 검은색을 섞어 만든 진한 회색으로 의자 옆에 화분을 그립니다. 미젤로 미션 Grey of Grey

**07** 연하게 발색한 초록색으로 길고 짧은 잎사귀를 여러 개 그립니다. 산세베리아를 그릴 거예요. 물감이 마르면 좀 더 진하게 발색한 초록색으로 잎사귀에 줄무늬를 넣고, 먼저 그린 잎사귀 사이사이에 뒤쪽의 잎사귀들을 세심하게 그려 주세요.

**08** 연하게 발색한 검은색으로 화분과 의자에 그림자를 넣습니다. 쿠션을 얹은 나무의자와 화분 완성.

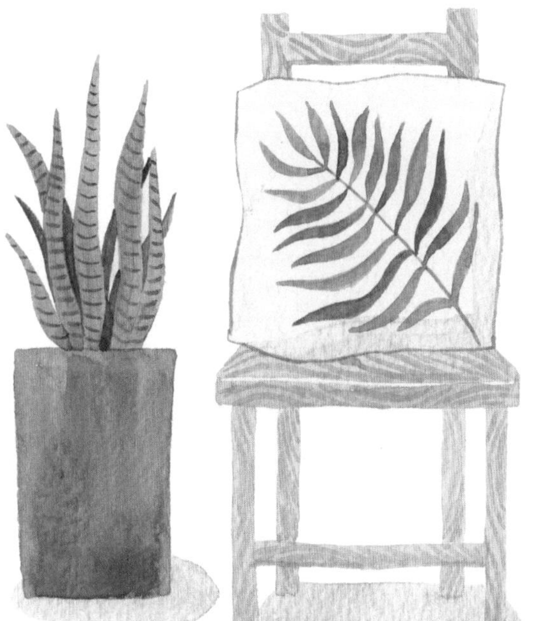

일곱번째

# 책

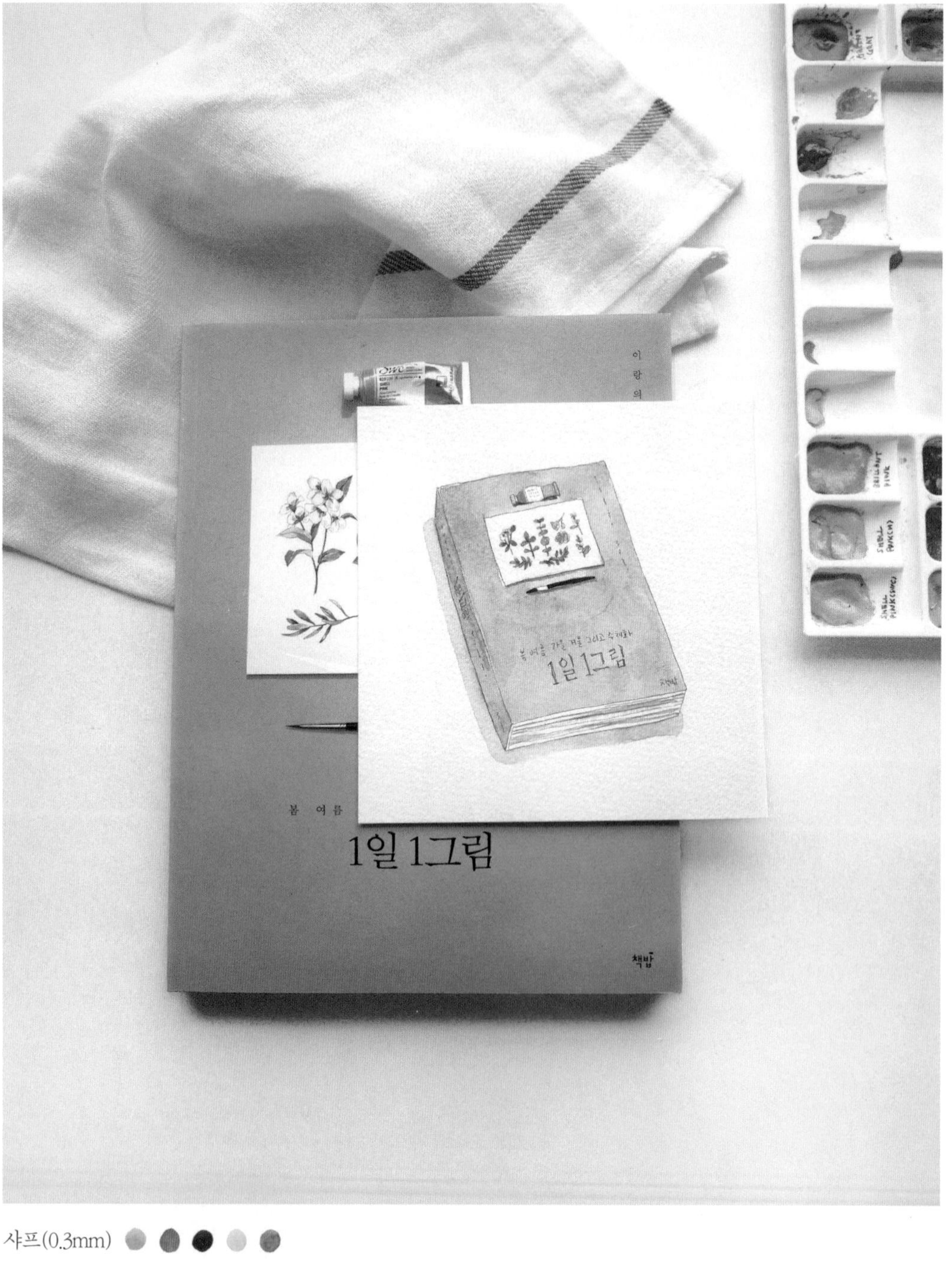


샤프(0.3mm)

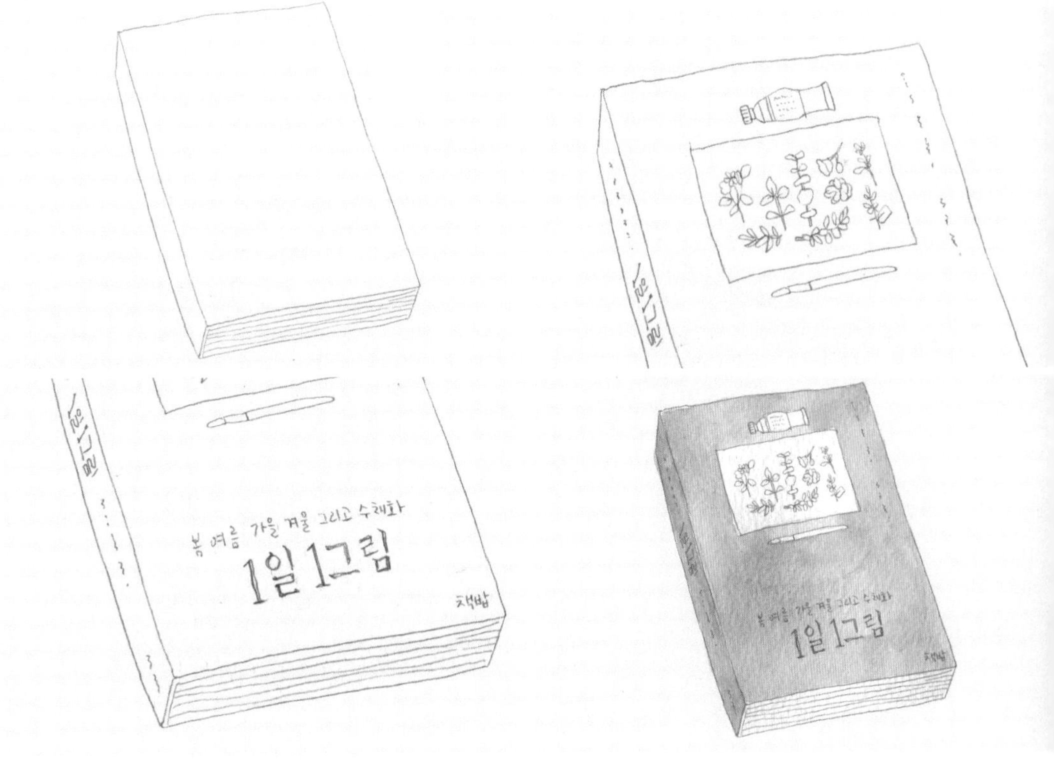


01 02
03 04

**01** 샤프로 직사각형을 비스듬히 그린 후 책등과 책의 아랫부분도 그려 주세요. 아랫부분에는 가로선을 몇 개 그려 넣어 책의 속장을 표현합니다.

**Tip** 선을 곧게 그릴 필요는 없습니다. 자연스러운 스케치 선이 오히려 멋스러우니 힘을 빼고 부담 없이 그려 보세요.

**02** 《1일 1그림》을 그려 볼 거예요. 앞표지에 물감과 그림, 붓을 그립니다. 그림은 간략하게 표현해도 좋습니다. 책등에는 제목을 써 주세요. 제목 외의 작은 글씨는 꼬불꼬불한 선과 점으로 표현합니다.

**03** 앞표지 하단에도 제목과 부제, 출판사 이름 등의 글씨를 모두 써 주세요. 마찬가지로 작은 글씨는 점을 찍어 표현해도 좋아요. 스케치 완성.

**04** 분홍색으로 앞표지를 채색합니다. 책등은 분홍색에 빨간색을 조금 섞어 칠해 주세요.

신한 SWC Shell Pink, 미젤로 미션 Permanent Red

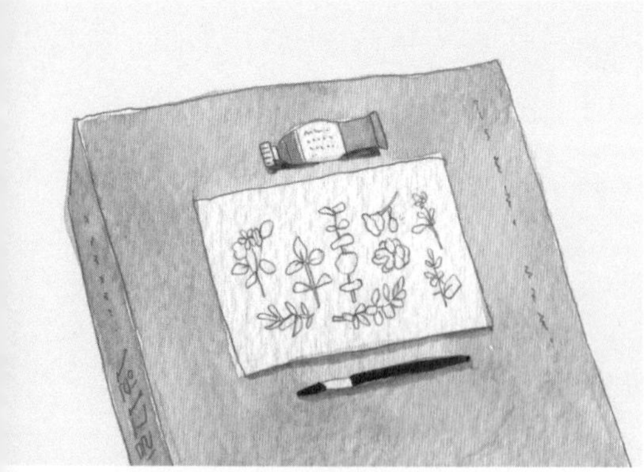

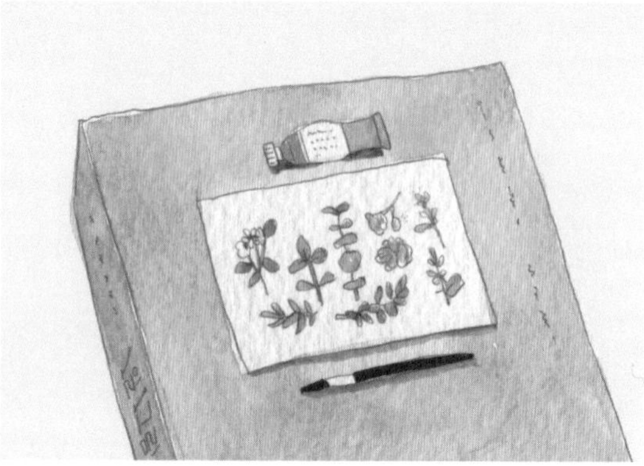

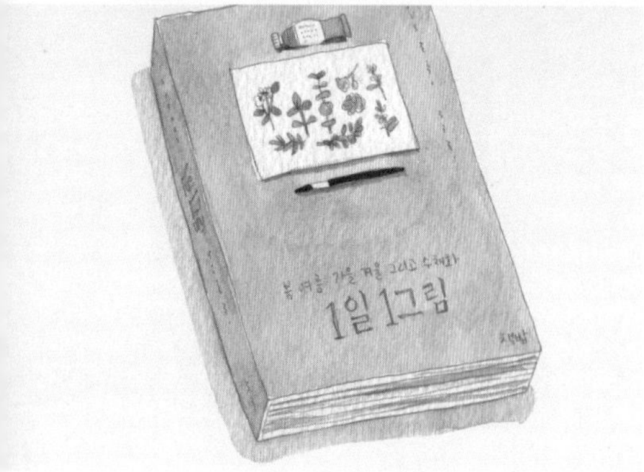


05 06
07

**05** 물감의 라벨 맨 왼쪽은 진하게 발색한 분홍색으로 채색합니다. 물감의 몸통은 연하게 발색한 검은색으로 칠해 주세요. 같은 색으로 물감, 그림, 붓에 그림자를 넣은 후 좀 더 진하게 발색하여 붓촉과 붓대를 채색합니다. 미젤로 미션 Ivory Black

**06** 분홍색과 연두색, 초록색으로 표지의 그림을 가볍게 채색합니다.
신한 SWC Leaf Green, 미젤로 미션 Green Grey

**07** 연하게 발색한 검은색으로 책의 속장을 표현한 가로선을 덧칠합니다. 같은 색으로 그림자까지 넣으면 책 완성.

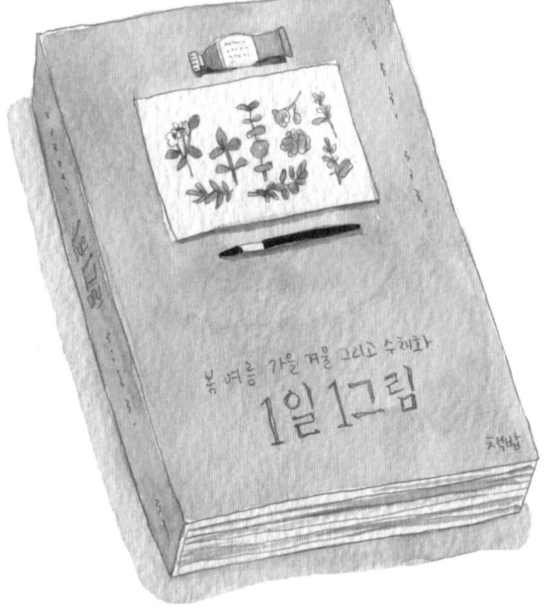
봄 여름 가을 겨울 그리고 수채화
1일1그림
책밥

○
여
덟
번
째

# 화장품

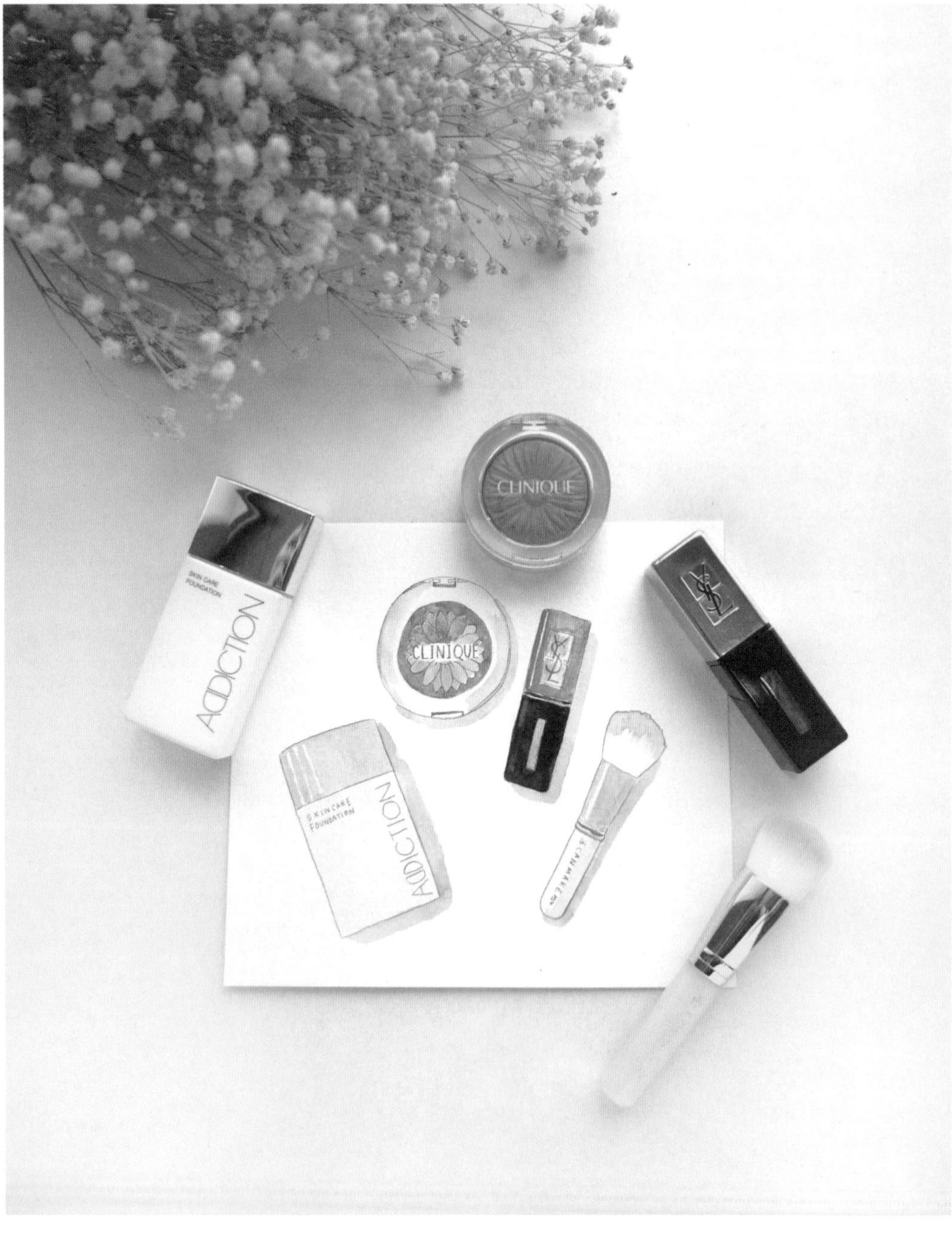


샤프(0.3mm)

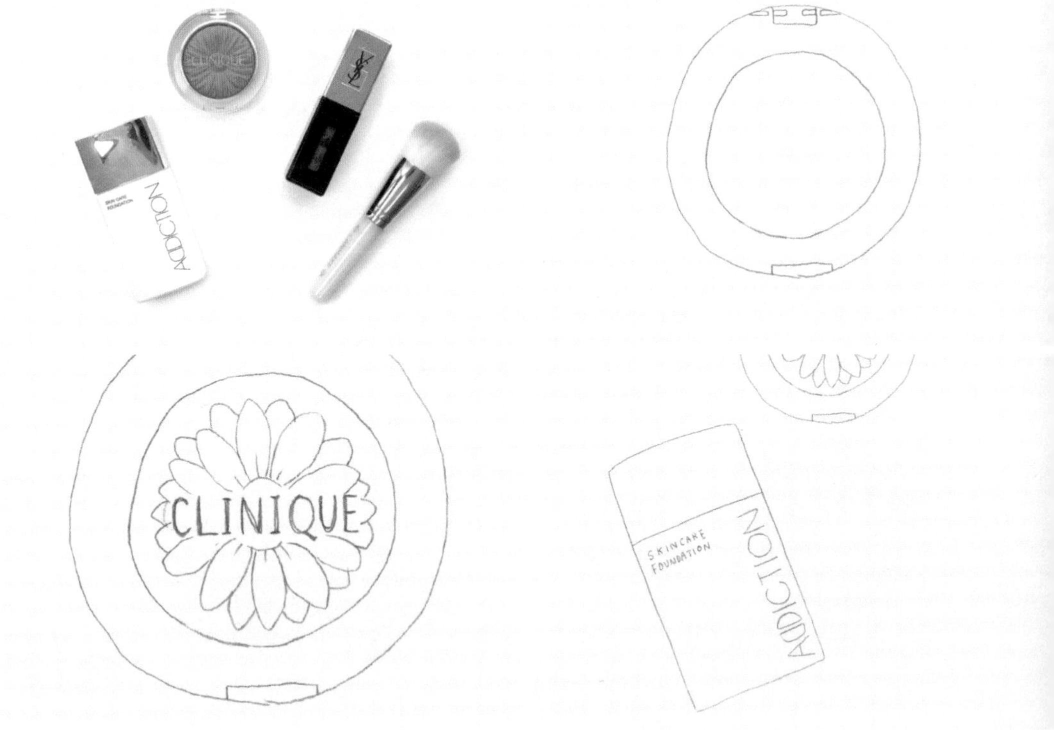


| | |
|---|---|
| 01 | 02 |
| 03 | 04 |

**01** 파운데이션과 블러셔, 립글로스, 브러시를 그려 볼게요. 사물을 직접 관찰하며 그리면 더 좋아요.

**02** 블러셔부터 그립니다. 샤프로 큰 동그라미를 하나 그리고 안쪽에 좀 더 작은 동그라미를 그린 후 여닫는 부분 등의 디테일을 묘사해 주세요.

**03** 중앙에 브랜드 이름을 쓰고, 블러셔의 꽃잎 모양도 그립니다. 이때 글자와 겹치지 않도록 그리는 것이 중요해요.

**04** 다음으로 파운데이션을 그립니다. 직사각형을 그린 후 위에서 1/3 정도 지점에 가로선을 그어 뚜껑을 표현합니다. 브랜드와 상품 이름 등도 꼼꼼히 적어 주세요.

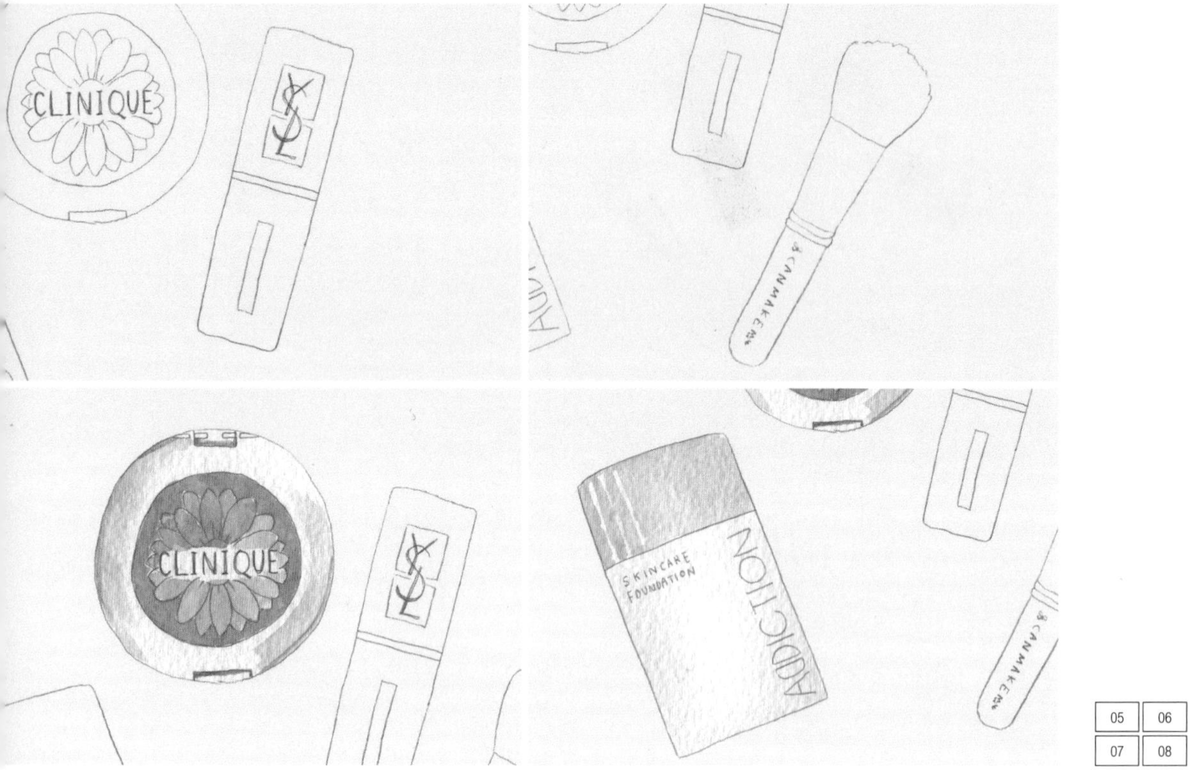


**05** 이번에는 립글로스를 그릴게요. 길쭉한 직사각형을 그리고 절반 지점에 가로선을 두 개 그어 뚜껑과 몸통을 구분합니다. 브랜드 로고와 립글로스의 색을 확인할 수 있는 창 등의 디테일을 꼼꼼히 그려 주세요.

**06** 마지막으로 브러시를 그립니다. 브러시의 모(毛)는 전체적으로 통통하고 위쪽을 삐죽삐죽하게 그려 주세요. 손잡이 윗부분과 손잡이를 그린 후에는 브랜드 이름도 적어 주세요. 스케치 완성.

**07** 분홍색에 빨간색을 섞어 꽃잎 모양을 하나하나 채색합니다. 같은 색에 빨간색을 좀 더 섞어 꽃잎 바깥쪽을 칠하면 꽃잎 모양이 살짝 올라와 있는 듯 입체감을 살릴 수 있어요. 투명한 케이스는 연하게 발색한 검은색으로 음영을 넣듯 드문드문 가볍게 칠합니다.

신한 SWC Shell Pink + 미젤로 미션 Permanent Red, 미젤로 미션 Ivory Black

**08** 같은 색으로 파운데이션의 뚜껑을 채색합니다. 왼쪽에 간격을 두고 흰 여백을 두세 개 정도 길게 남겨 두어 금속 뚜껑의 광택을 표현합니다. 파운데이션의 몸통은 흰색이므로 물을 많이 섞어 아주 연하게 발색한 검은색으로 테두리를 위주로 한 번만 칠해 주세요.

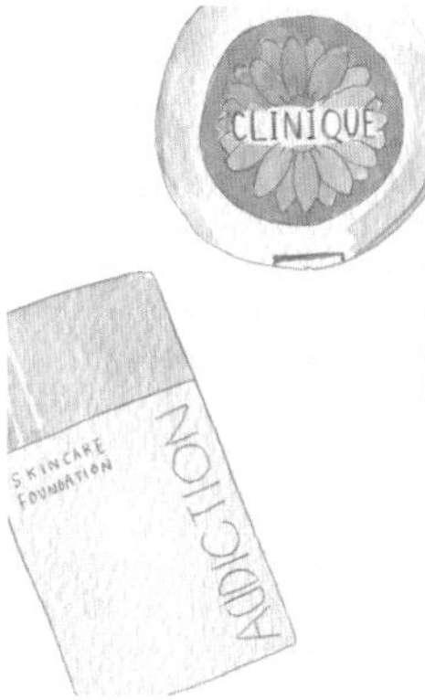


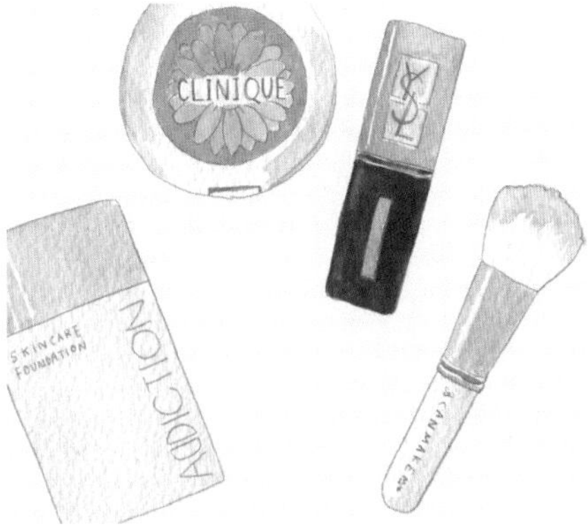


09 10
11

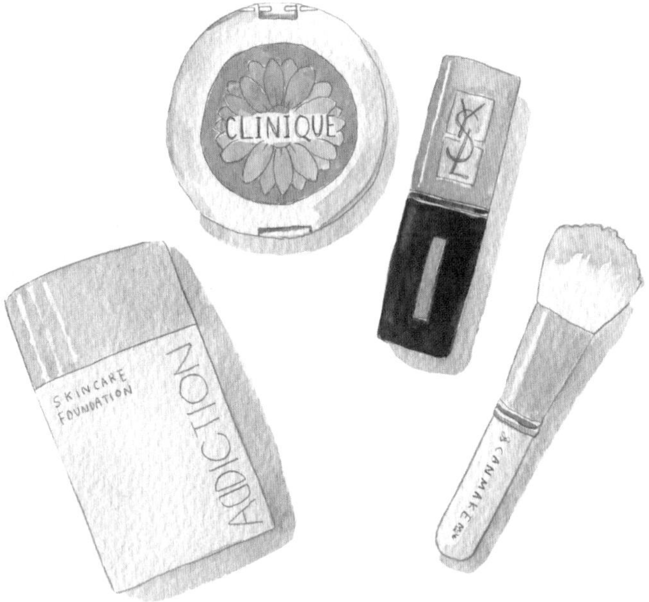


**09** 립글로스의 뚜껑은 황토색으로 채색합니다. 마찬가지로 왼쪽에 길게 여백을 두어 금속의 느낌을 살려 주세요. 몸통은 검은색으로, 중앙의 투명한 창 부분은 분홍색으로 채색합니다.

미젤로 미션 Raw Sienna

**10** 브러시는 모(毛)의 끝부분만 분홍색으로 연하게 채색합니다. 손잡이 윗부분도 광택 부분을 남겨 둔 채 연하게 발색한 검은색으로 칠해 주세요. 손잡이는 좀 더 연하게 발색한 검은색으로 음영만 넣어 주세요.

**11** 연하게 발색한 검은색으로 그림에 모두 그림자를 넣습니다. 화장품 완성.

○

# 2

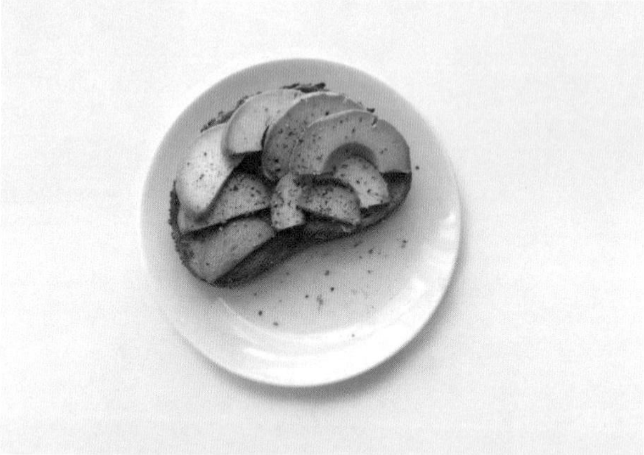

○

# 식탁 위의

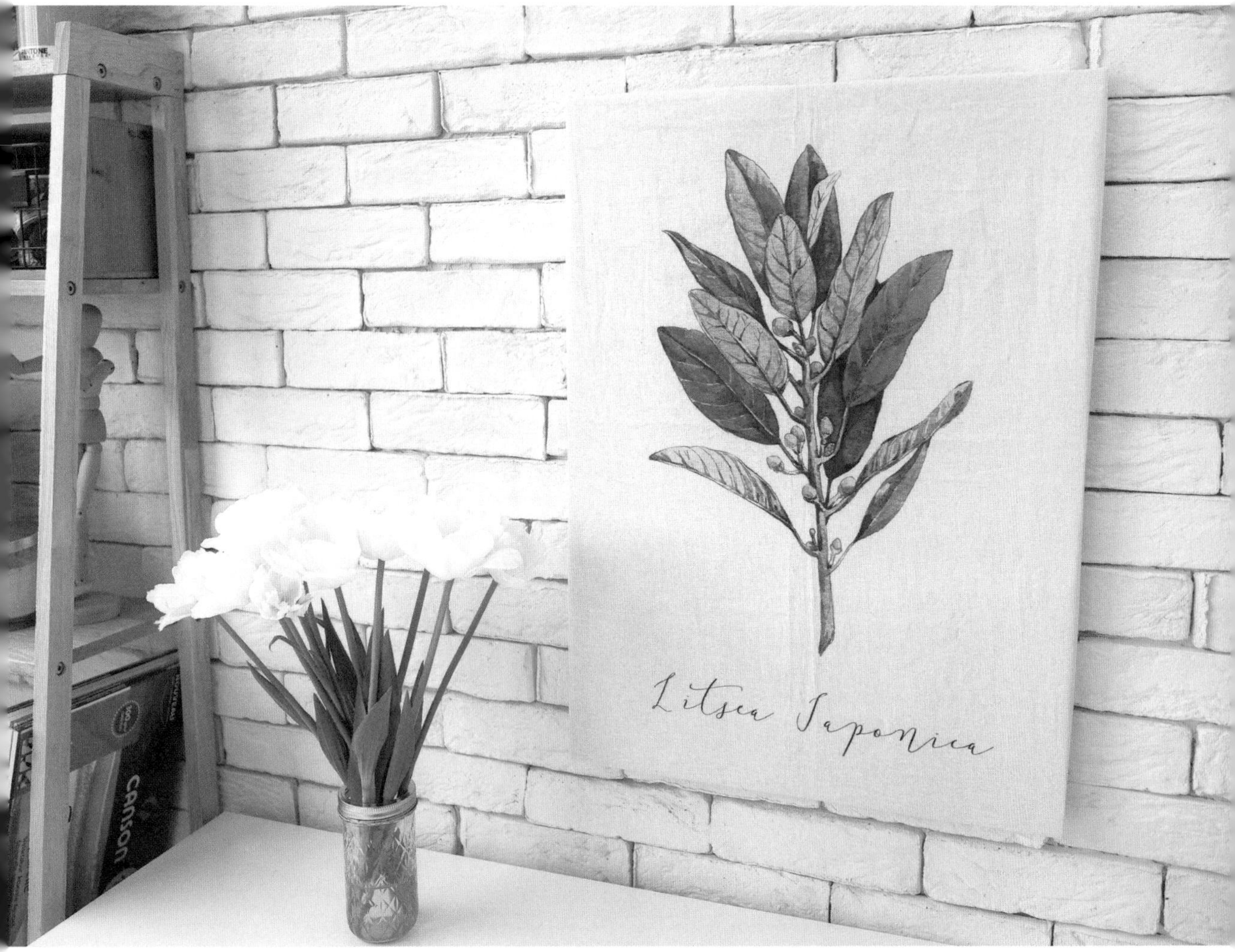


1일 1그림

ㅇ
첫
번
째

# 조리도구

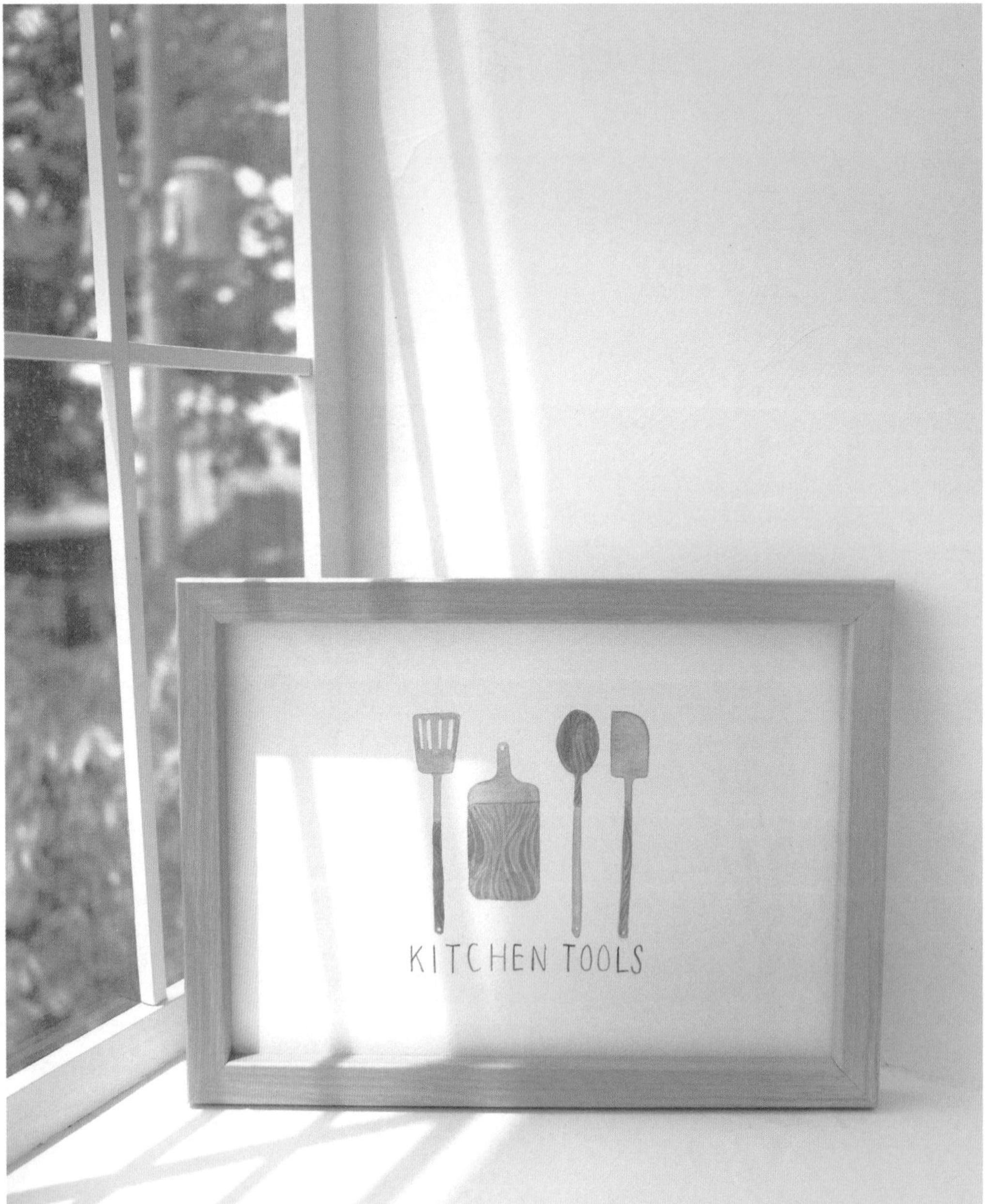

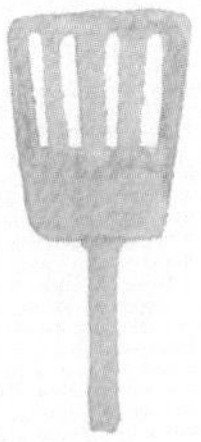

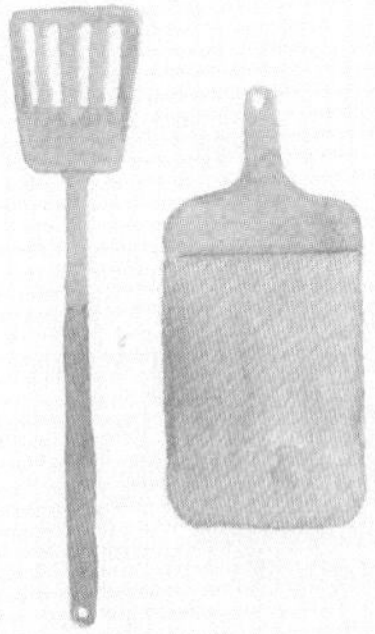

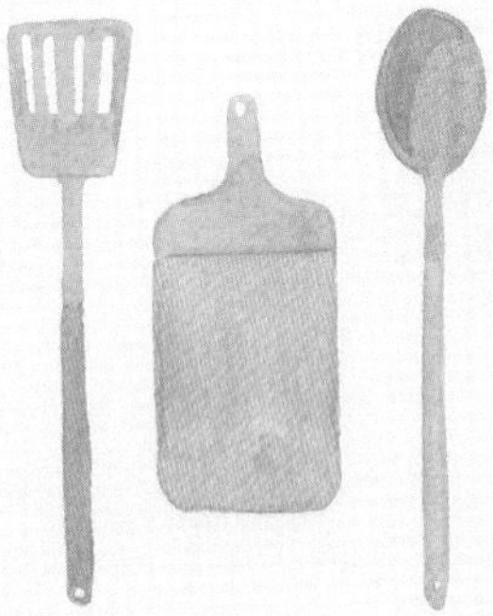

01
02 03

**01** 민트색으로 뒤집개의 머리 부분을 그려 주세요. 묽게 발색하여 얼룩지지 않도록 한 번에 그립니다. 미젤로 미션 Compose Blue

**Tip** 묽게 발색한다는 것은 진하게 발색한 물감에 물도 많이 섞어 한 번에 많은 양을 조색한다는 의미입니다. 16쪽의 내용을 참고해 주세요.

**02** 황토색에 갈색을 조금 섞고 마찬가지로 묽게 발색하여 손잡이를 그립니다. 손잡이 끝부분에는 동그랗게 여백을 남겨 두어 구멍을 표현합니다. 뒤집개와 같은 색을 사용하여 도마도 그려 주세요. 미젤로 미션 Raw Sienna + Van Dyke Brown

**03** 같은 색을 위아래 반대로 사용하여 기다란 주걱을 그립니다. 주걱의 머리 부분이 완전히 마르면 같은 색으로 왼쪽만 길게 덧칠해 움푹 팬 느낌을 살립니다.

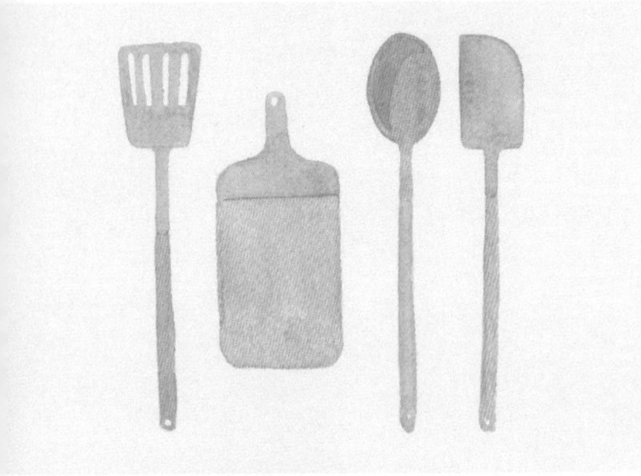

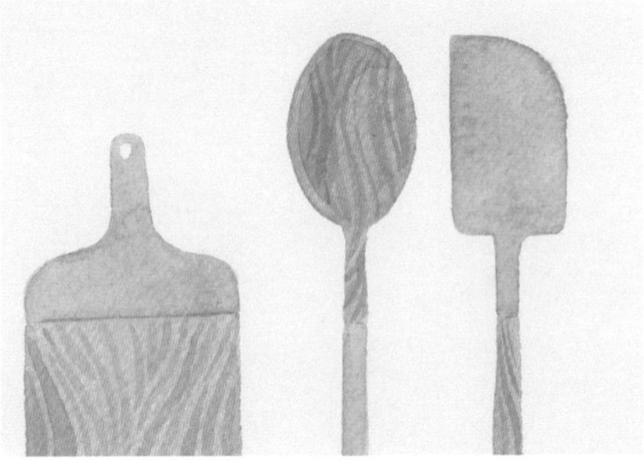

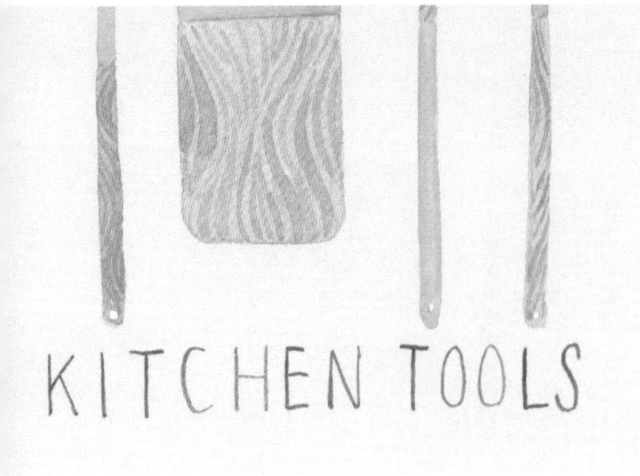


04 05
06

**04** 다시 같은 색을 반대로 사용하여 스패출러를 그립니다.

**05** 황토색에 갈색을 조금 더 섞어 조리도구의 나무 부분에 나뭇결을 그려 넣습니다. 같은 방향의 곡선을 차곡차곡 쌓아 자연스럽게 표현합니다. 실제 나뭇결의 모양을 직접 보면서 패턴을 파악해 보는 것도 좋아요.

**06** 나뭇결을 모두 그려 넣은 후에는 그림 아래쪽에 갈색으로 'KITCHEN TOOLS'라고 적어 주세요. 최대한 얇은 선으로 씁니다. 조리도구 완성.

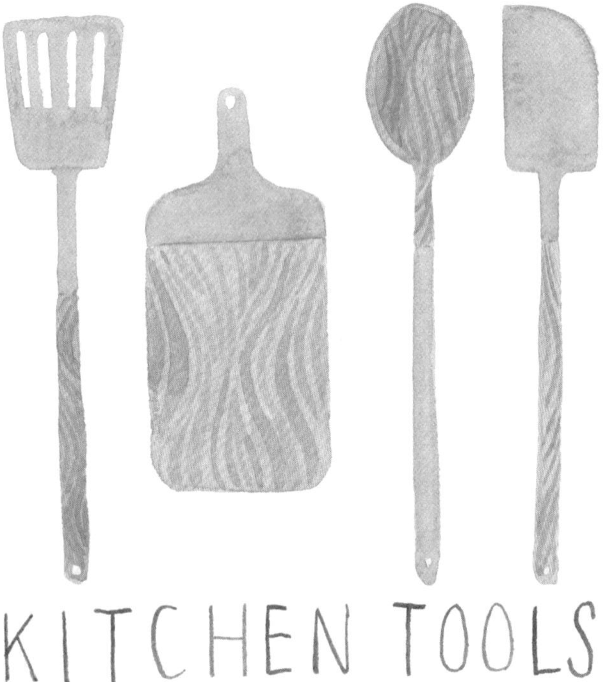

KITCHEN TOOLS

ㅇ 두 번 째

# 과일바구니

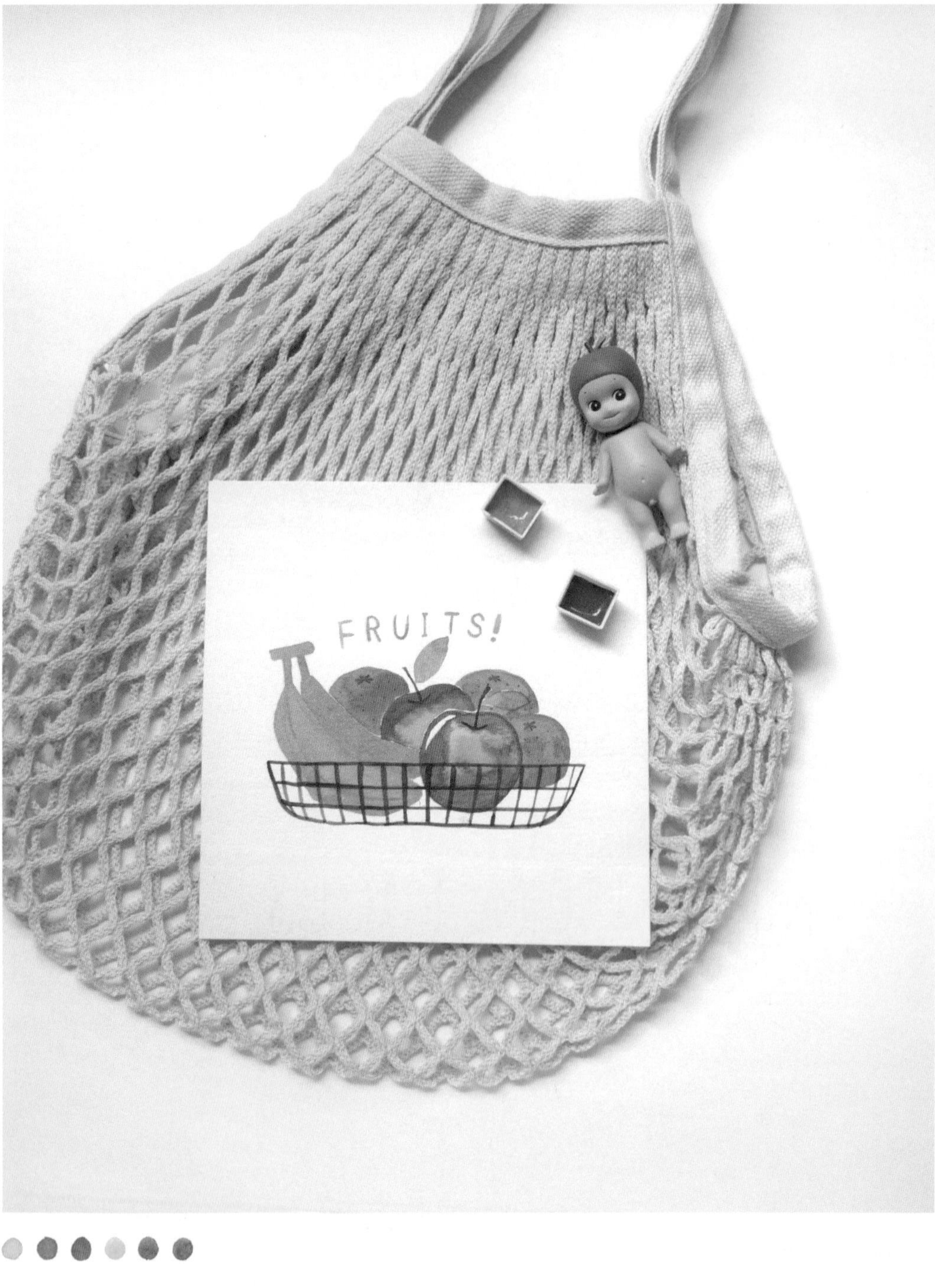

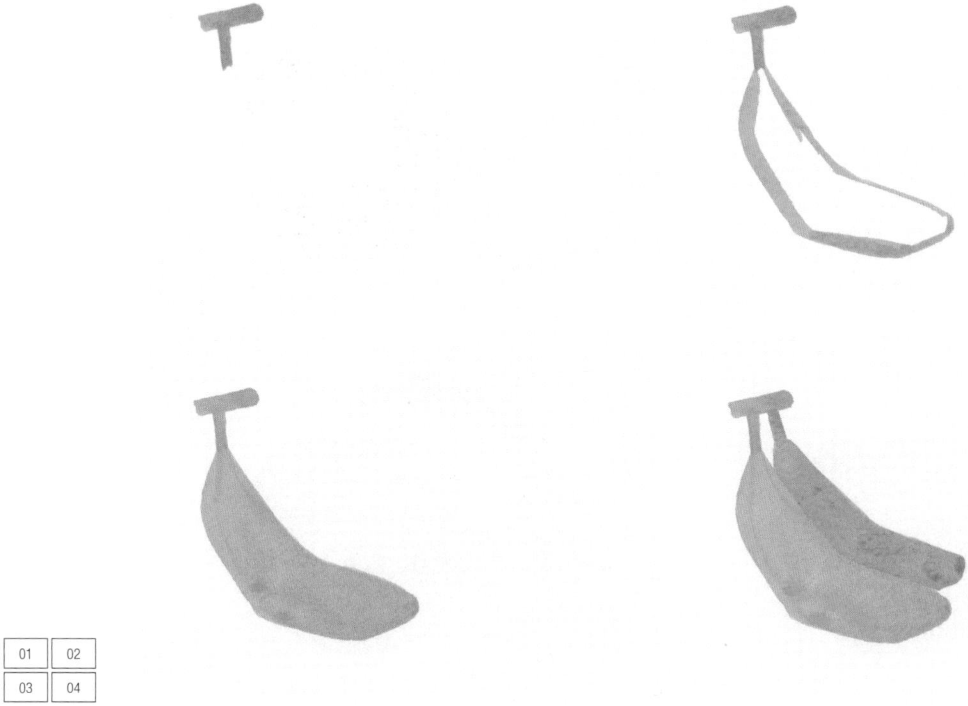


**01** 노란색으로 바나나의 꼭지부터 그립니다. 바나나 두 개를 연결할 예정이므로 첫 번째 바나나는 꼭지 왼쪽 부분에 그리기 시작합니다. 신한 SWC Permanent Yellow Deep

**Tip** 물감을 진하게 발색하여 포스터컬러나 아크릴물감의 느낌을 살려 그려 봅니다.

**02** 바나나는 바깥쪽 선은 네 번 꺾어서 그리고, 안쪽 선은 두 번 꺾이도록 그리면 자연스럽습니다.

**03** 스케치한 물감이 마르기 전에 안쪽을 채색합니다.

**04** 노란색에 황토색을 조금 섞어 뒤쪽에도 바나나를 하나 그려 주세요. 미젤로 미션 Raw Sienna

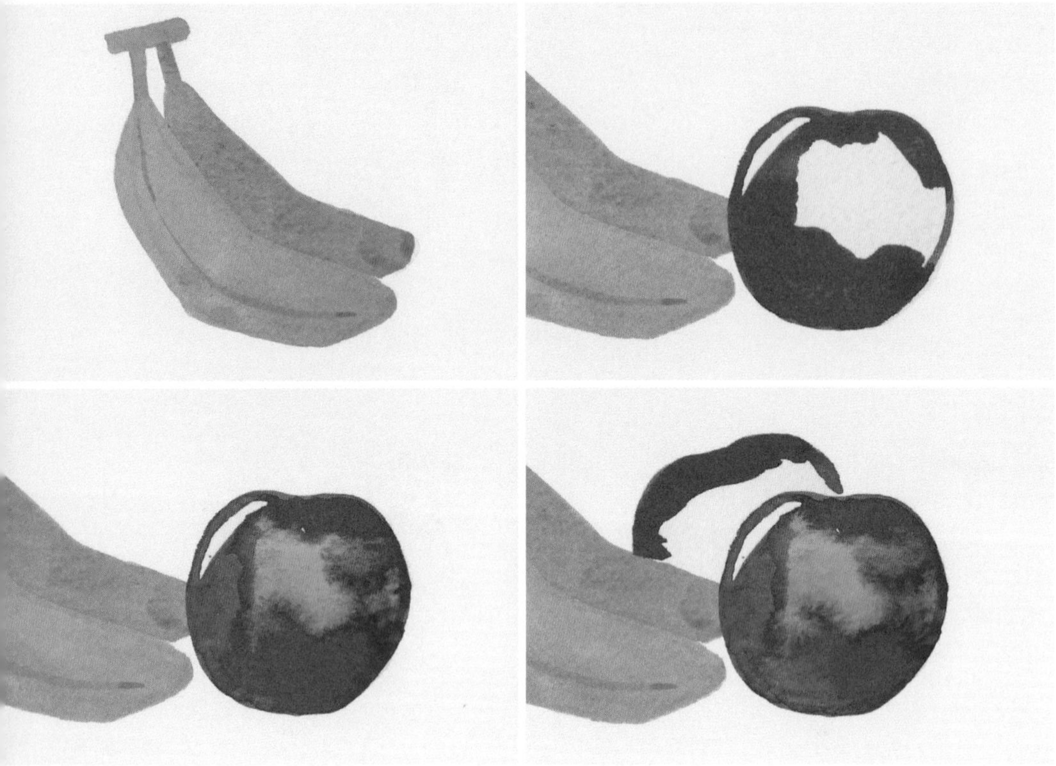

05 06
07 08

**05** 같은 색으로 앞쪽 바나나에 곡선을 하나 그려 넣습니다.

**06** 빨간색으로 사과를 그립니다. 진하고 묽게 발색하여 뒤쪽의 바나나가 살짝 가려지도록 그려 주세요. 광택 부분을 왼쪽에 하얗게 남겨 둡니다. 푸르스름하게 표현할 중앙과 오른쪽 부분도 남겨 두고 채색해 주세요. 미젤로 미션 Permanent Red

**07** 연두색으로 광택을 제외한 나머지 부분을 채색한 후 깨끗이 씻은 붓으로 두 색을 자연스럽게 섞어 주세요. 연두색 물감을 빨간색 쪽으로 슬슬 밀어냅니다. 신한 SWC Leaf Green

**08** 뒤쪽에 사과를 하나 더 그려 주세요. 이번에도 연두색으로 칠할 부분을 남겨 둡니다.

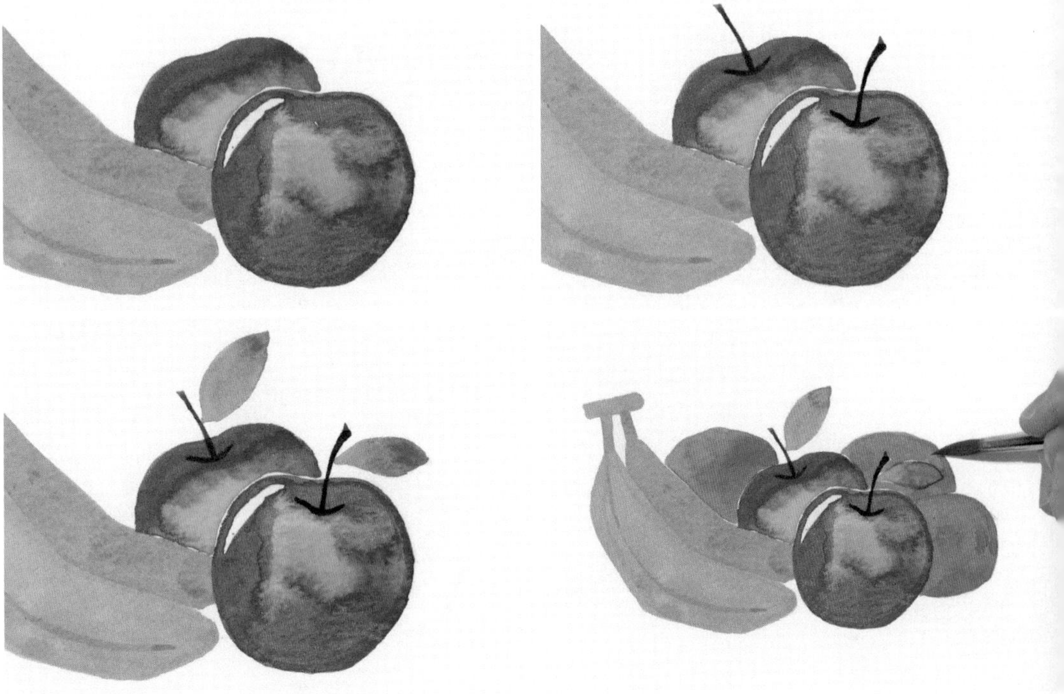

| | |
|---|---|
| 09 | 10 |
| 11 | 12 |

**09** 같은 방법으로 연두색이 빨간색과 자연스럽게 섞이도록 채색합니다.

**10** 채색한 물감이 마르면 갈색으로 사과의 꼭지를 그립니다. 미젤로 미션 Van Dyke Brown

**11** 연두색에 초록색을 섞어 사과 꼭지에 잎사귀를 달아 주세요. 미젤로 미션 Green Grey

**12** 노란색과 빨간색을 섞어 만든 주황색으로 앞서 그린 과일 뒤쪽에 귤을 그립니다. 전체적으로 풍성해 보이도록 구도를 살펴 가며 귤을 배치해 주세요.

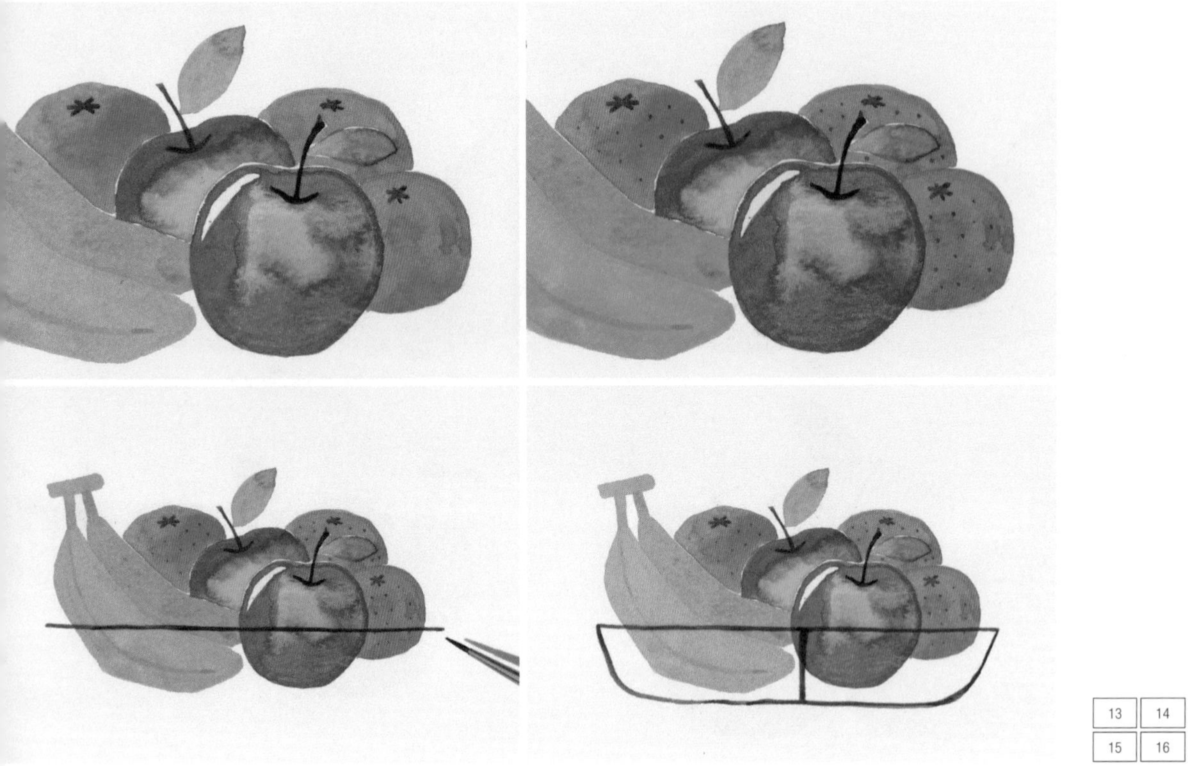


**13** 초록색으로 ‘*’ 모양을 그려 꼭지를 표현합니다.

**14** 12번에서 만든 주황색에 갈색을 섞은 후 점을 콕콕 찍어 귤껍질을 묘사합니다.

**15** 바구니를 그릴 차례입니다. 앞쪽 과일과 겹치도록 갈색으로 가로선을 길게 그어 주세요. 앞쪽 과일의 중간 높이에서 살짝 아래쪽으로 적당히 위치를 잡아 주세요.

**16** 둥그렇게 바구니 아래쪽을 그리고 중앙에 세로선을 하나 그어 주세요.

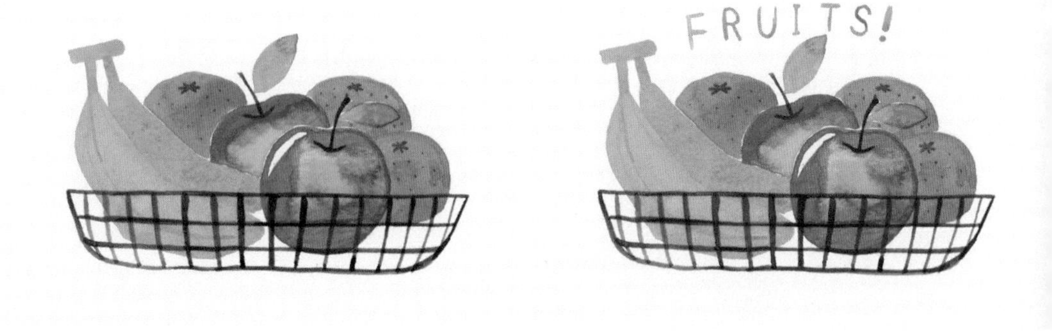


17 18

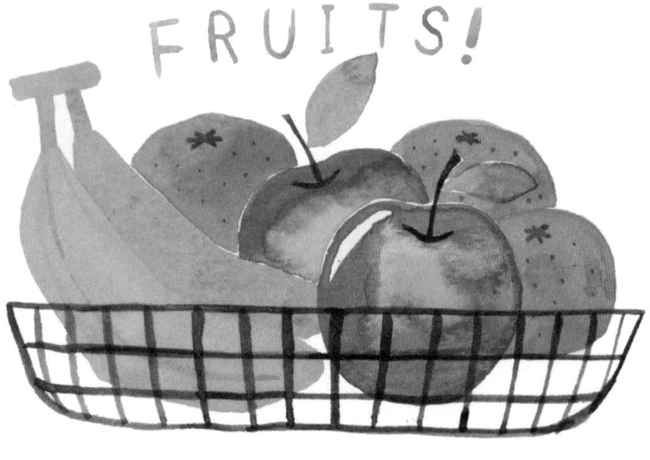


**17** 이어서 바구니 안쪽에 가로선 두 개를 먼저 그은 후 세로선을 비교적 일정한 간격으로 채워 주세요. 단, 양옆으로 갈수록 간격이 조금씩 좁아지는 것이 더 자연스럽습니다.

**18** 그림에 사용했던 여러 가지 색으로 글씨를 써 주세요. 과일바구니 완성.

# 아보카도주스

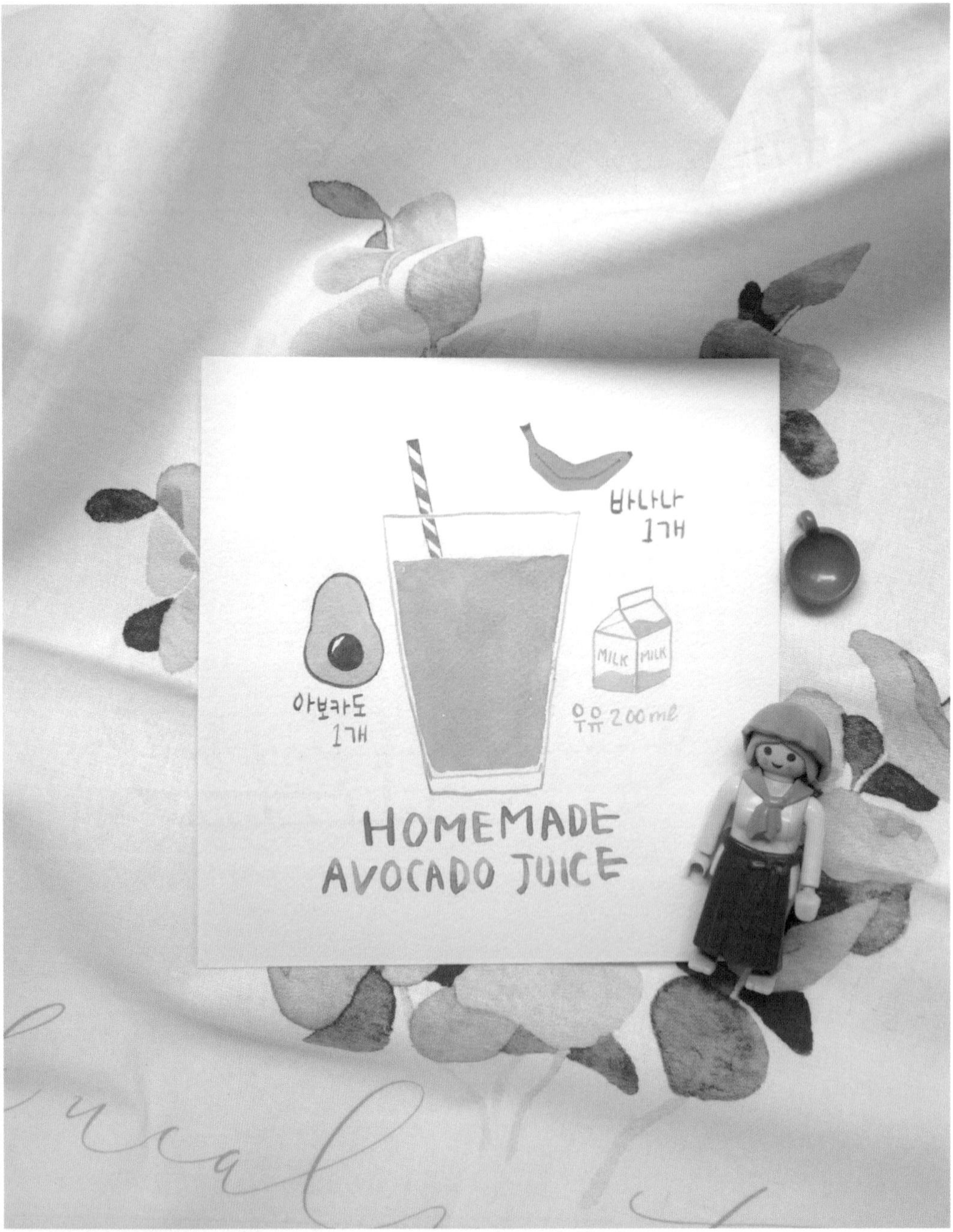

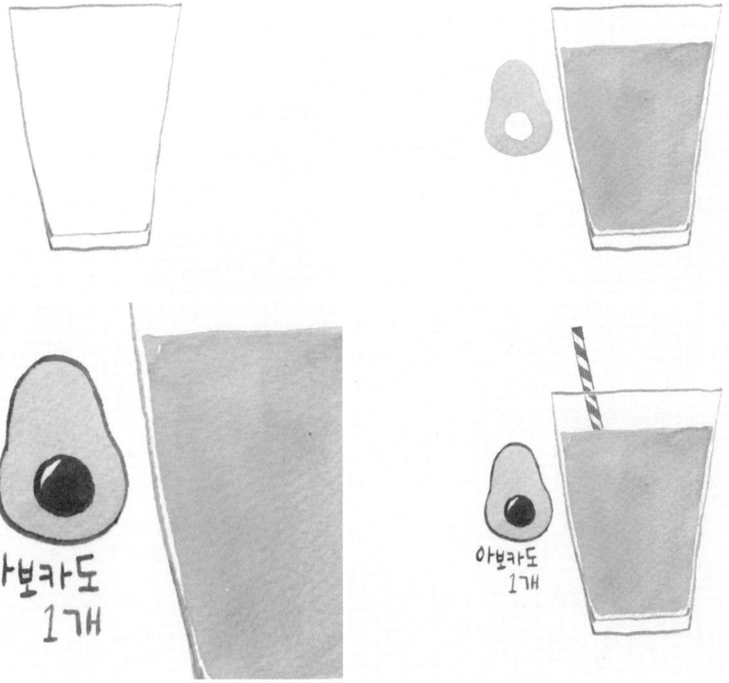


01 02
03 04

**01** 연하게 발색한 검은색으로 유리컵을 그립니다. 아래쪽으로 좁아지게 그린 후 컵 바닥의 두께도 표현해 주세요. 미젤로 미션 Ivory Black

**02** 연두색에 멜론색을 조금 섞어 컵 안쪽에 아보카도주스를 채워 주세요. 같은 색으로 컵 왼쪽에 아보카도의 단면을 그립니다. 씨가 들어갈 자리는 남겨 두고 그려 주세요.

신한 SWC Leaf Green + 미젤로 미션 Melon Green

**03** 갈색으로 씨를 그립니다. 광택 부분은 남겨 두고 칠해 주세요. 초록색으로 아보카도의 껍질을 얇게 그린 후 같은 색으로 아래쪽에 '아보카도 1개'라고 적어 주세요.

미젤로 미션 Van Dyke Brown, Green Grey

**04** 빨간색으로 빨대를 그립니다. 얇은 선으로 테두리부터 그린 후 안쪽에 사선으로 줄무늬를 넣어 주세요. 미젤로 미션 Permanent Red

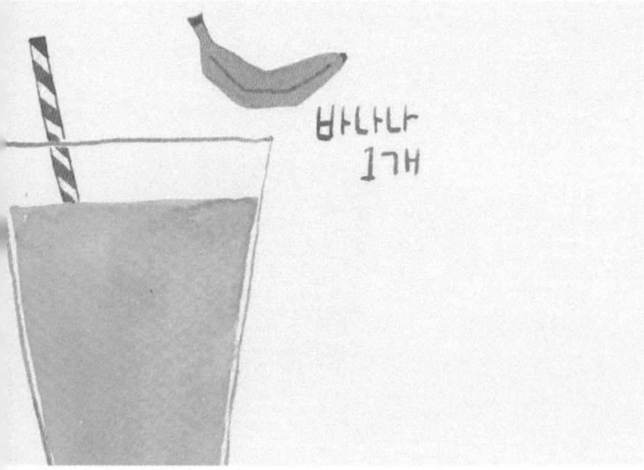


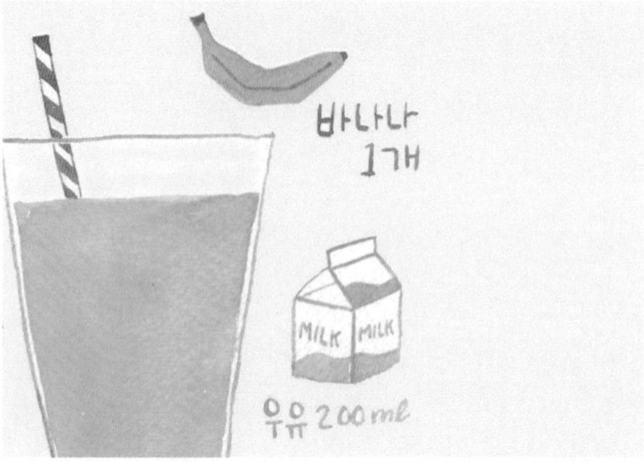


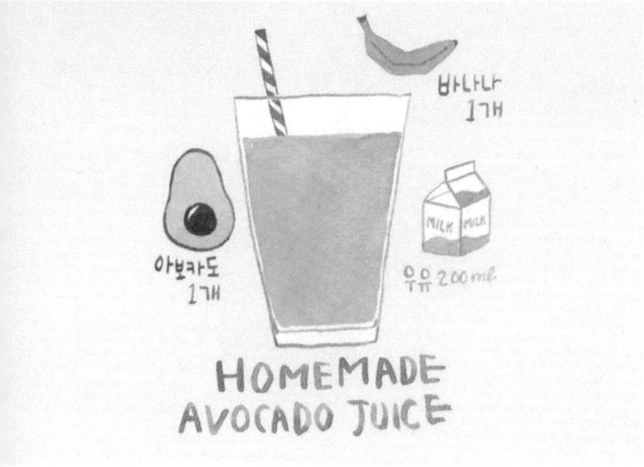


| | |
|---|---|
| 05 | 06 |
| 07 | |

**05** 이번에는 노란색으로 바나나를 그릴 거예요. 바나나 몸통을 그린 후 황토색으로 꼭지와 아래쪽 끝부분을 칠하고 안쪽에 선을 그려 넣어 몸통의 꺾인 부분을 표현합니다. 같은 색으로 아래쪽에 '바나나 1개'라고 적어 주세요.

신한 SWC Permanent Yellow Deep, 미젤로 미션 Raw Sienna

**06** 하늘색으로 컵 오른쪽에 우유를 그립니다. 우유갑의 형태를 먼저 그린 후 같은 색으로 우유갑에 물결무늬를 넣습니다. 우유갑 앞면과 옆면에는 'MILK'라고 글씨를 써 주세요. 면의 기울기를 따라 글씨의 방향을 맞추면 더욱 자연스럽습니다. 아래쪽에는 '우유 200ml'라고 적어 주세요.

신한 SWC Horizon Blue

**07** 아보카도주스의 색에 초록색을 조금 섞어 그림 아래쪽에 'HOMEMADE AVOCADO JUICE'라고 적어 주세요. 아보카도주스 완성.

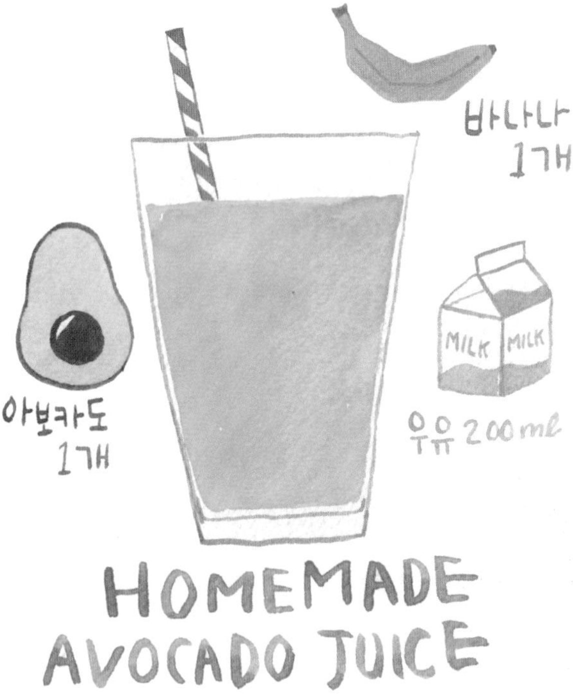
바나나
1개
MILK
MILK
우유 200ml
아보카도
1개
HOMEMADE
AVOCADO JUICE

ㅇ
네
번
째

# 접시

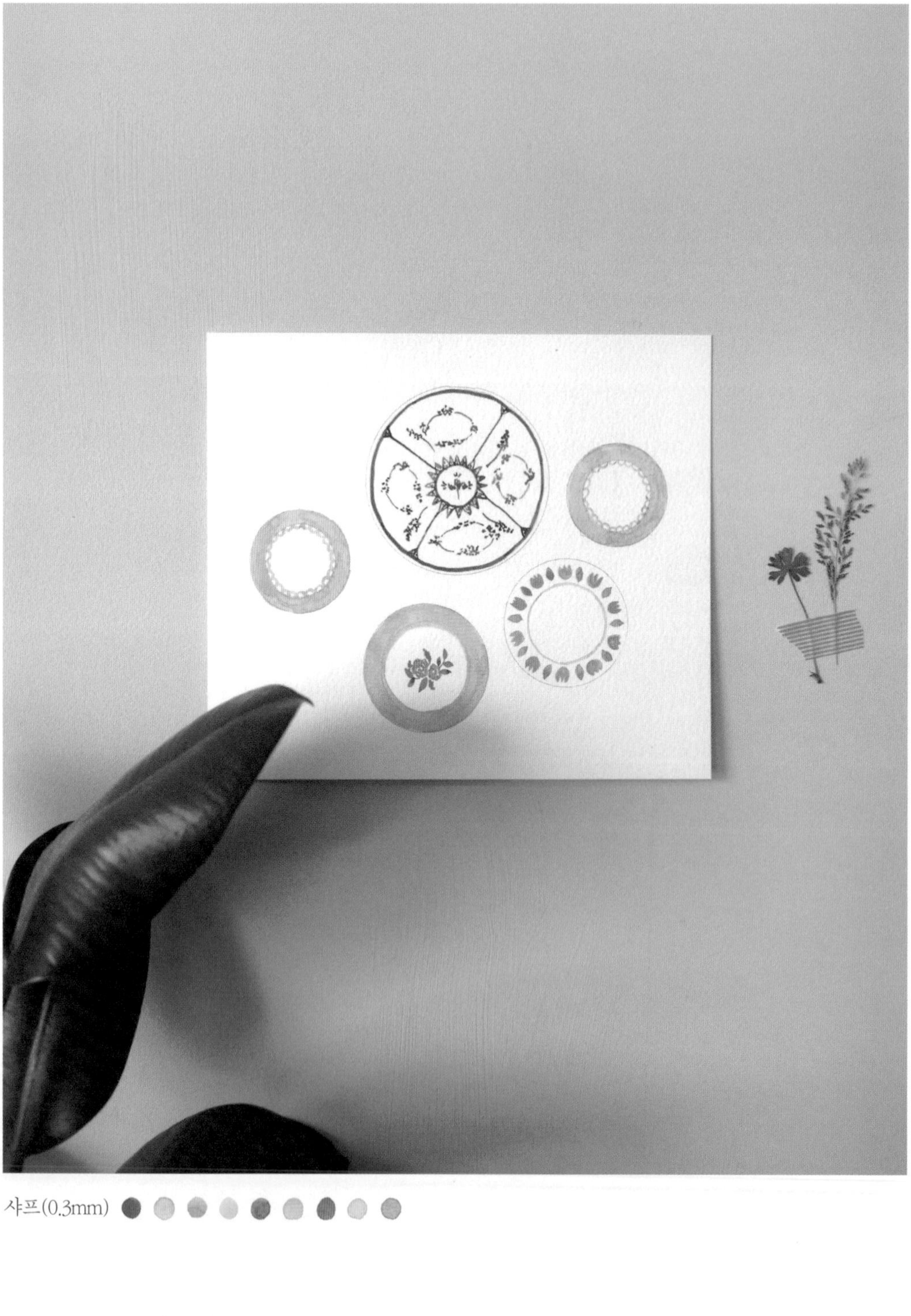

샤프(0.3mm)

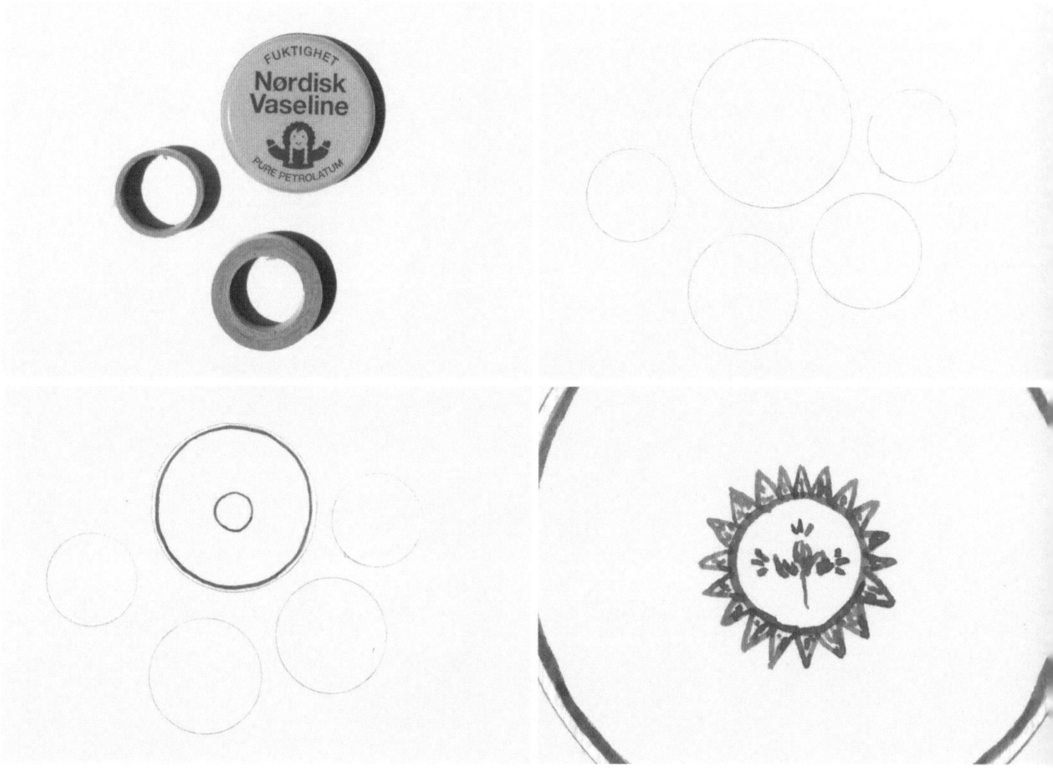


| | |
|---|---|
| 01 | 02 |
| 03 | 04 |

**01** 동그란 물건을 크기별로 찾아봅시다.

**02** 동그란 물건을 종이에 대고 샤프로 테두리를 따라 그려 동그라미 다섯 개를 완성합니다.

**03** 가장 큰 동그라미부터 무늬를 넣을 거예요. 군청색으로 테두리와 살짝 간격을 두고 얇은 선으로 원을 그린 후 중앙에 작은 원을 하나 더 그려 줍니다. 미젤로 미션 Ultramarine Deep

**04** 같은 색으로 작은 원 안에 꽃을 간략히 그려 주세요. 바깥쪽에는 길쭉한 삼각형 모양을 반복해서 그려 넣어 작은 원을 둘러쌉니다. 삼각형 안쪽에는 불규칙하게 점을 찍어 주세요.

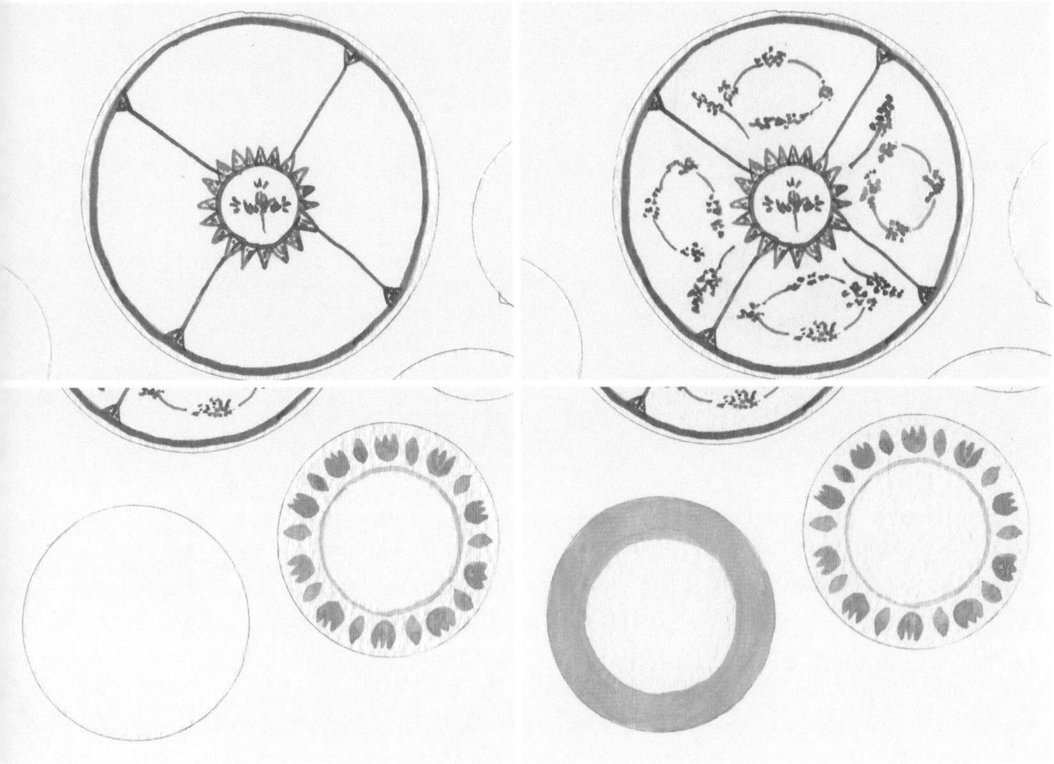

05 06
07 08

**05** 중앙의 무늬와 바깥쪽 원 사이에 'X' 자 형태로 선을 그어 주세요. 바깥쪽 원과 닿는 부분은 양쪽으로 사선을 작게 넣어 삼각형 모양으로 이어 줍니다.

**06** 네 부분으로 나뉜 여백에 각각 무늬를 넣을게요. 여백 안쪽의 상하좌우에 점을 콕콕 찍고 그 사이를 곡선으로 이어 타원 형태의 무늬를 만듭니다. 그 옆에도 점을 여러 개 찍고 아래쪽으로 선을 그어 자잘한 꽃무늬를 하나씩 넣습니다. 점을 찍어 간략히 표현했지만 멀리서 보면 화려한 꽃무늬처럼 보입니다.

**07** 다음 접시에도 무늬를 그려 넣습니다. 연한 회색으로 안쪽에 원을 그려 접시의 깊이를 먼저 표현해 주세요. 원 바깥쪽에는 분홍색 튤립과 잎사귀 모양을 번갈아 가며 그려 넣습니다. 잎사귀는 연두색에 초록색을 조금 섞어 그려 주세요.

미젤로 미션 Grey of Grey, 신한 SWC Shell Pink, 신한 SWC Leaf Green + 미젤로 미션 Green Grey

**08** 멜론색으로 다음 접시의 테두리를 채색해 주세요. 미젤로 미션 Melon Green

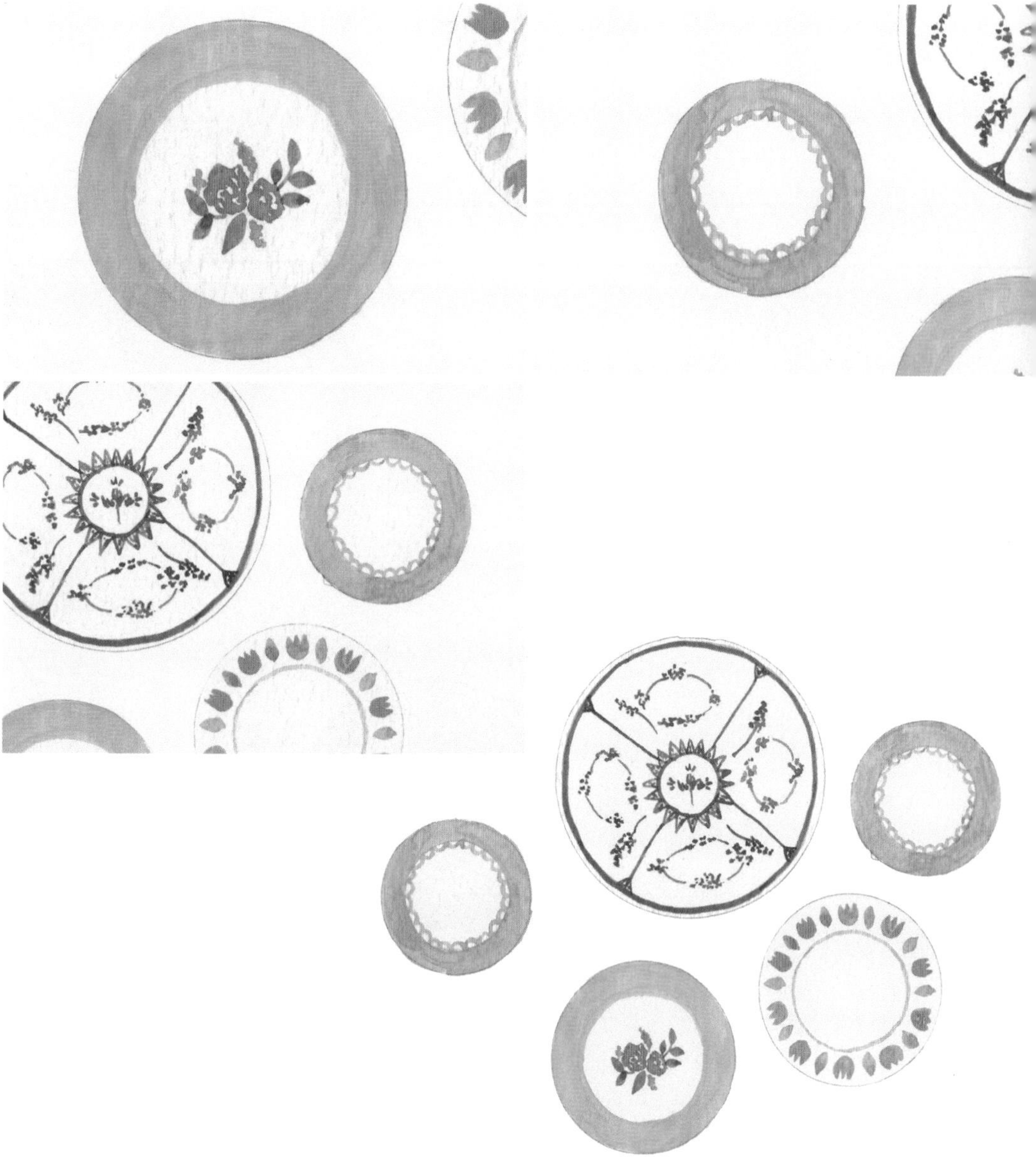

09 | 10
11

**09** 빨간색으로 접시 한가운데에 꽃 두 송이를 간략히 그린 후 초록색에 연두색을 조금 섞어 잎사귀를 그립니다. 꽃과 잎사귀 사이사이에는 노란색으로 점을 콕콕 찍어 기다란 꽃을 표현합니다.

미젤로 미션 Permanent Red, 신한 SWC Permanent Yellow Deep

**10** 맨 왼쪽 접시는 분홍색으로 테두리를 칠한 후 안쪽에 레이스 무늬를 촘촘하게 그려 주세요.

**11** 같은 방법으로 나머지 접시는 민트색으로 그려 주세요. 접시 완성. 미젤로 미션 Compose Blue

다섯번째

# 스테이크

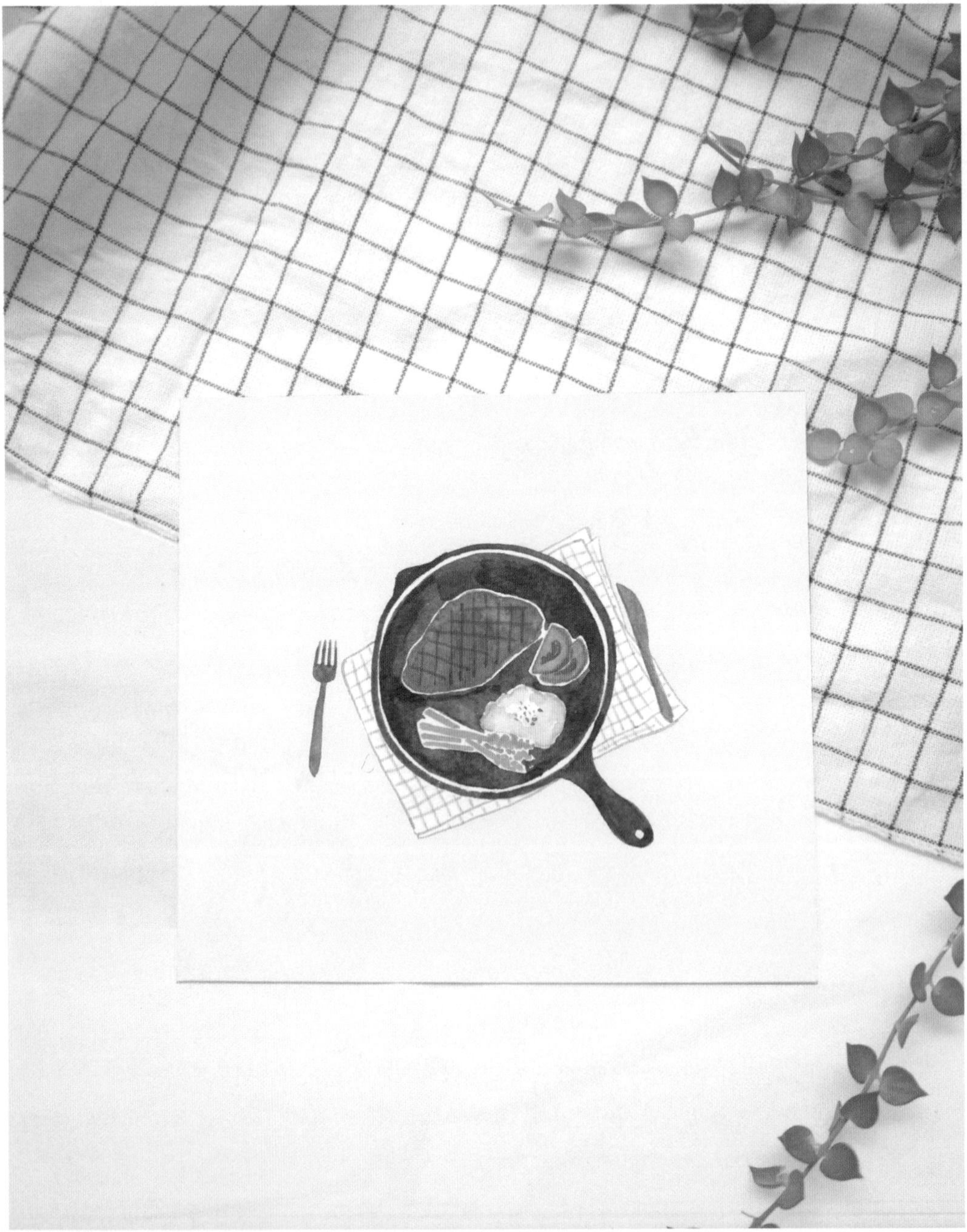

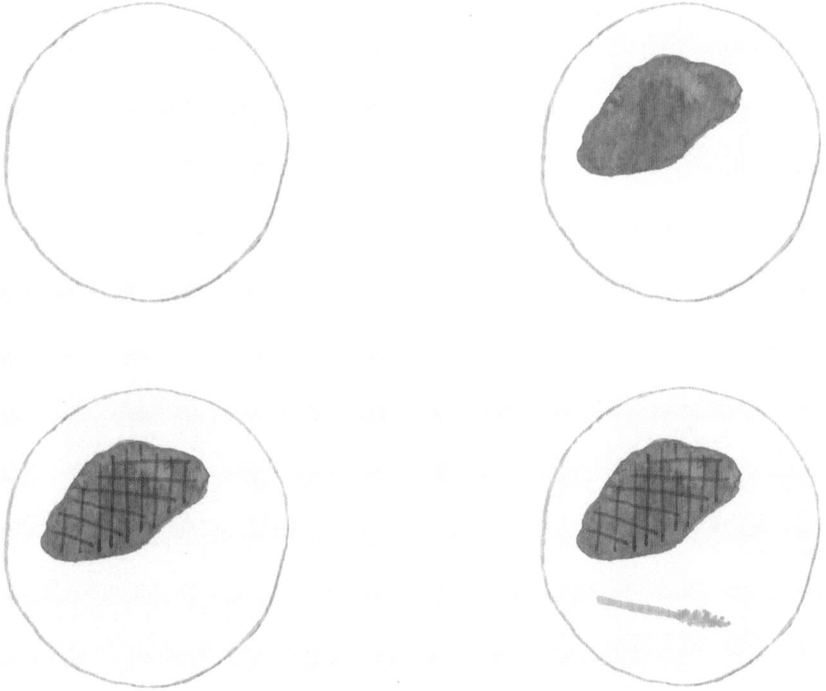

| | |
|---|---|
| 01 | 02 |
| 03 | 04 |

**01** 연하게 발색한 검은색으로 동그라미를 하나 그려 주세요. 미젤로 미션 Ivory Black

**02** 황토색에 붉은 갈색을 조금 섞어 동그라미 안쪽에 스테이크를 그립니다. 울퉁불퉁한 고기의 모양을 살려서 그려 주세요. 미젤로 미션 Raw Sienna + Red Brown

**03** 갈색으로 고기에 그릴 자국을 그려 넣습니다. 미젤로 미션 Van Dyke Brown

**04** 연두색으로 아스파라거스를 그립니다. 선을 길게 그리고 한쪽에만 점을 찍어 디테일을 묘사합니다. 신한 SWC Leaf Green

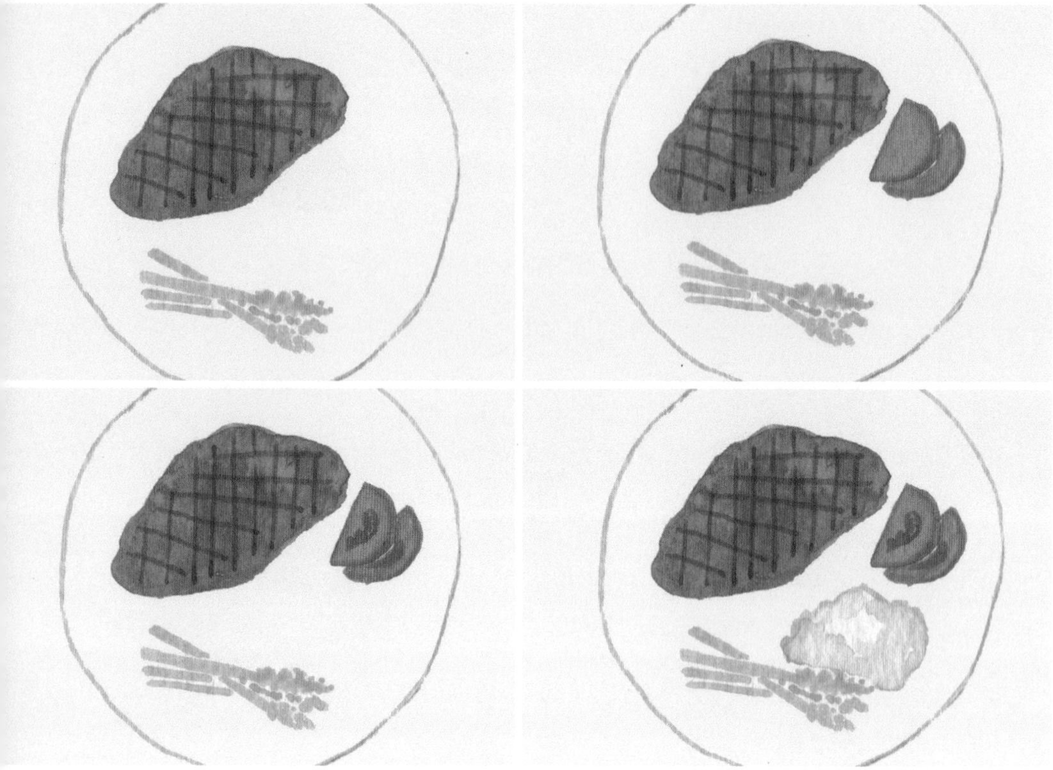

| | |
|---|---|
| 05 | 06 |
| 07 | 08 |

**05** 같은 방법으로 아스파라거스를 몇 개 더 겹쳐서 그려 주세요.

**06** 빨간색으로 토마토 두 조각을 겹쳐서 그립니다. 테두리부터 그린 후 같은 색에 물을 조금 더 섞어 안쪽을 칠해 주세요. 미젤로 미션 Permanent Red

**07** 채색한 물감이 완전히 마르면 진하게 발색한 빨간색으로 토마토 단면의 디테일을 묘사합니다.

**08** 연한 회색에 황토색을 조금 섞어 한쪽에 으깬 감자를 그립니다. 울퉁불퉁하게 테두리를 먼저 그린 후 안쪽으로 색을 풀어 주면서 붓을 둥글려 채색합니다. 중앙에는 여백을 조금 남겨 주세요.

미젤로 미션 Grey of Grey

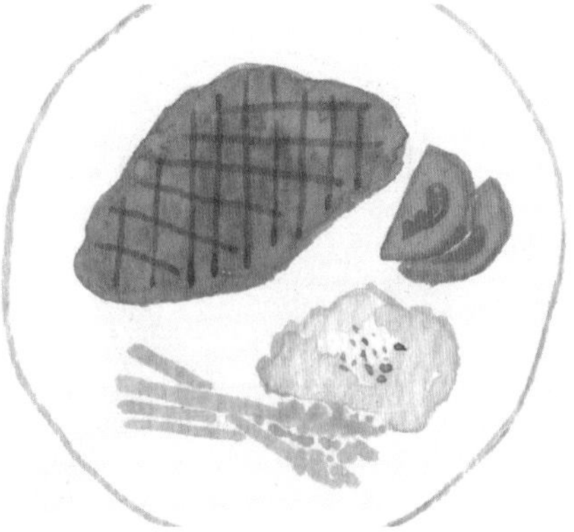

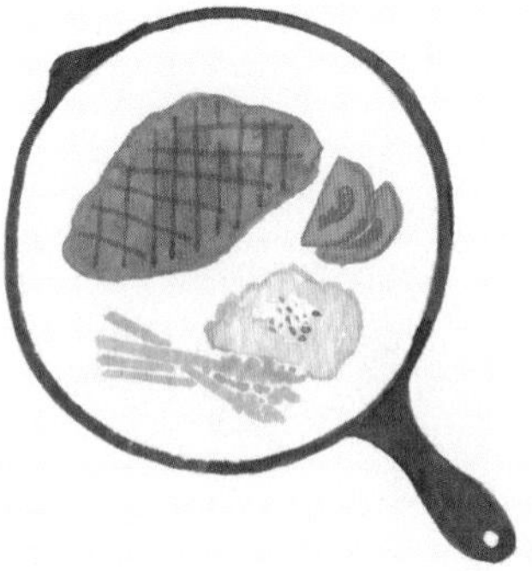

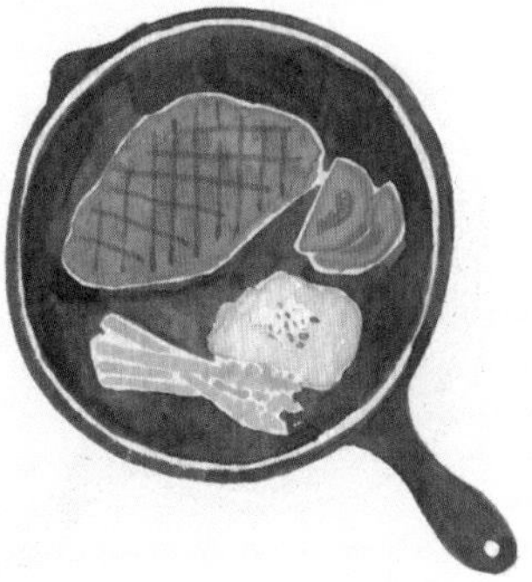

09
10 11

**09** 으깬 감자 위에 초록색으로 점을 콕콕 찍어 파슬리가루를 표현합니다.

미젤로 미션 Green Grey

**10** 맨 처음 그렸던 동그라미를 검은색으로 덧칠해 프라이팬의 테두리를 만든 후 손잡이를 그려 주세요. 손잡이 반대편에는 뭉툭하게 튀어나온 주둥이도 그립니다.

**11** 같은 색으로 프라이팬의 바닥을 채색합니다. 프라이팬의 테두리, 안쪽의 음식물과 간격을 살짝씩 두고 칠해 주세요.

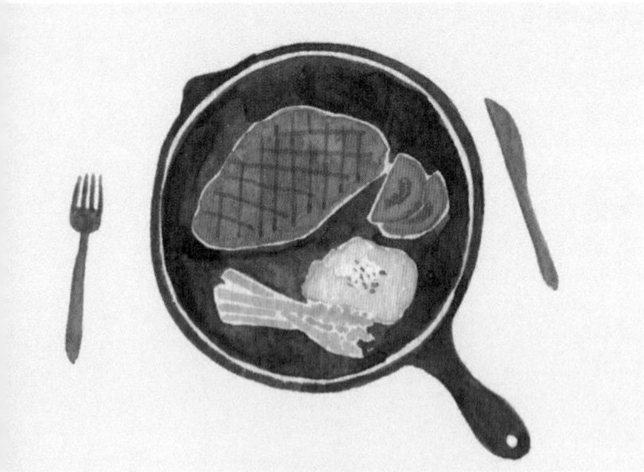

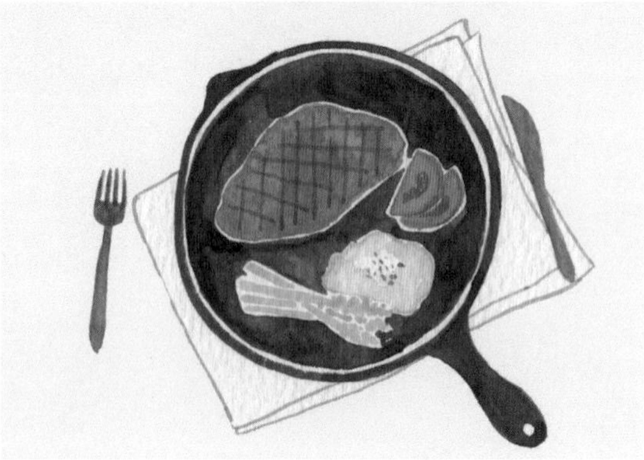

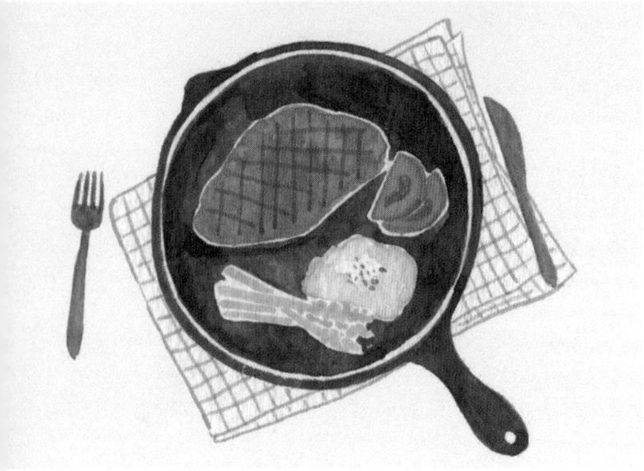

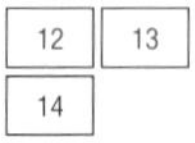


**12** 같은 색으로 프라이팬 양옆에 포크와 나이프를 그려 주세요.

**13** 같은 색을 연하게 발색하여 프라이팬 아래에 깔려 있는 키친클로스를 그립니다. 겹겹이 그려 여러 번 접은 모양을 표현해 주세요.

**14** 연하게 발색한 빨간색으로 키친클로스에 격자무늬를 그려 넣습니다. 스테이크 완성.

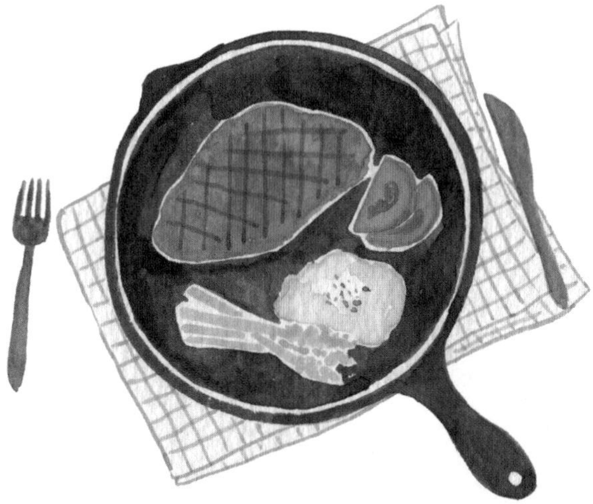

ㅇ 여섯번째

# 양념통

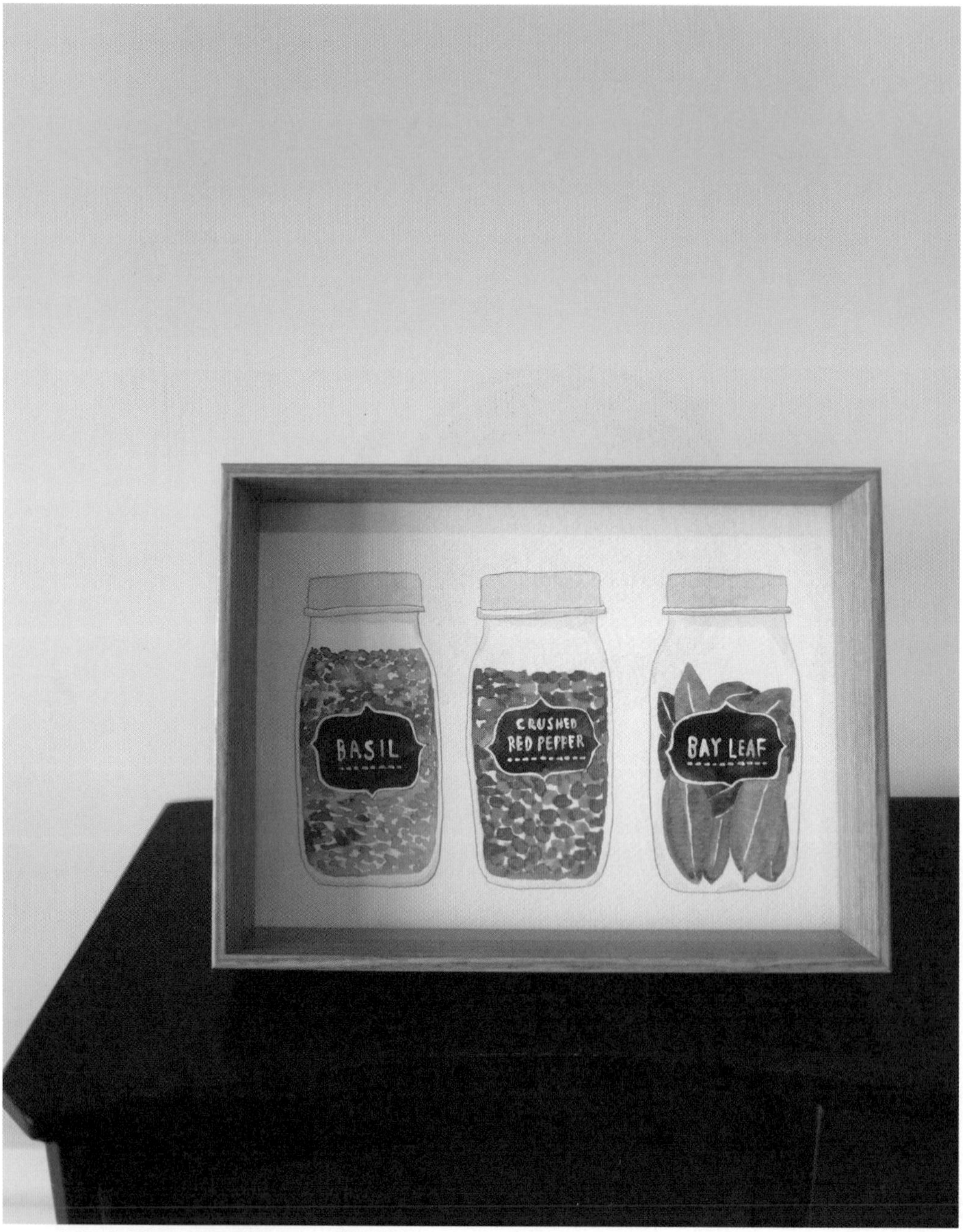


샤프(0.3mm)

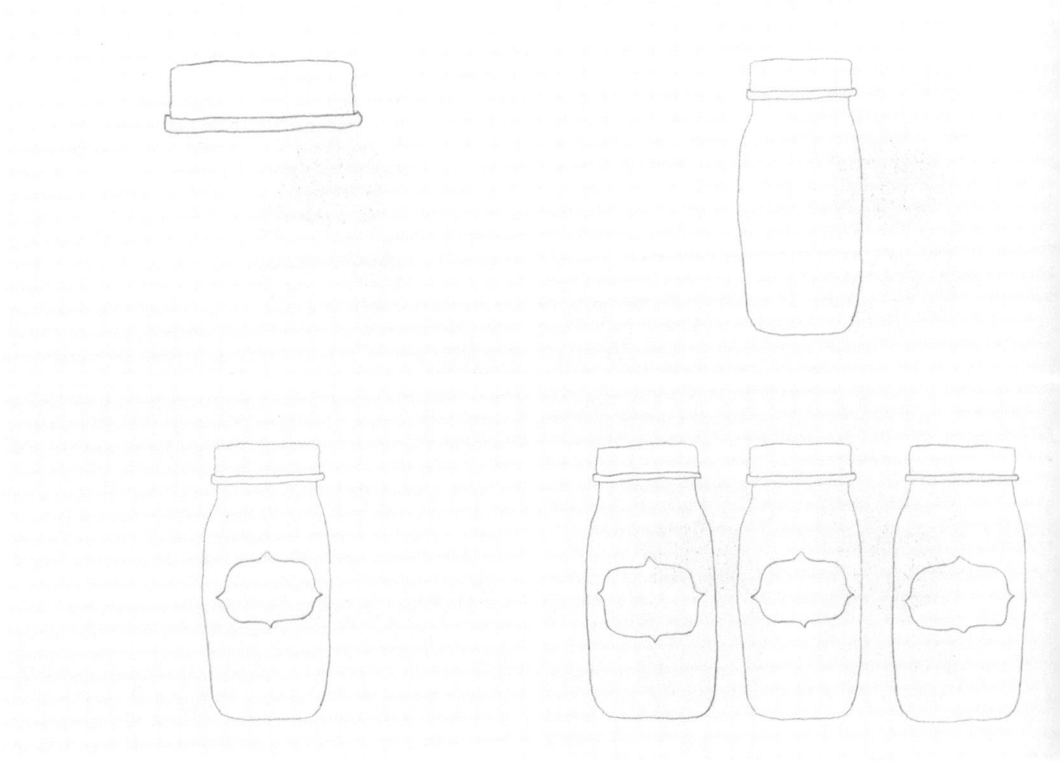

| 01 | 02 |
|---|---|
| 03 | 04 |

**01** 샤프로 위쪽의 모서리가 뭉툭한 직사각형을 가로로 그리고, 바로 아래쪽에 얇고 양옆으로 살짝씩 더 긴 직사각형을 하나 더 그려 양념통의 뚜껑을 완성합니다.

**02** 뚜껑 아래로 양념통을 그려 주세요. 뚜껑의 폭보다 살짝 넓어지도록 그립니다. 꼭 완벽한 형태로 그릴 필요는 없으니 자유롭게 그려 주세요.

**03** 양념통 중앙에 라벨을 그려 넣습니다. 모서리가 둥근 사각형에 상하좌우로 뾰족한 돌출부가 있는 형태입니다.

**04** 같은 방법으로 양옆에 양념통 두 개를 더 그려 주세요. 스케치 완성.

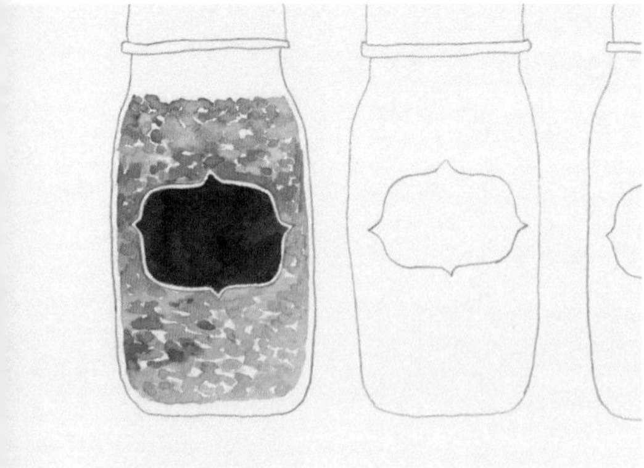

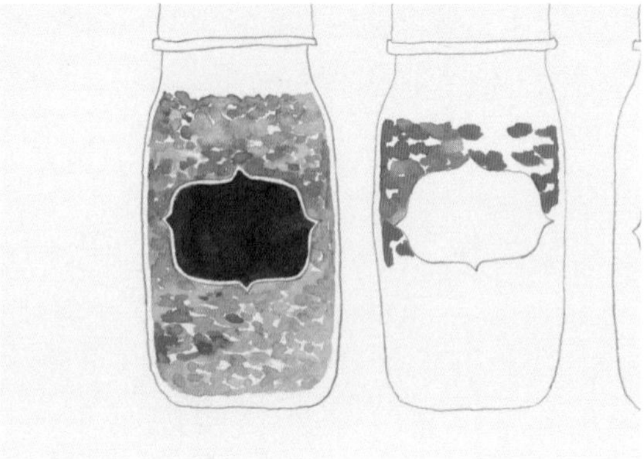

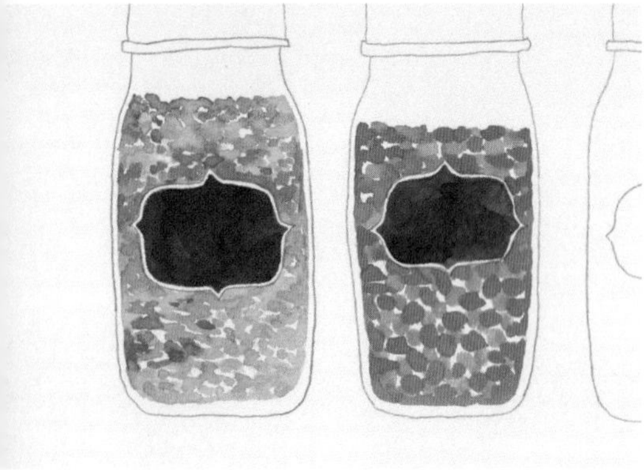

| 05 | 06 |
|---|---|
| 07 | |

**05** 맨 왼쪽 양념통은 바질가루로 채워 줄게요. 초록색과 연두색을 번갈아 사용하며 점을 콕콕 찍어 넣습니다. 중간중간 붓을 씻어 색을 바꿔 가며 두 색이 자연스럽게 섞이도록 조금씩 그려 주세요. 사이사이에 흰 여백이 있는 것이 자연스러우며, 양념통을 꽉 채워 채색할 필요는 없습니다. 라벨은 테두리 부분만 여백으로 남겨 두고 검은색으로 칠해 주세요.

미젤로 미션 Green Grey, 신한 SWC Leaf Green, 미젤로 미션 Ivory Black

**06** 이번에는 칠리가루를 그려 볼게요. 바질보다 입자가 좀 더 크기 때문에 큼직하게 점을 찍듯 채색합니다. 먼저 빨간색으로 시작합니다. 미젤로 미션 Permanent Red

**07** 황토색에 연한 회색을 섞어 빈 공간을 적당히 채우면 고추씨가 표현됩니다. 검은색으로 라벨도 칠해 주세요. 미젤로 미션 Raw Sienna + Grey of Grey

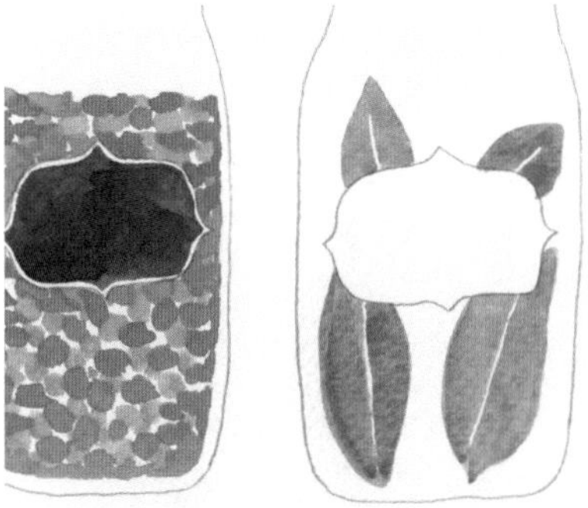

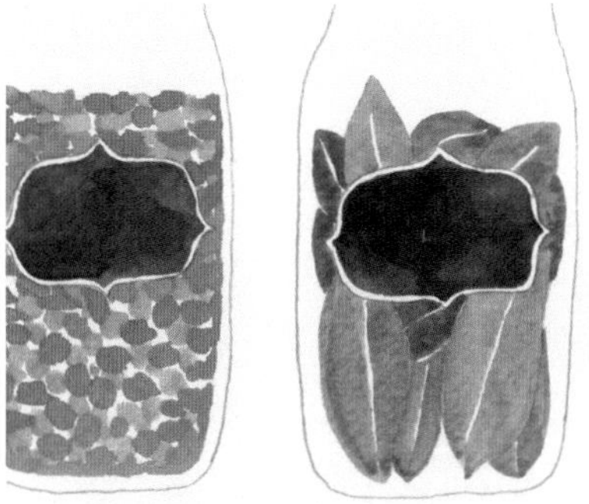

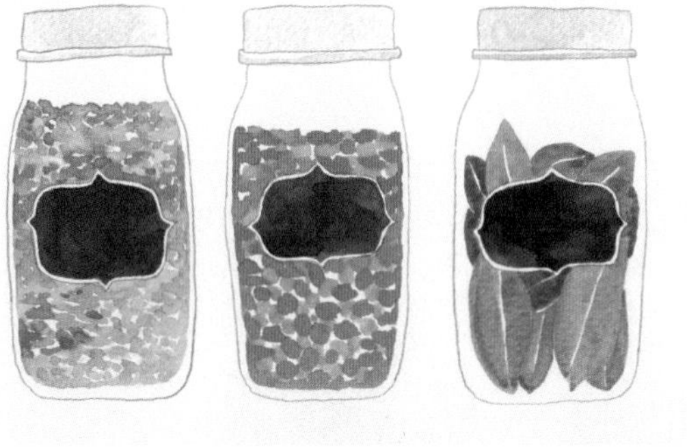

08 09
10

**08** 마지막 통에는 채도가 낮은 초록색으로 월계수잎을 그립니다. 잎맥 부분은 여백으로 남겨 두고 라벨 뒤쪽으로 큼직하게 잎사귀를 그려 주세요. 신한 SWC Davy's Grey

**09** 같은 색에 어두운 초록색을 조금 섞어 앞서 그린 월계수잎 뒤쪽으로 잎사귀를 겹쳐서 그려 주세요. 검은색으로 라벨도 채색합니다. 미젤로 미션 Shadow Green

**10** 연하게 발색한 검은색으로 뚜껑을 가볍게 채색합니다. 얇은 직사각형은 아래쪽 반 정도만 칠해 주세요.

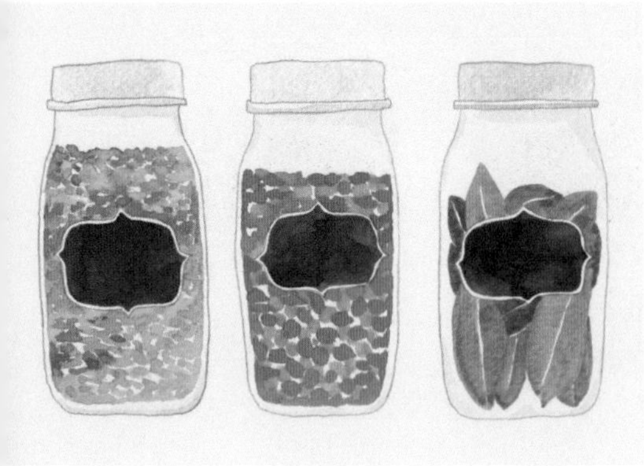

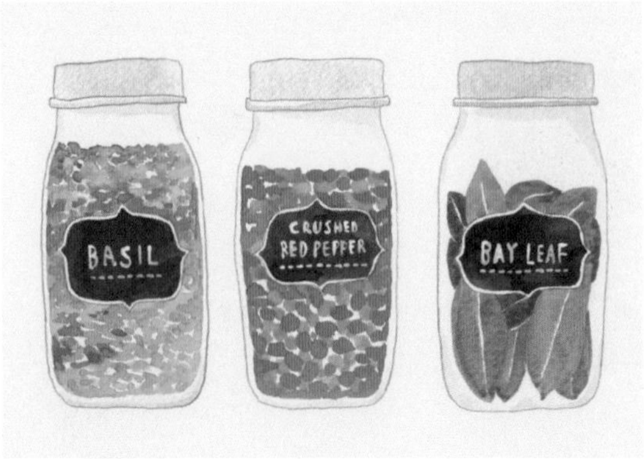


11 | 12

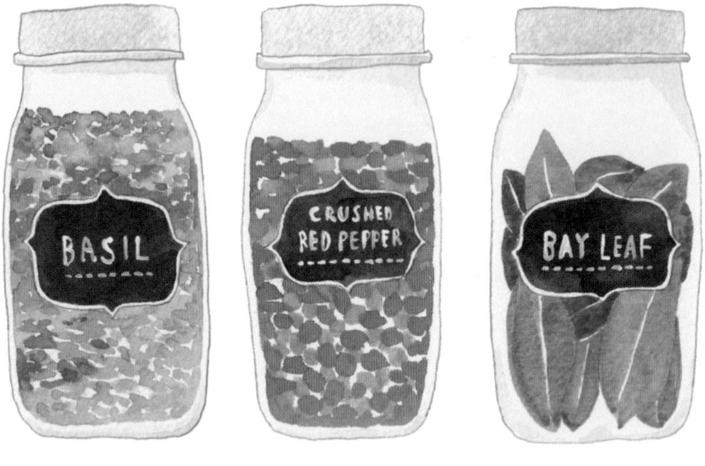


**11** 연하게 발색한 하늘색으로 유리병의 테두리를 따라 살짝만 음영을 넣어 주세요.

신한 SWC Horizon Blue

**12** 흰색 아크릴물감으로 라벨에 각각 이름을 써 넣습니다. 아래쪽에는 점선을 넣어 꾸며 주세요. 양념통 완성. JO SONJA'S Titanium White

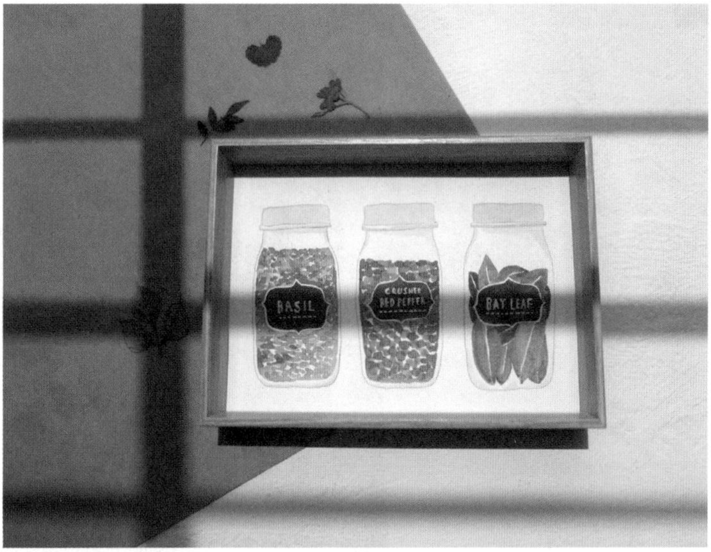
BASIL
BAY LEAF

일곱번째

# 커피머신

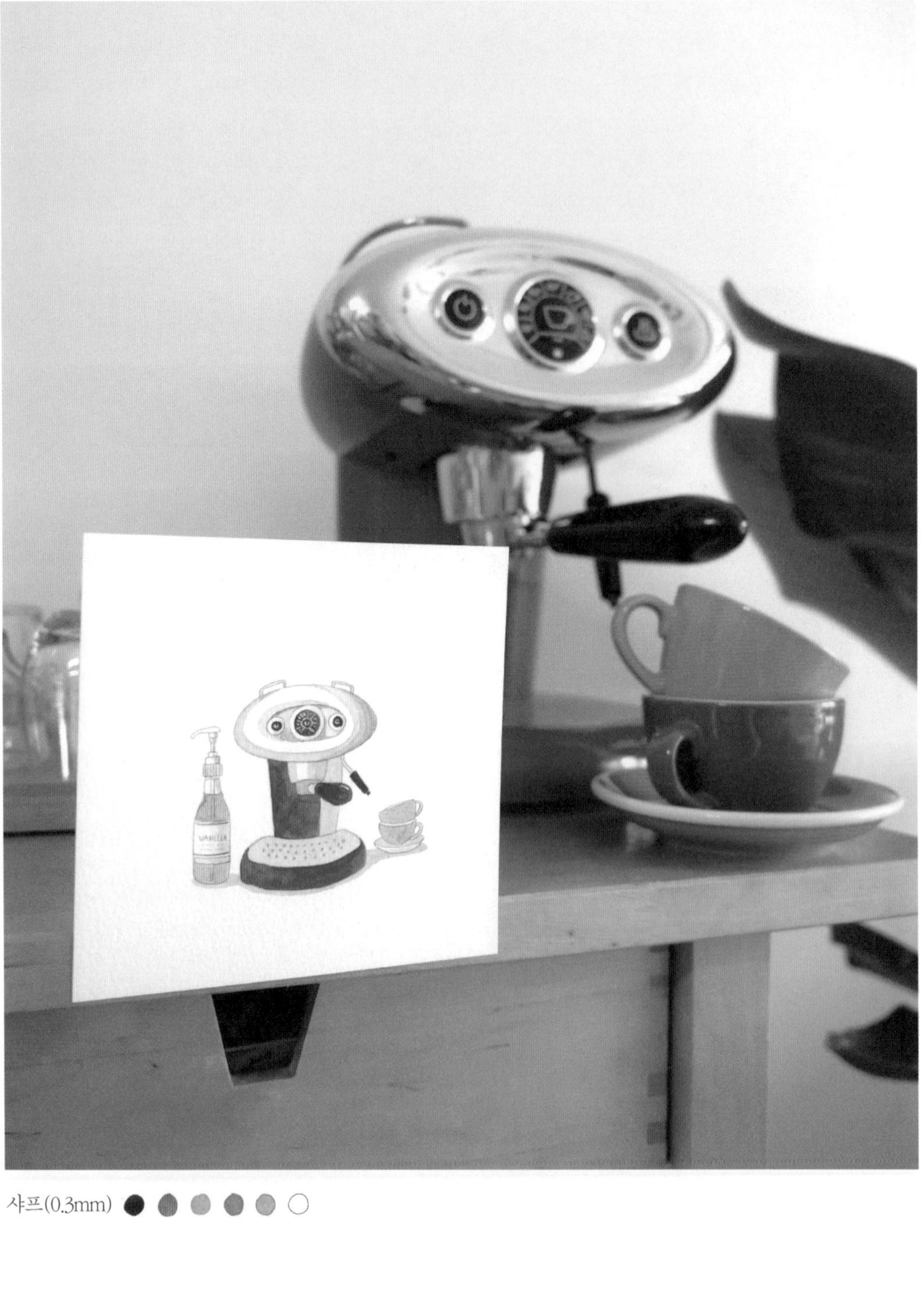


샤프(0.3mm)

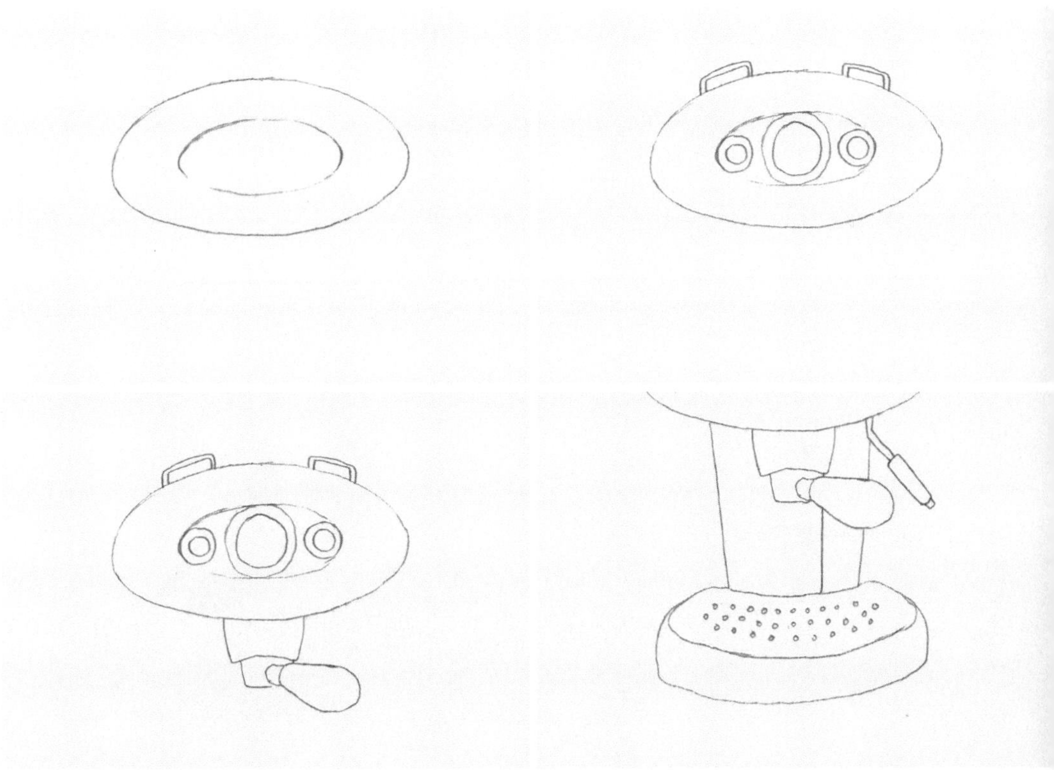

| | |
|---|---|
| 01 | 02 |
| 03 | 04 |

**01** 샤프로 큰 타원을 그리고 그 안에 작은 타원을 그려 주세요.

**02** 작은 타원 안쪽에 원 모양으로 버튼을 그려 넣고, 큰 타원 위쪽에는 컵 거치대 부분을 그립니다.

**03** 큰 타원 아래쪽에 포타필터를 그립니다.

**04** 커피머신의 몸통과 받침대, 스팀노즐 등을 모두 그려 주세요. 받침대 윗부분에는 물 빠지는 구멍도 꼼꼼히 그려 넣습니다.

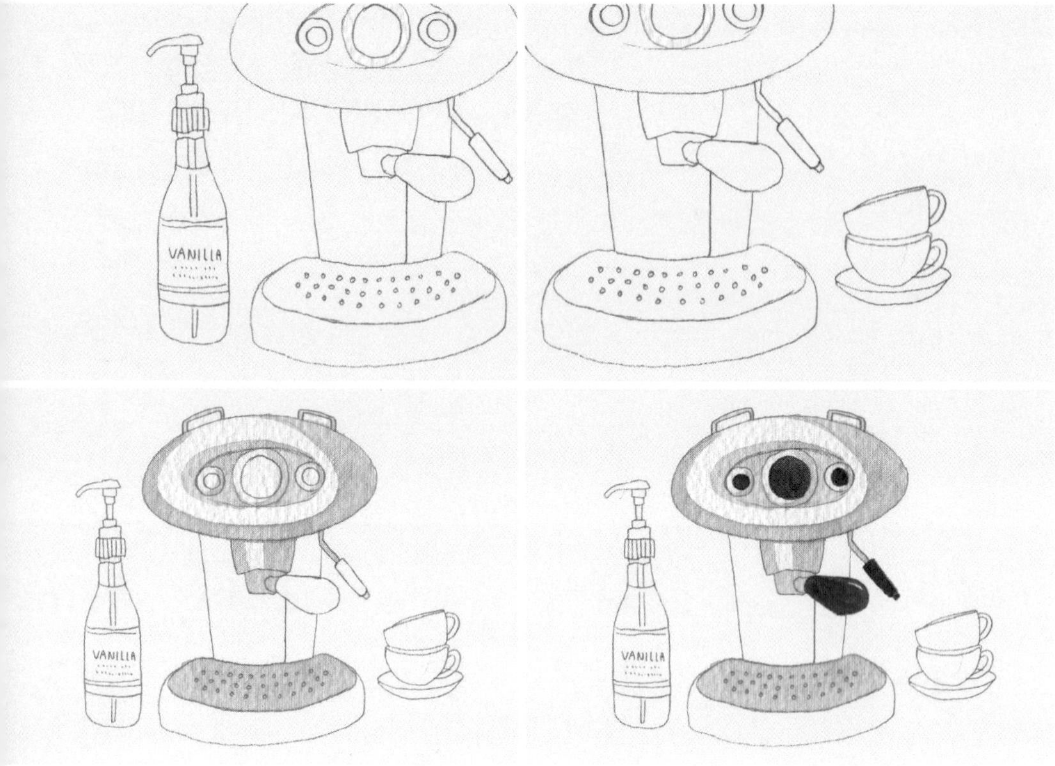


| | |
|---|---|
| 05 | 06 |
| 07 | 08 |

**05** 커피머신 왼쪽에 시럽을 그립니다.

**06** 오른쪽에는 컵을 두 개 겹쳐서 그립니다. 스케치 완성.

**07** 연하게 발색한 검은색으로 금속 부분을 채색합니다. 광택 부분은 여백으로 남겨 두고 칠해 주세요. **미젤로미션** Ivory Black

**08** 검은색으로 버튼과 포타필터의 손잡이, 스팀노즐 입구 부분을 채색합니다.

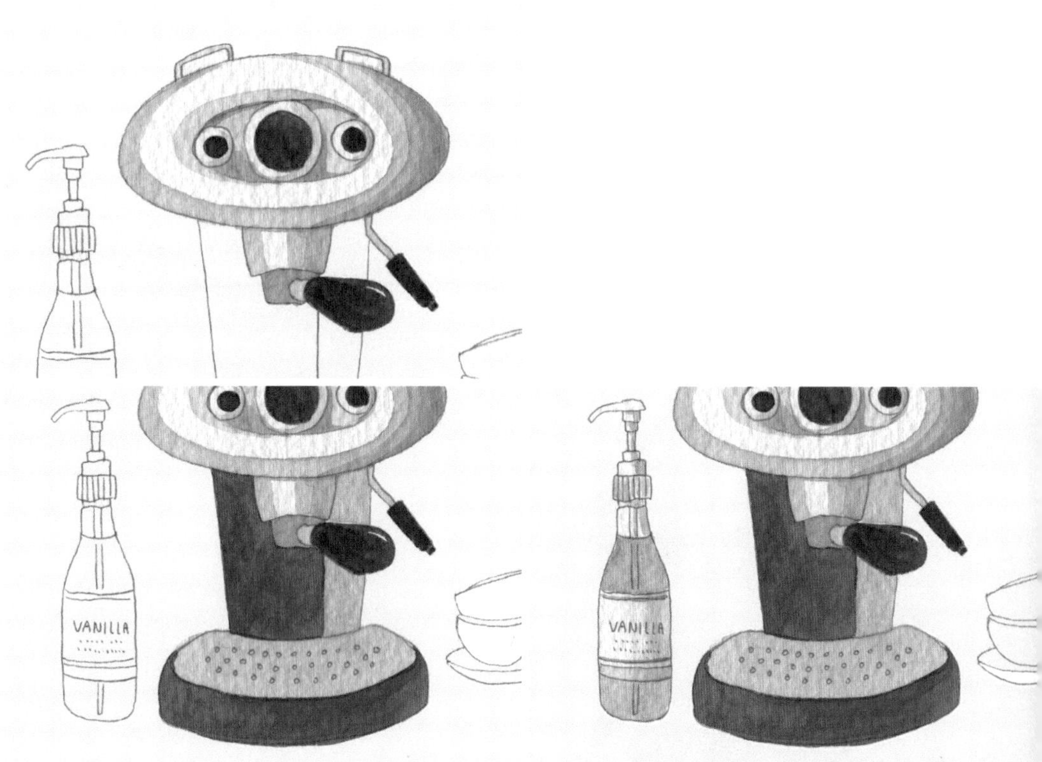


09
10 11

**09** 다시 검은색을 연하게 발색하여 앞서 채색했던 금속 부분에 음영을 넣습니다. 큰 타원의 오른쪽과 버튼 사이사이, 포타필터의 금속 부분 등을 한 번 더 칠해 깊이감을 나타냅니다.

**10** 몸통과 받침대는 빨간색으로, 물통은 연하게 발색한 파란색으로 채색합니다.

미젤로 미션 Permanent Red, Peacock Blue

**11** 시럽 부분은 황토색으로 채색합니다. 라벨은 위아래의 줄무늬만 파란색으로 칠하고 펌프와 시럽병, 라벨의 흰 부분에는 연하게 발색한 검은색으로 음영만 살짝 넣어 주세요.

미젤로 미션 Raw Sienna

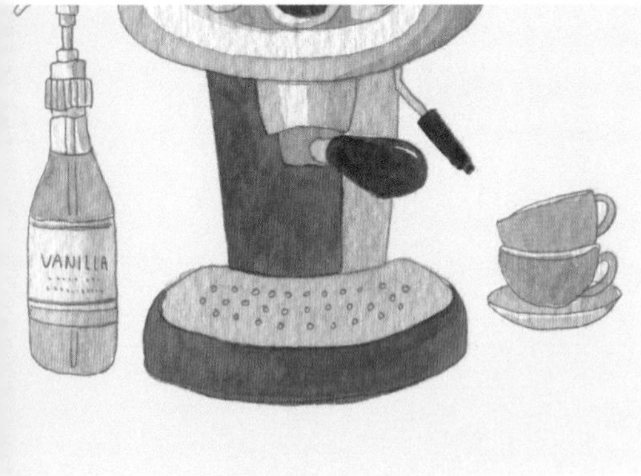


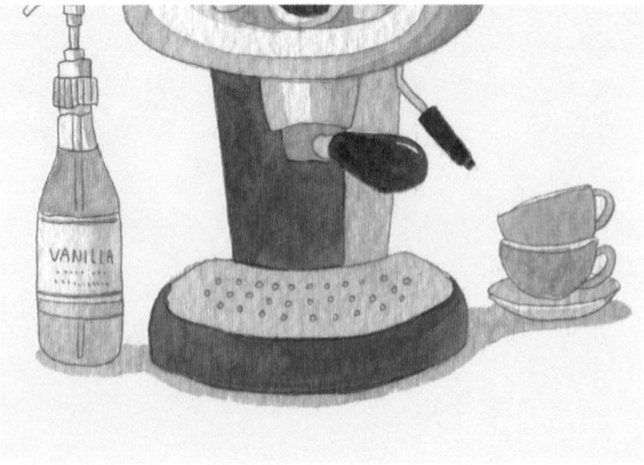


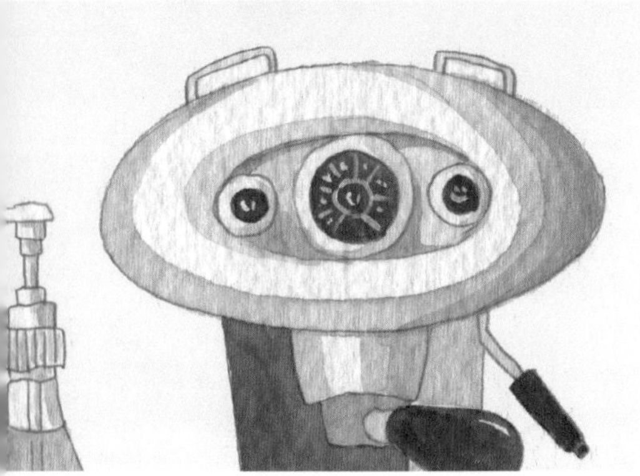

12 13
14

**12** 위쪽에 겹쳐진 컵은 민트색, 아래쪽 컵과 컵받침은 연하게 발색한 검은색으로 채색합니다.

미젤로 미션 Compose Blue

**13** 연하게 발색한 검은색으로 시럽과 커피머신, 컵의 그림자를 이어서 그려 주세요.

**14** 흰색 아크릴물감으로 버튼에 메뉴 등의 표시를 간략히 그려 넣습니다. 커피머신 완성.

JO SONJA'S Titanium White

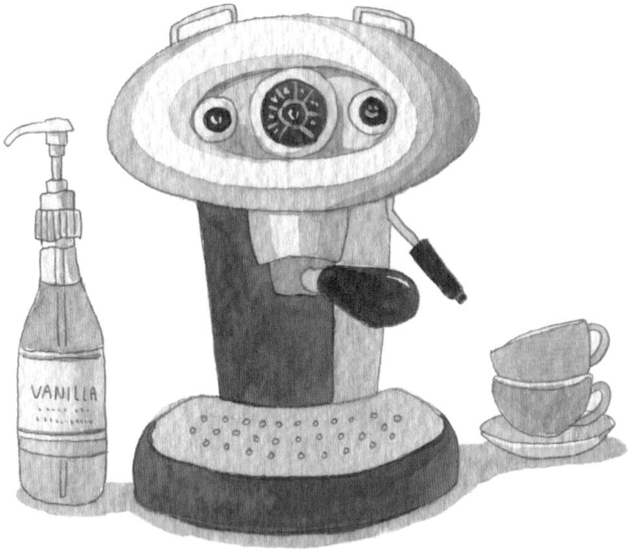
VANILLA

ㅇ
여
덟
번
째

# 비빔밥

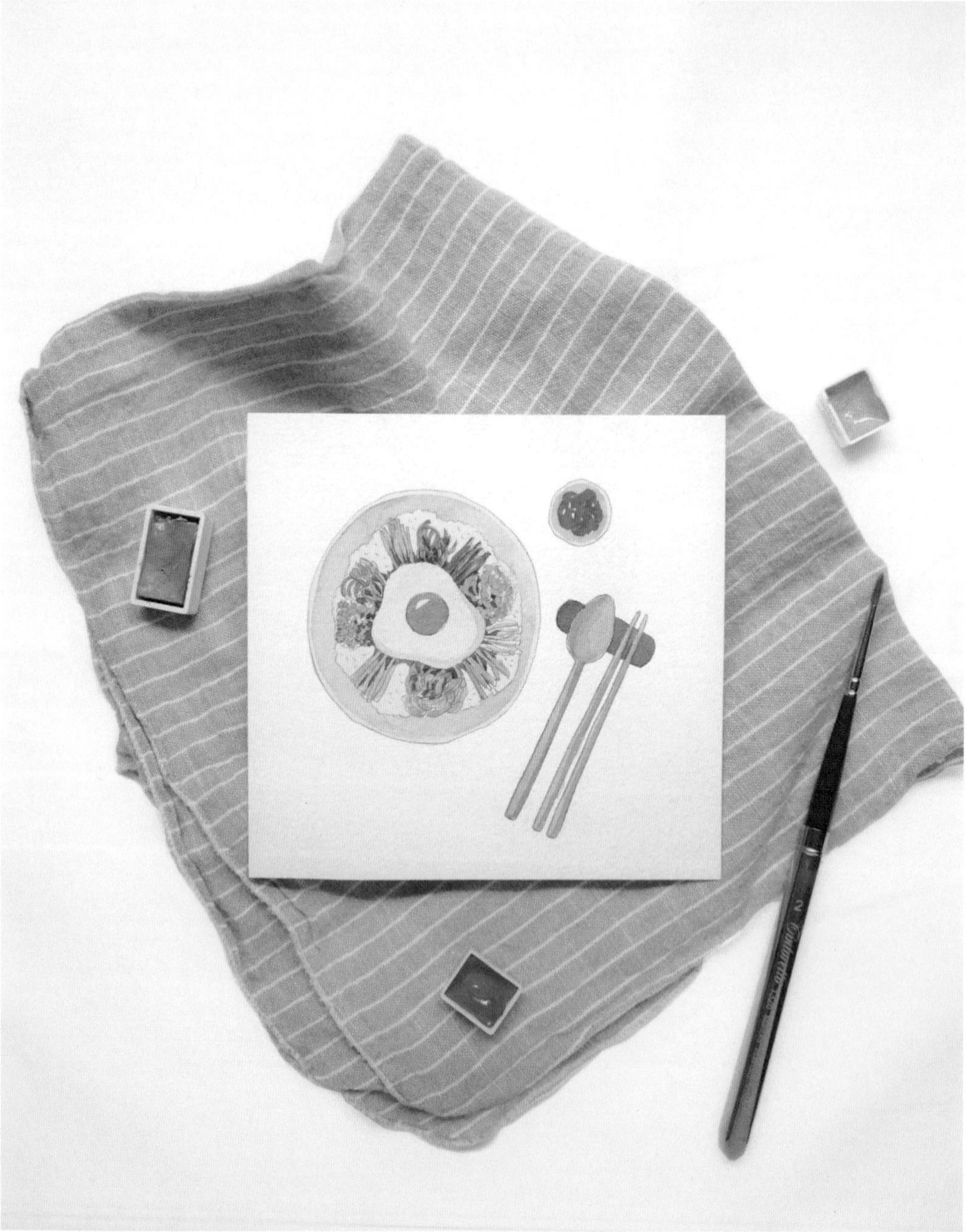

샤프(0.3mm)

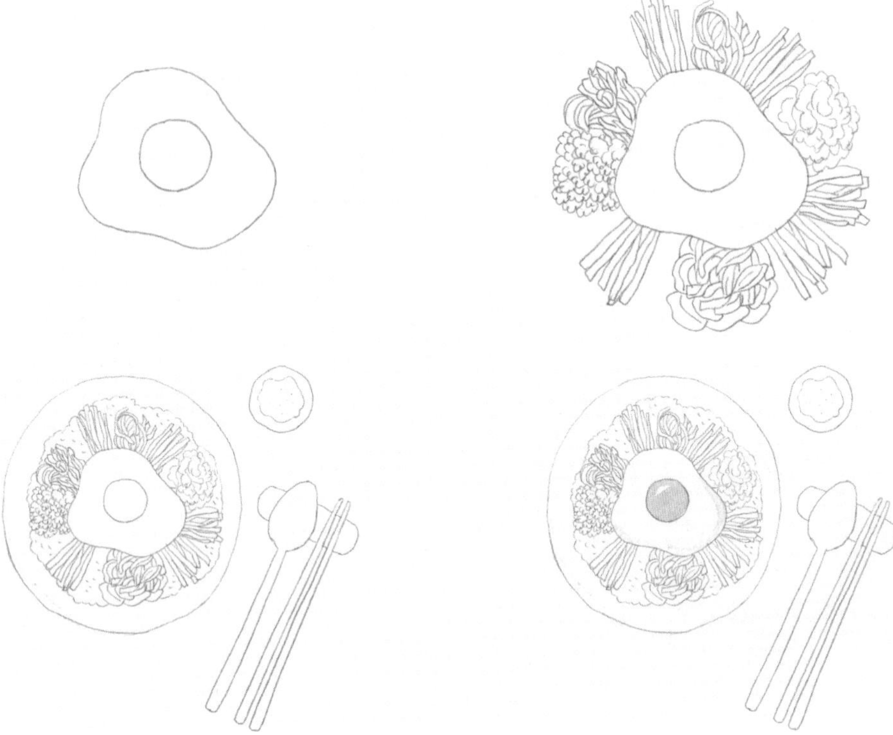

| | |
|---|---|
| 01 | 02 |
| 03 | 04 |

**01** 샤프로 작은 원을 그린 후 바깥쪽에 자유로운 모양으로 흰자를 그려 계란프라이를 완성합니다.

**02** 계란프라이 주변을 빙 둘러 비빔밥의 고명을 그립니다. 채 썬 오이나 당근, 지단 등은 길쭉한 막대처럼 그리고 버섯볶음과 고사리, 시금치 등은 구불구불한 모양으로 그려 주세요. 상추와 고기볶음은 좀 더 꼬불꼬불하게 뭉쳐서 그립니다. 고명 사이사이에 빈 공간을 조금씩 남겨 주세요.

**03** 고명 끝부분과 이어지도록 밥을 그립니다. 바깥쪽은 밥알의 형태가 드러나도록 작은 곡선을 이어서 그리고, 안쪽에도 작은 곡선을 군데군데 넣어 고슬고슬한 밥의 느낌을 살려 주세요. 전체적으로 계란 노른자와 중심을 맞추는 것이 좋습니다. 밥 바깥쪽으로 조금 간격을 두고 원을 그려 그릇까지 완성합니다. 그릇의 오른쪽 상단에는 고추장이 담긴 작은 종지를, 그 아래쪽에는 수저받침에 올려진 수저를 그려 주세요. 스케치 완성.

**04** 노란색으로 노른자를 채색합니다. 광택 부분은 남겨 두고 칠해 주세요. 흰자는 연하게 발색한 검은색으로 오른쪽과 아래쪽에만 얇게 음영을 넣어 도톰한 두께를 표현합니다.

신한 SWC Permanent Yellow Deep, 미젤로 미션 Ivory Black

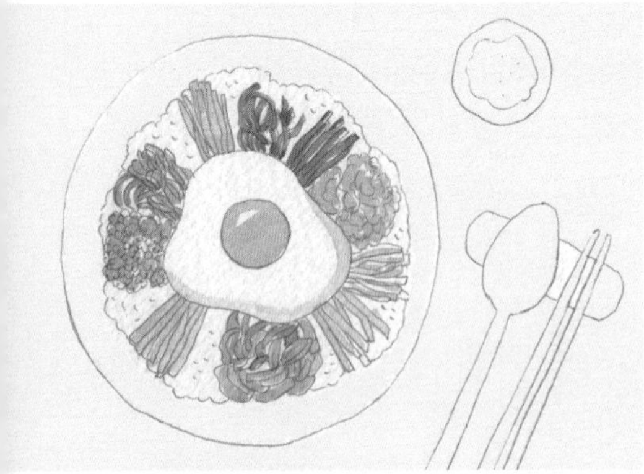

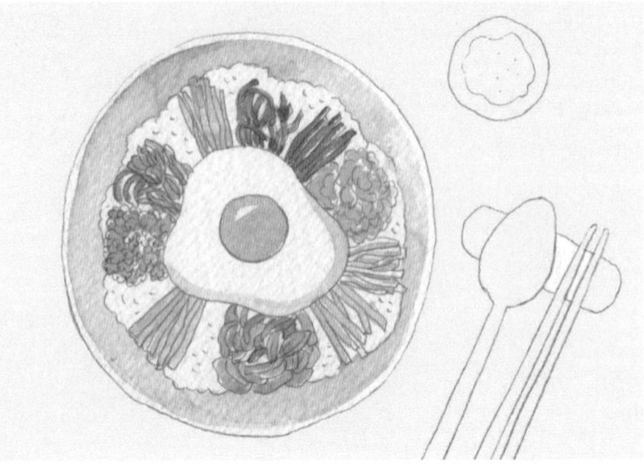

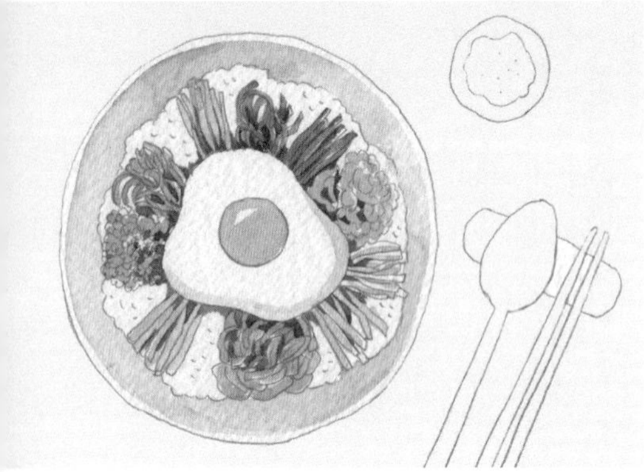

| 05 | 06 |
| --- | --- |
| 07 | |

**05** 고명을 채색할게요. 겹쳐서 그렸지만 한 가닥씩 칠한다고 생각하고 연하게 채색합니다. 길쭉한 고명 2가지는 연두색에 초록색을 조금 섞어 칠해 주세요. 꼬불꼬불하게 뭉쳐서 그린 고명 하나도 같은 색으로 칠합니다. 각각 오이와 애호박나물, 상추입니다. 버섯볶음과 고사리, 고기볶음은 갈색, 시금치는 초록색, 나머지 길쭉한 고명 3가지는 각각 주황색, 노란색, 연하게 발색한 검은색으로 칠해 당근과 노른자 지단, 흰자 지단으로 완성합니다. 위에서부터 시계 방향으로 오이, 고사리, 당근, 상추, 흰자 지단, 노른자 지단, 버섯볶음, 애호박나물, 고기볶음, 시금치 순서입니다.

신한 SWC Leaf Green + 미젤로 미션 Green Grey, 미젤로 미션 Van Dyke Brown, 신한 SWC Permanent Yellow Deep + 미젤로 미션 Permanent Red

**06** 연하게 발색한 검은색으로 그릇 안쪽을 채색합니다. 그릇의 테두리를 따라 얇게 여백을 남겨두면 그릇의 두께를 표현할 수 있어요.

**07** 흑갈색으로 고명에 음영을 넣습니다. 물기가 적은 작은 붓으로 고명 사이사이를 진하게 칠해 명암을 표현해 주세요. 계란프라이 주변을 중심으로 진하게 칠하고 바깥쪽은 적당히 생략해도 좋습니다. 계란프라이 테두리를 따라 세심하게 칠해야 계란프라이가 더욱 또렷하게 보입니다.

미젤로 미션 Sepia

08 09

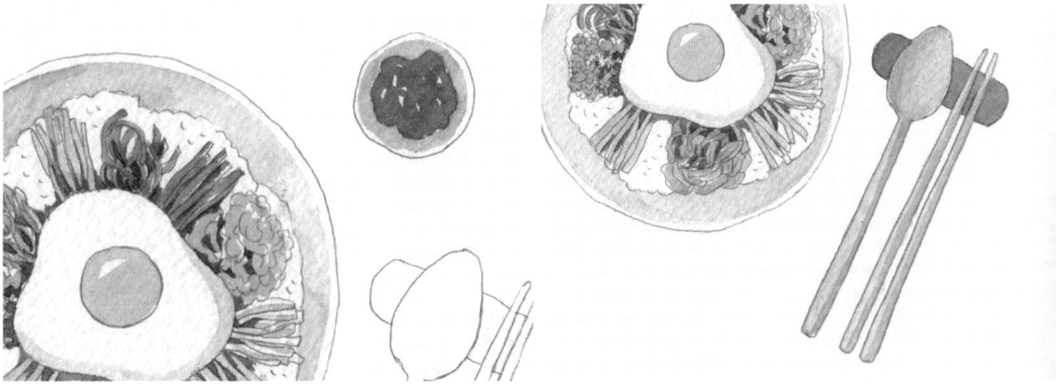

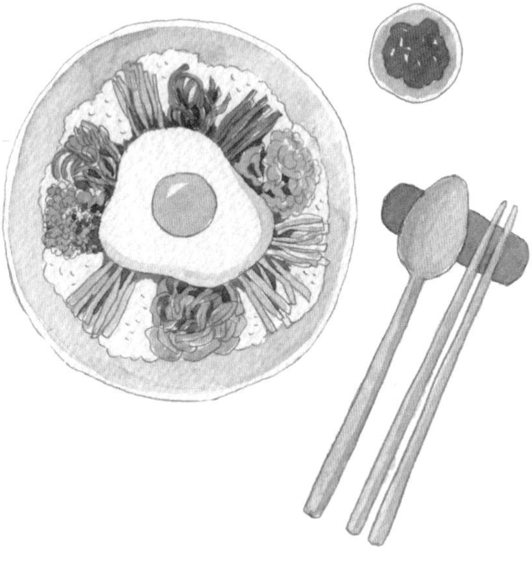

**08** 빨간색에 검은색을 조금 섞어 고추장을 채색합니다. 광택 부분도 군데군데 남겨 주세요. 종지도 비빔밥 그릇과 마찬가지로 테두리를 얇게 남겨 두고 연하게 발색한 검은색으로 칠합니다.

**09** 황토색에 갈색을 조금 섞어 수저를 채색합니다. 물감이 완전히 마르면 같은 색으로 음영을 살짝 넣어 주세요. 순가락 안쪽은 명암의 경계가 또렷하면 어색할 수 있으니 깨끗한 붓으로 색의 경계를 풀어 줘도 좋습니다. 수저받침은 붉은 갈색으로 칠해 주세요. 비빔밥 완성.

미젤로 미션 Raw Sienna, Red Brown

# 3

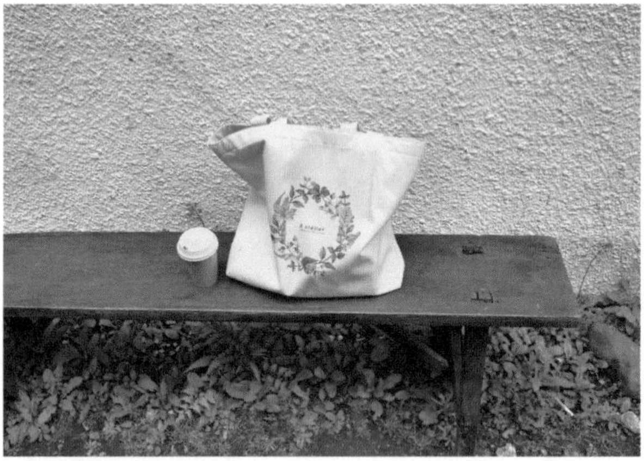

○

# 카페에서

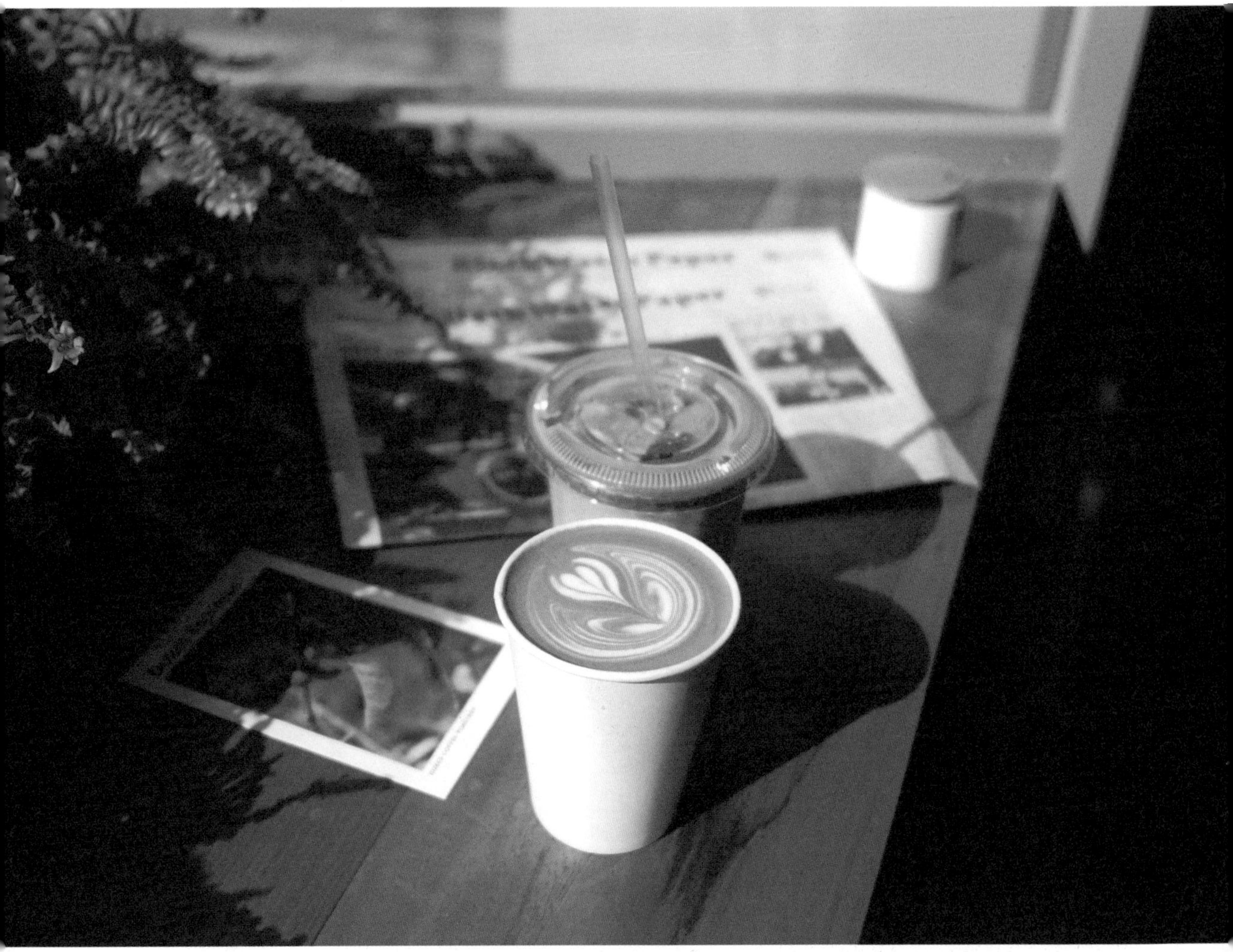

1일 1그림

○ 첫 번 째

# 비엔나커피

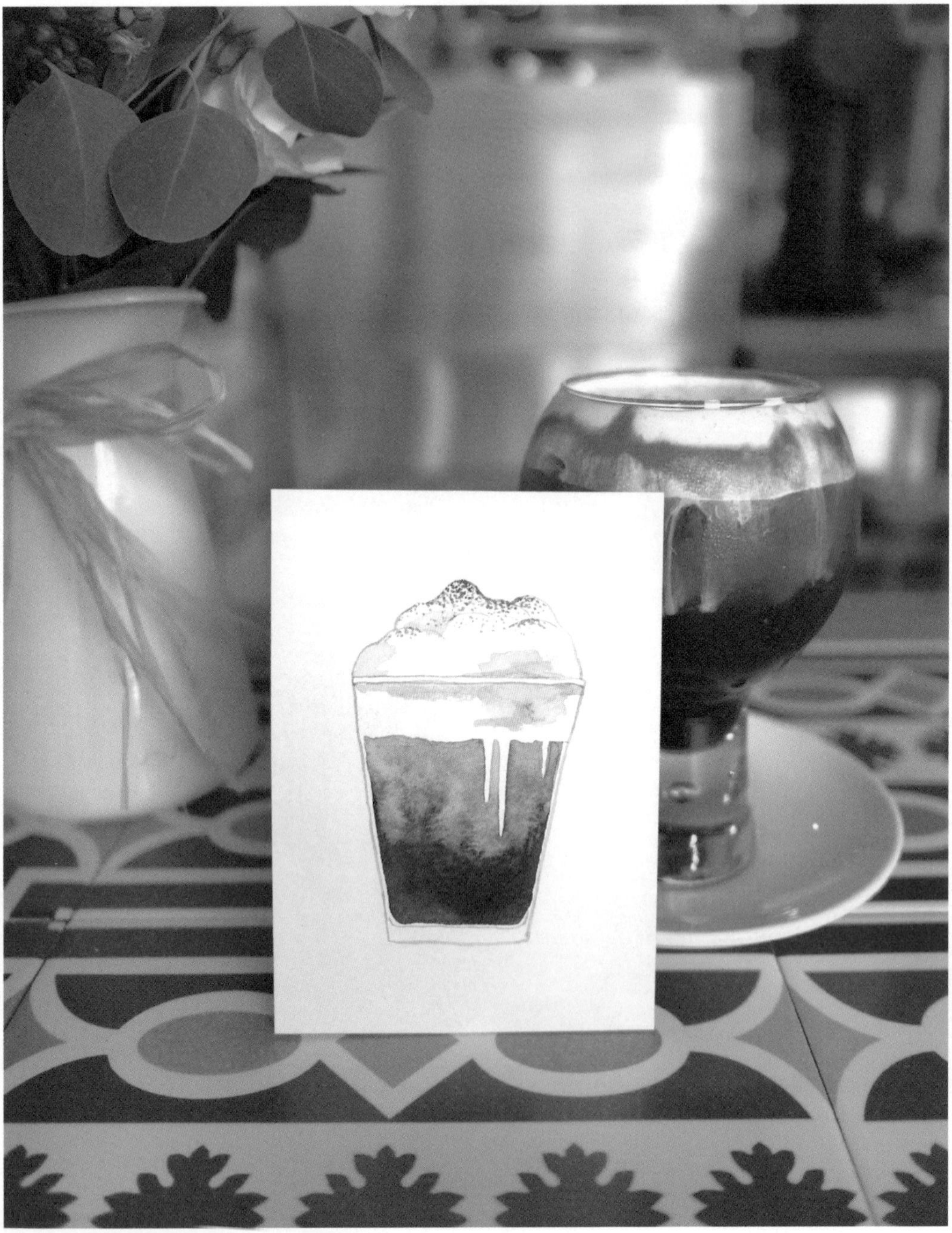

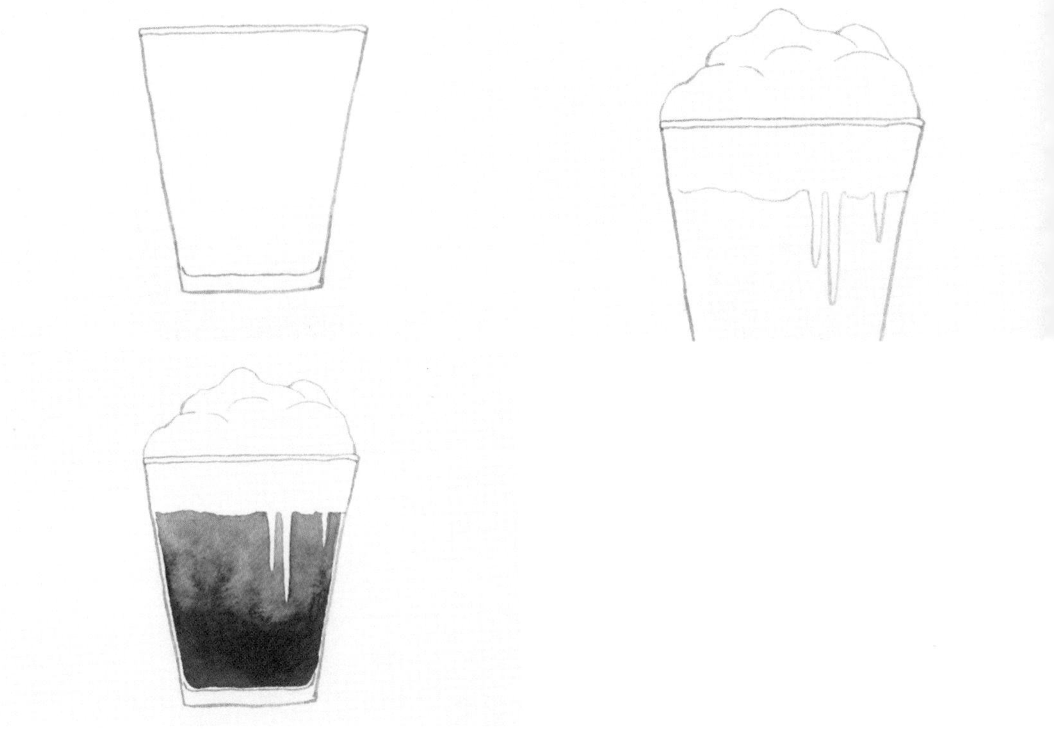

01 02
03

**01** 연하게 발색한 검은색으로 아래로 좁아지는 모양의 컵을 그립니다. 아래쪽에 선을 넣어 컵의 바닥을 표시하고, 위쪽에도 얇게 선을 넣어 두께를 표현해 주세요. 미젤로 미션 Ivory Black

**02** 컵 위쪽에 크림을 그립니다. 구름처럼 몽글몽글한 느낌을 살려 곡선으로 그려 주세요. 컵 안쪽은 크림 부분과 커피 부분으로 층을 나눕니다. 크림이 커피로 흘러 들어가는 모습은 고드름처럼 그려 주세요.

**03** 진하고 묽게 발색한 갈색으로 커피를 아래쪽부터 채색합니다. 아래쪽을 진하게 칠한 후에 깨끗이 씻은 붓으로 위쪽으로 살살 문질러 색을 자연스럽게 풀어 주세요.

미젤로 미션 Van Dyke Brown

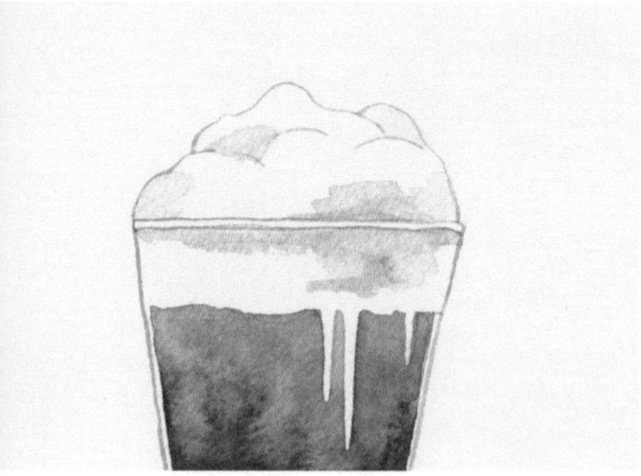

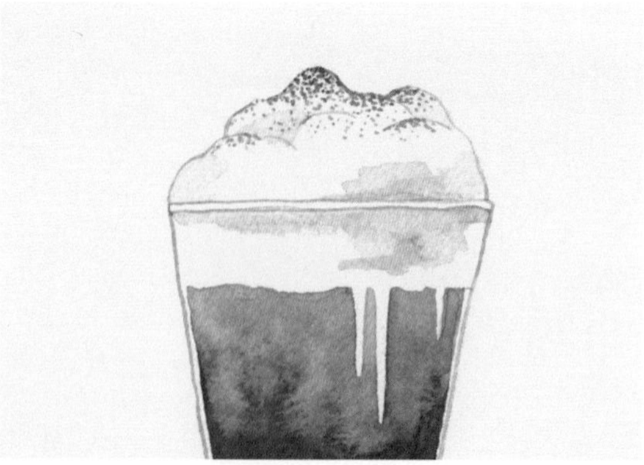

04 05

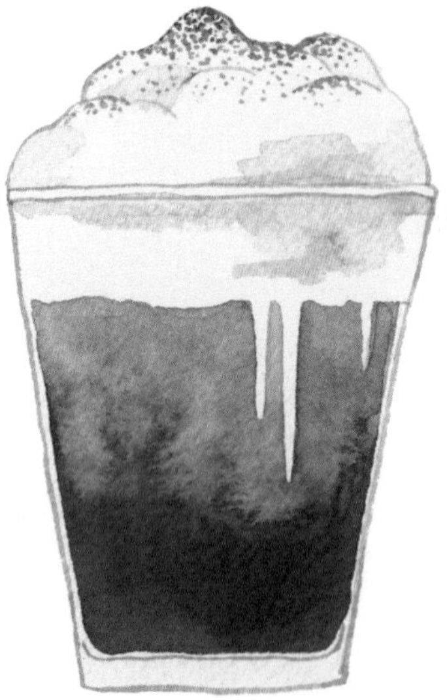

**04** 연하게 발색한 황토색으로 컵 안쪽에서 보이는 크림 맨 윗부분을 얇게 칠합니다. 크림이 아래로 많이 흘러내리는 부분에서는 황토색도 아래쪽으로 조금 더 칠해 주세요. 커피의 크레마와 크림이 섞인 모습을 표현한 거예요. 컵 위쪽의 크림도 같은 색으로 군데군데 가볍게 칠해 음영을 넣습니다. 미젤로 미션 Raw Sienna

**05** 갈색으로 크림 윗부분에 점을 콕콕 찍어 코코아파우더를 그려 주세요. 비엔나커피 완성.

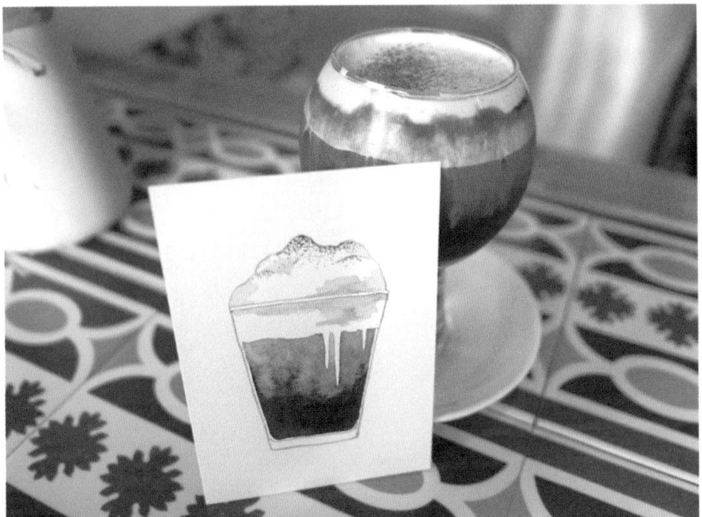

○
두
번
째

# 크루아상

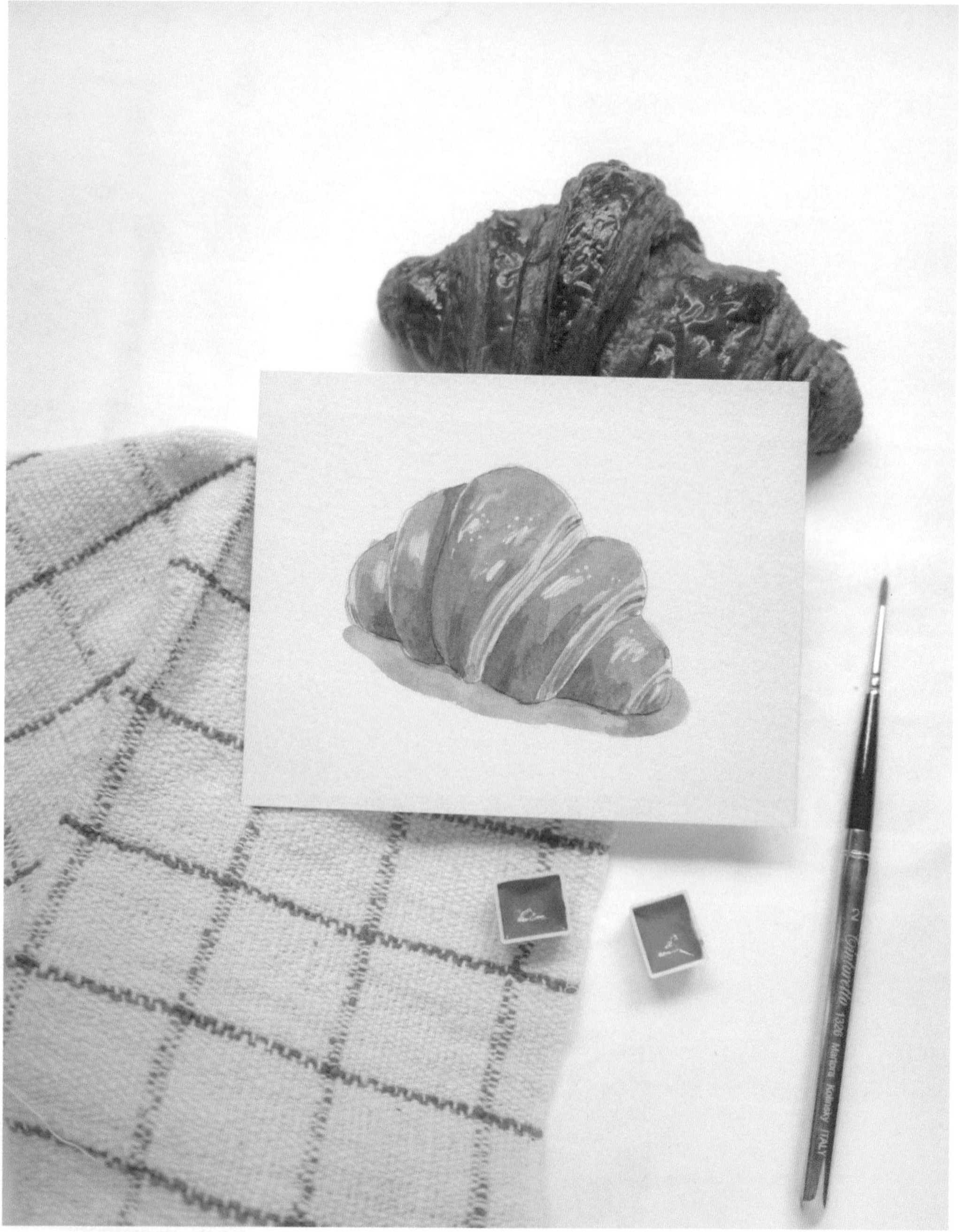


샤프(0.3mm) ● ● ● ○

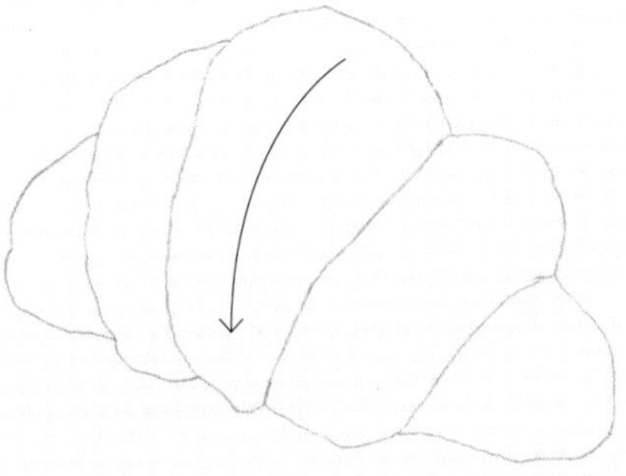

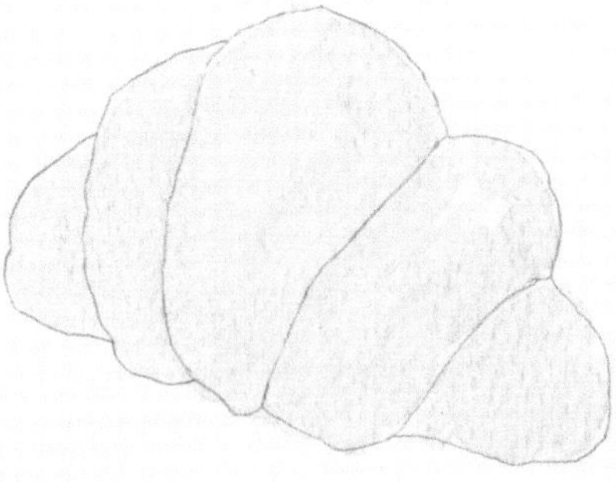

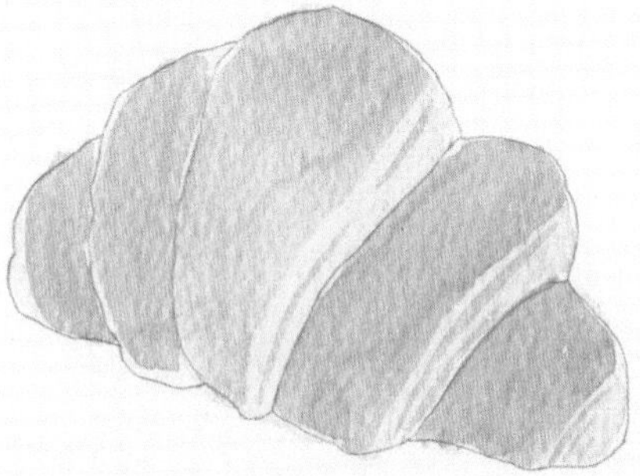

01 02
03

**01** 샤프로 크루아상을 그려 주세요. 그림에 표시한 화살표 방향으로 말려 들어가는 형태입니다.

**02** 연하게 발색한 황토색으로 크루아상 전체를 가볍게 채색합니다. 미젤로 미션 Raw Sienna

**03** 조금 더 진하게 발색한 황토색으로 크루아상을 한 쪽씩 덧칠합니다. 꽉 채워 칠하지 않고 오른쪽으로 여백을 조금씩 남겨 주세요. 덧칠하지 않고 남겨 둔 부분에는 크루아상의 형태에 맞춰 얇은 선을 넣어 여러 겹을 이루고 있는 크루아상을 표현합니다.

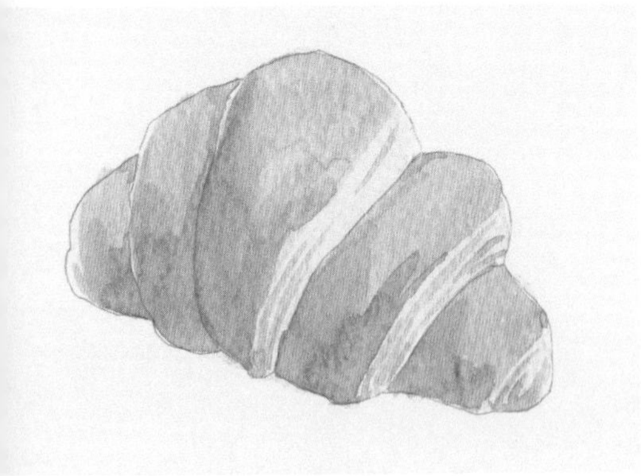

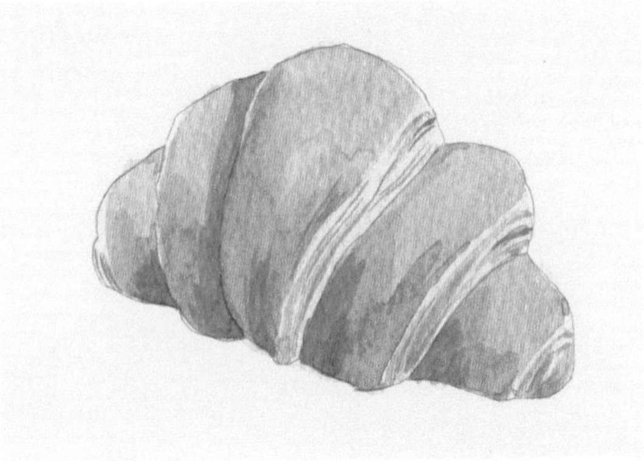

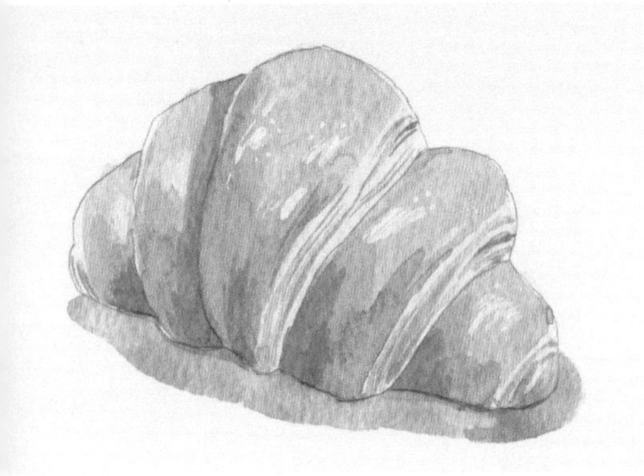

04 05
06

**04** 황토색에 붉은 갈색을 조금 섞어 빛을 받는 맨 윗부분을 제외한 나머지 부분에 음영을 넣어 주세요. 아래쪽을 위주로 덧칠하며, 음영의 경계가 어색할 경우 깨끗이 씻은 붓으로 색을 풀어 줍니다. 결을 표현한 옆쪽에도 선을 몇 개 더 넣어 주세요. 미젤로 미션 Red Brown

**05** 얇은 붓으로 바꾼 후 붉은 갈색을 조금 더 섞어 크루아상의 결을 더욱 세심히 묘사하고, 겹쳐진 쪽을 위주로 음영을 넣습니다.

**06** 연하게 발색한 검은색으로 그림자를 넣어 주세요. 흰색 아크릴물감으로 크루아상 윗부분을 드문드문 가볍게 칠해 반짝이는 광택을 표현합니다. 크루아상 완성.

미젤로 미션 Ivory Black, JO SONJA'S Titanium White

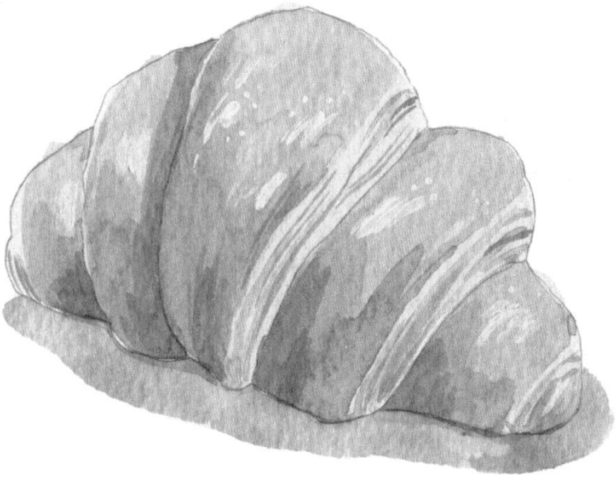

ㅇ
세
번
째

# 타르트

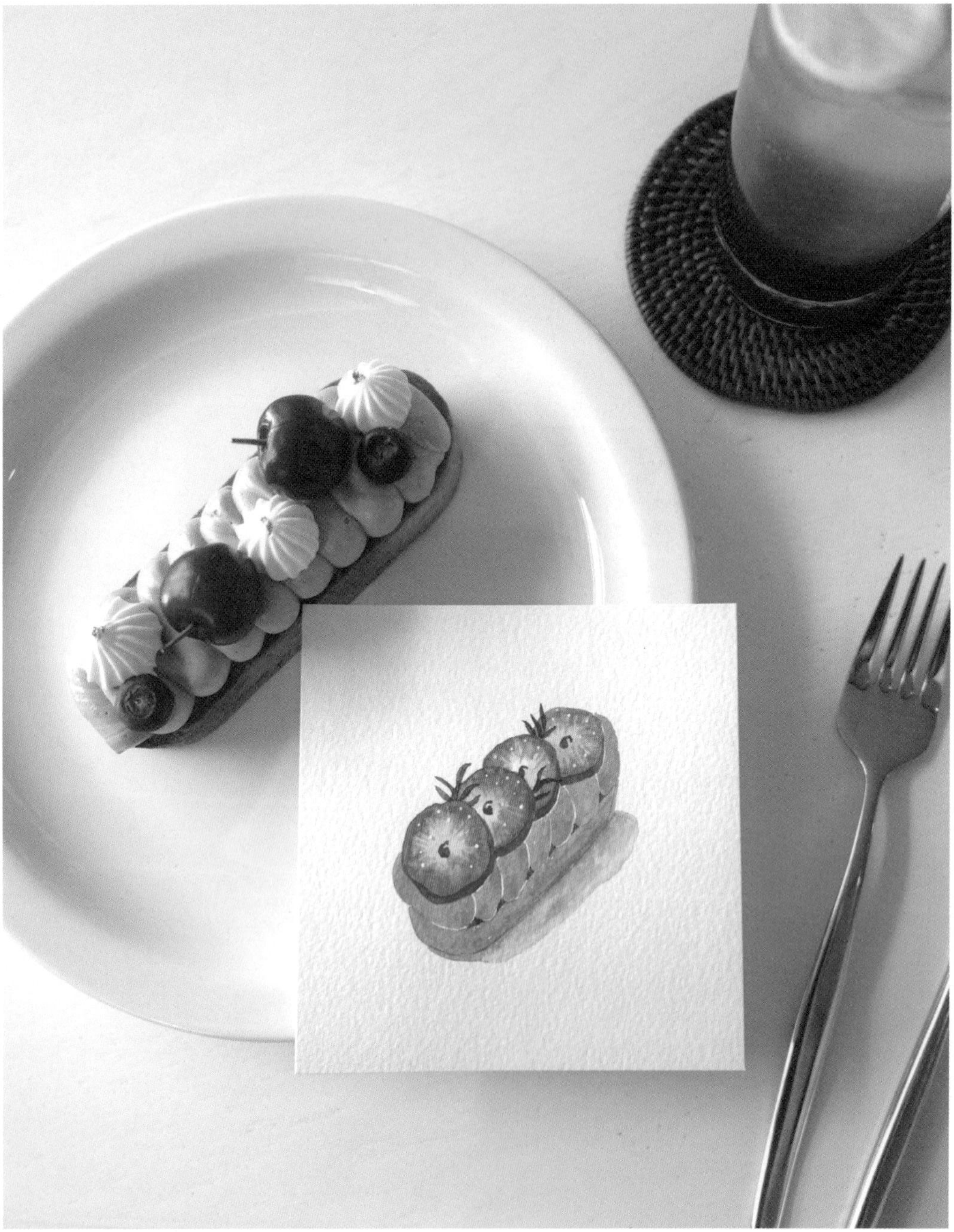

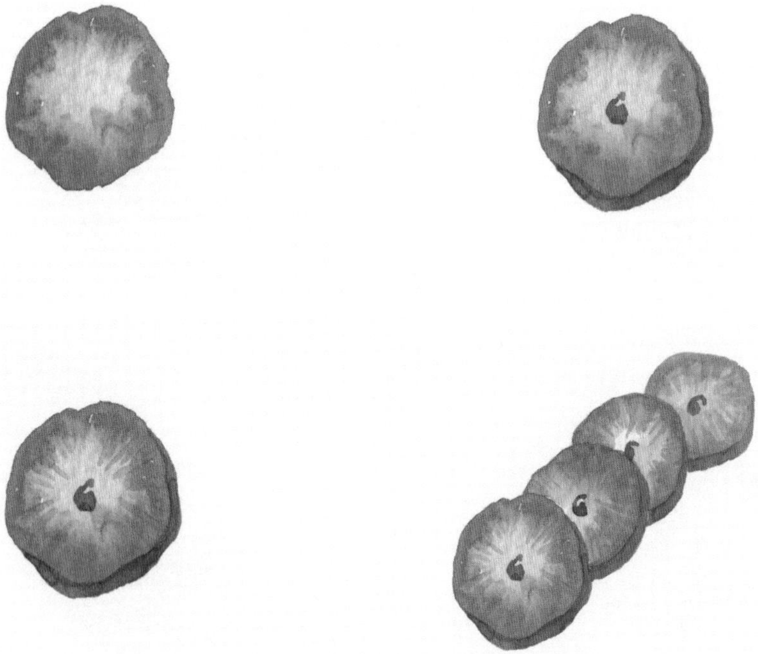

| 01 | 02 |
| --- | --- |
| 03 | 04 |

**01** 딸기의 단면을 그립니다. 진하게 발색한 빨간색으로 자연스럽게 굴곡을 넣어 테두리부터 그린 후 깨끗이 씻은 붓으로 색을 안쪽으로 풀어 주세요. 미젤로 미션 Permanent Red

**02** 빨간색에 갈색을 조금 섞어 테두리를 따라 오른쪽 하단을 얇게 칠해 딸기의 두께를 표현합니다. 같은 색으로 딸기 단면의 중앙을 동그랗게 칠해 비어 있는 부분을 표현해 주세요.

미젤로 미션 Van Dyke Brown

**03** 연하게 발색한 빨간색으로 딸기 과육의 무늬를 표현합니다. 바깥쪽에서 안쪽으로 선을 촘촘히 그려 주세요.

**04** 같은 방법으로 딸기 슬라이스 세 개를 뒤쪽에 겹쳐서 그려 주세요.

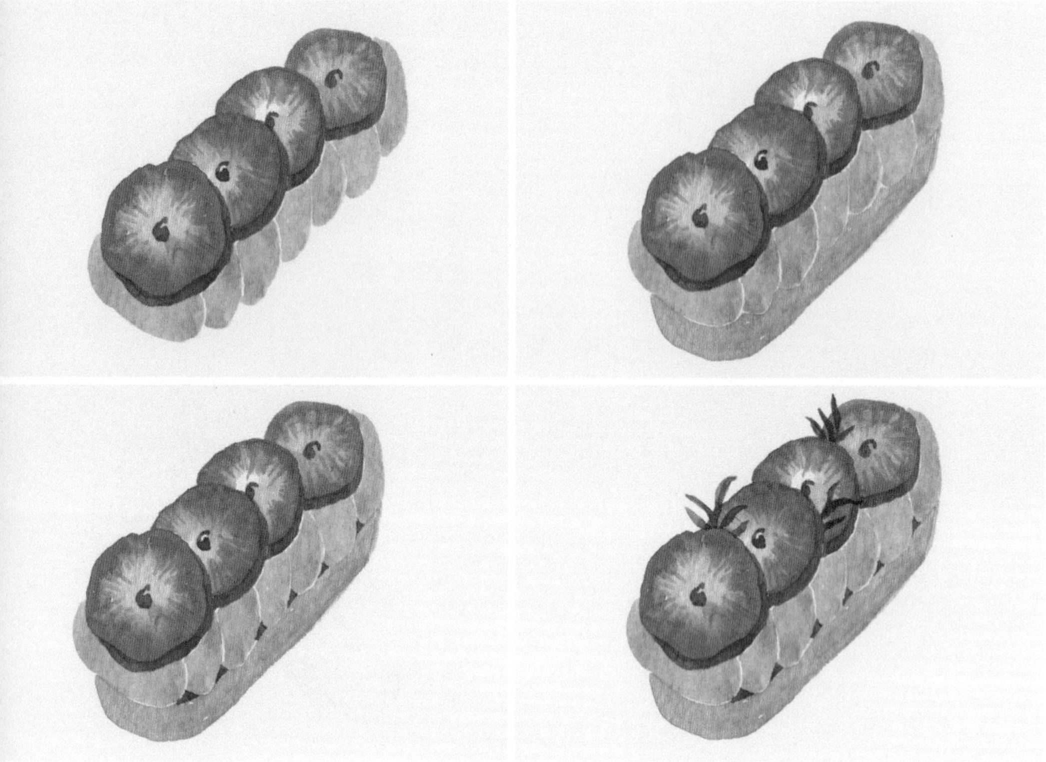

| | |
|---|---|
| 05 | 06 |
| 07 | 08 |

**05** 연두색에 연한 회색을 섞어 딸기 슬라이스 아래쪽에 피스타치오크림을 그려 넣습니다. 맨 앞쪽부터 넓적한 타원형을 나란히 겹쳐서 그려 주세요. 사이사이에 얇게 간격을 두고 그려 나가는 것이 좋습니다. 신한 SWC Leaf Green + 미젤로 미션 Grey of Grey

**06** 황토색에 갈색을 조금 섞어 타르트지를 그립니다. 마찬가지로 크림 부분과 얇게 간격을 두고 그려 주세요. 미젤로 미션 Raw Sienna

**07** 갈색으로 크림과 타르트지 사이사이에 삼각형 모양으로 그림자를 넣습니다.

**08** 초록색으로 딸기 슬라이스 사이사이에 로즈마리 잎을 하나씩 그려 주세요.
미젤로 미션 Green Grey

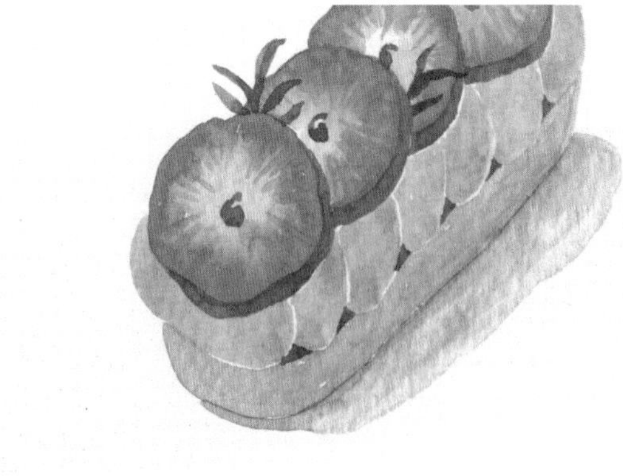

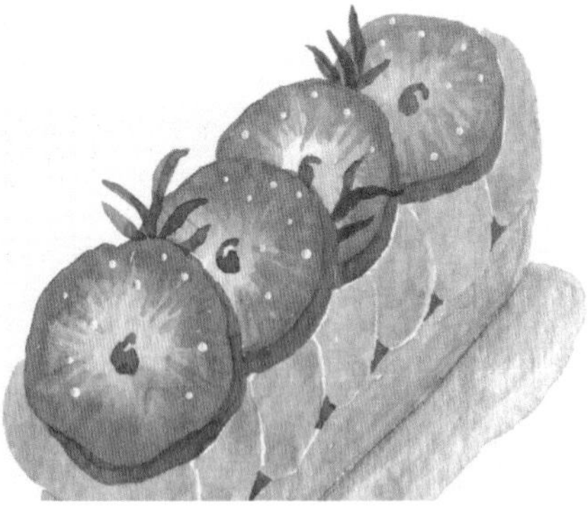

09 10

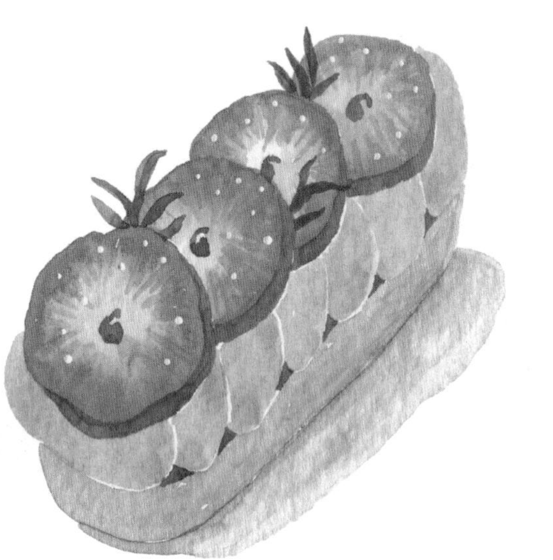

**09** 연하게 발색한 검은색으로 그림자를 그려 넣습니다. 미젤로 미션 Ivory Black

**10** 흰색 아크릴물감으로 딸기 슬라이스에 점을 콕콕 찍어 주세요. 피스타치오베리타르트 완성.

JO SONJA'S Titanium White

ㅇ
네
번
째

# 테이크아웃 커피

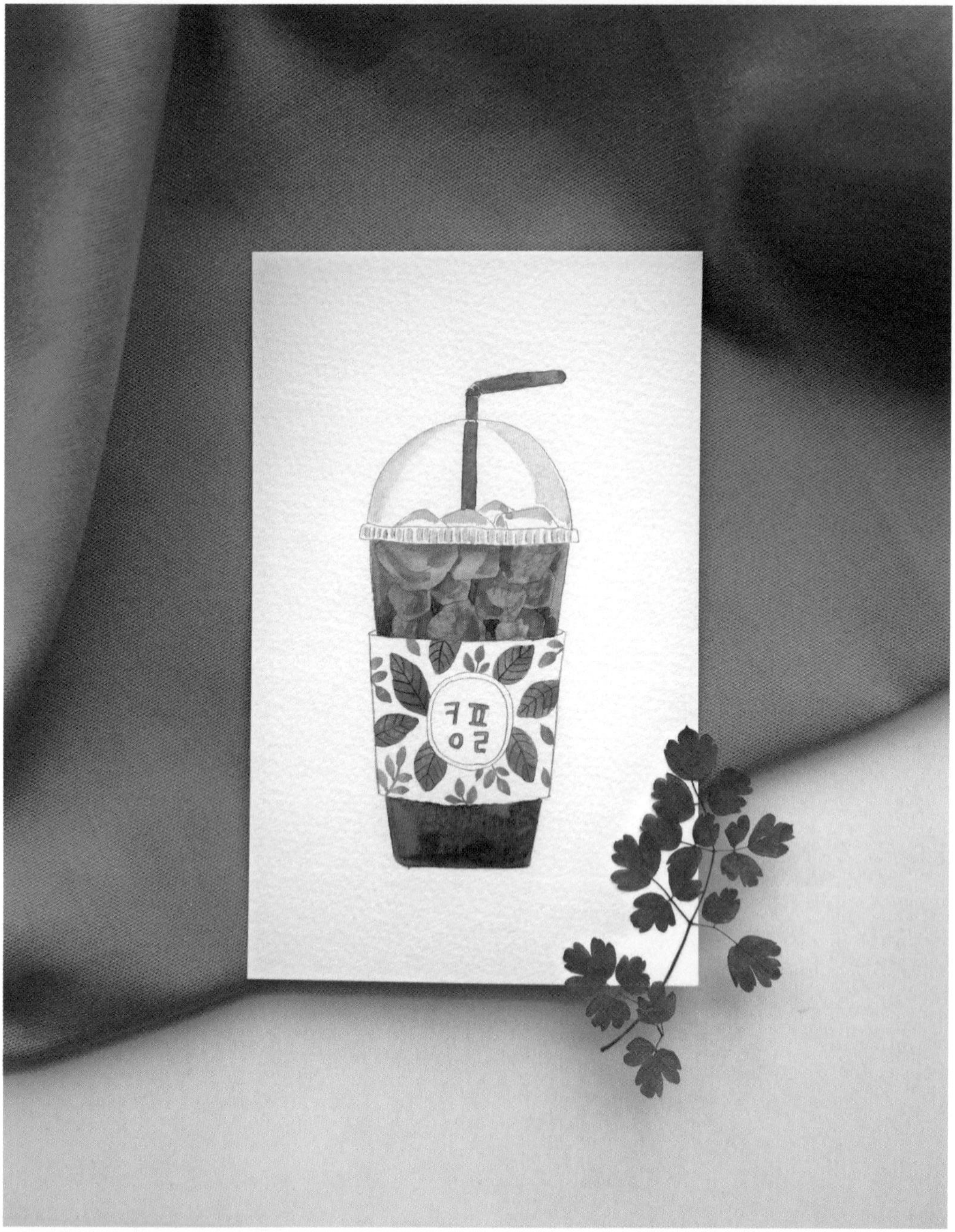


샤프(0.3mm)

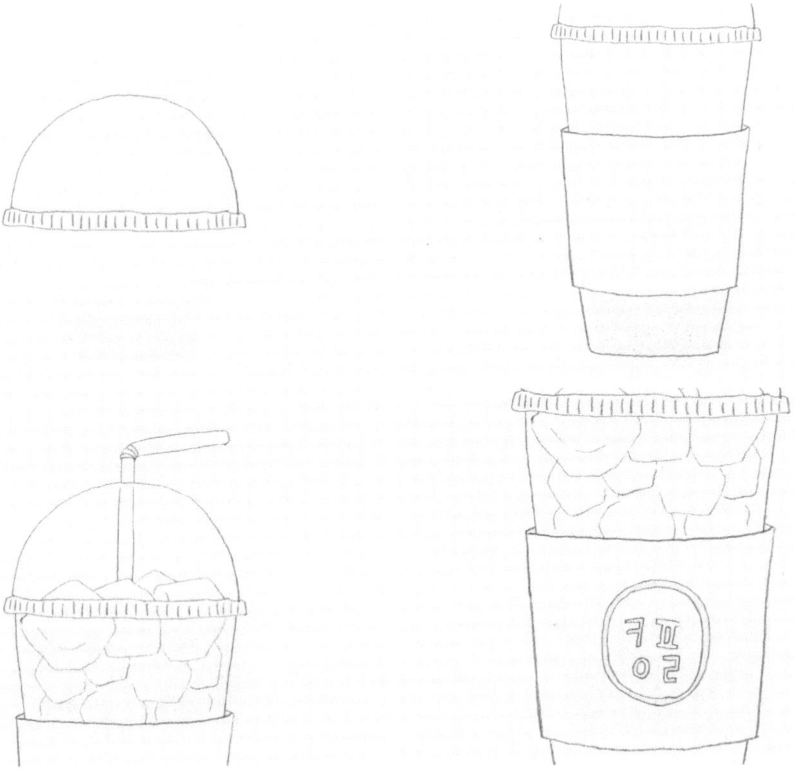

| 01 | 02 |
| --- | --- |
| 03 | 04 |

**01** 샤프로 일회용 컵의 돔리드부터 그립니다. 반원 형태의 호를 그린 후 바로 아래쪽에 가로로 긴 직사각형을 그려 주세요. 선이 반듯할 필요는 없으니 자유롭게 그립니다. 직사각형 안쪽에는 세로선을 촘촘히 그려 넣습니다.

**02** 돔리드 아래쪽으로 컵을 그립니다. 중앙에 슬리브도 그려 주세요.

**03** 슬리브 위쪽에 동동 떠 있는 얼음을 그리고 얼음 위쪽에는 빨대를 그립니다. 접히는 부분의 주름도 그려 주세요.

**04** 슬리브 중앙에는 로고를 그려 넣습니다. 책에서는 '카페이랑'의 자음으로 로고를 만들었어요. 원하는 모양으로 자유롭게 그려도 좋습니다.

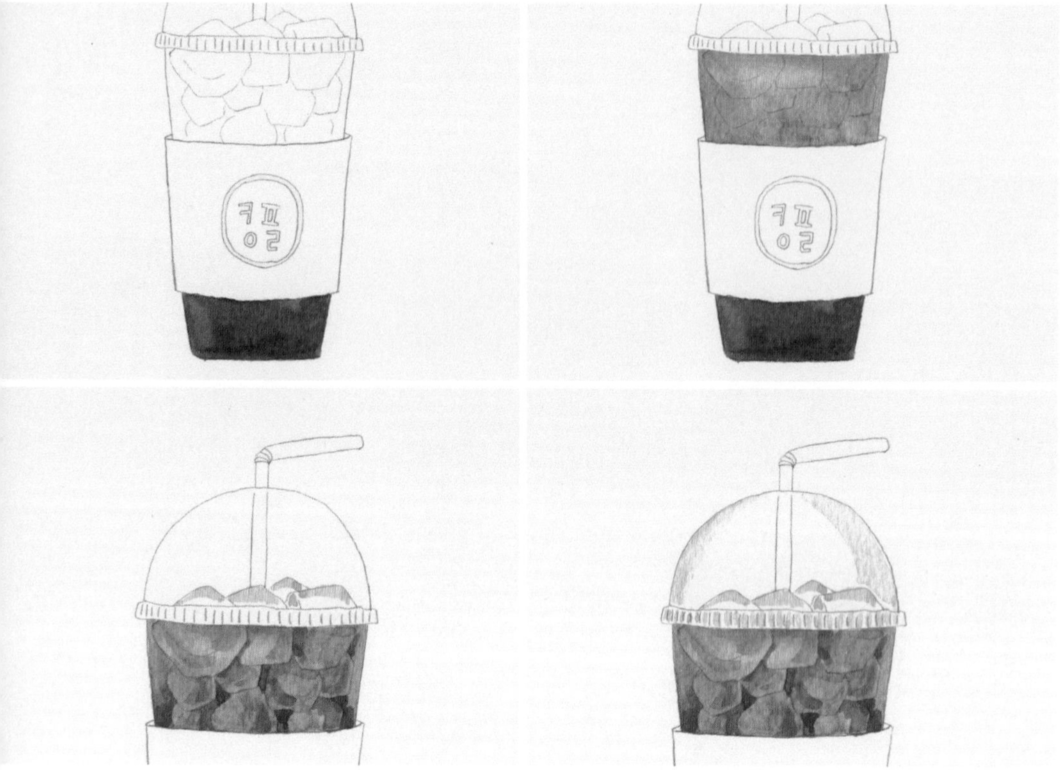

05 06
07 08

**05** 갈색으로 슬리브 아래쪽의 커피를 채색합니다. 미젤로 미션 Van Dyke Brown

**06** 위쪽으로 갈수록 색이 연해지는 아메리카노를 표현하기 위해 붉은 갈색에 갈색을 조금 섞고 연하게 발색하여 슬리브 위쪽의 커피를 채색합니다. 미젤로 미션 Red Brown

**07** 물감이 완전히 마르면 같은 색으로 얼음에 음영을 넣습니다. 커피 위로 살짝 올라와 있는 얼음도 가볍게 칠해 주세요. 얼음 사이사이는 갈색을 조금 더 섞어 진하게 칠합니다.

**08** 연하게 발색한 검은색으로 돔리드에 음영을 넣습니다. 왼쪽은 좁게, 오른쪽은 좀 더 넓게 칠해 주세요. 아래쪽의 컵에 끼우는 부분은 스케치 선을 따라 세로선을 그어 줍니다.

미젤로 미션 Ivory Black

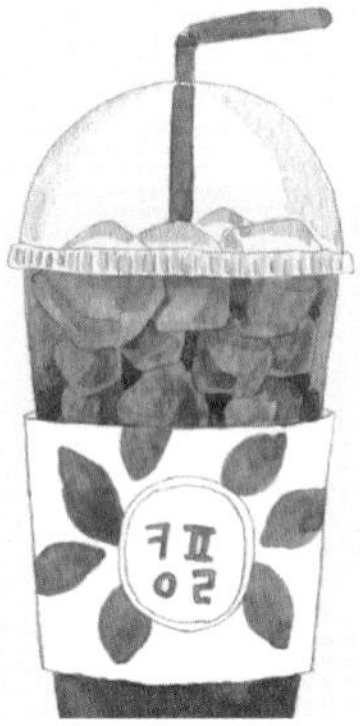

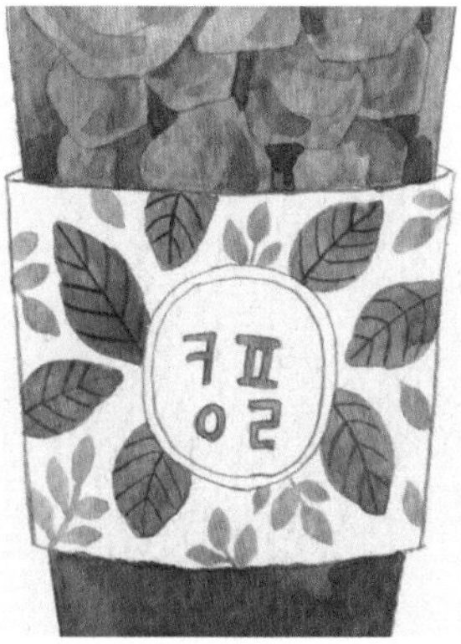

09 | 10

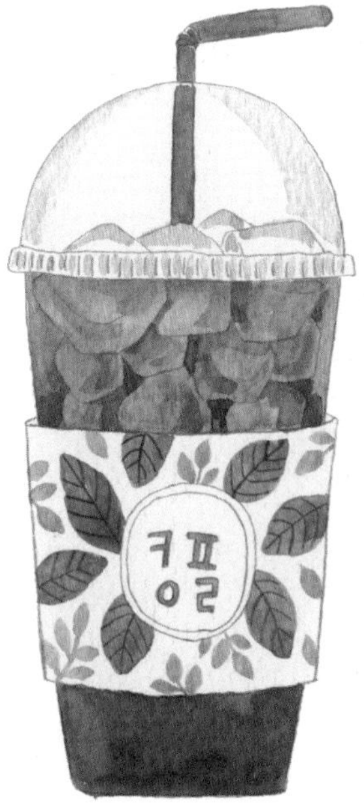

**09** 초록색으로 빨대를 채색합니다. 돔리드와 맞닿는 부분은 간격을 살짝 남겨 둡니다. 주름 부분은 한 칸씩 칠해 주세요. 같은 색으로 로고 글씨를 채색하고 슬리브에 커다란 잎사귀를 몇 개 그려 넣습니다. 미젤로 미션 Green Grey

**10** 어두운 초록색으로 잎맥을 그려 넣고, 빈 공간은 연두색으로 작은 잎사귀를 그려 채웁니다. 테이크아웃 커피 완성. 미젤로 미션 Shadow Green, 신한 SWC Leaf Green

# 라즈베리에이드

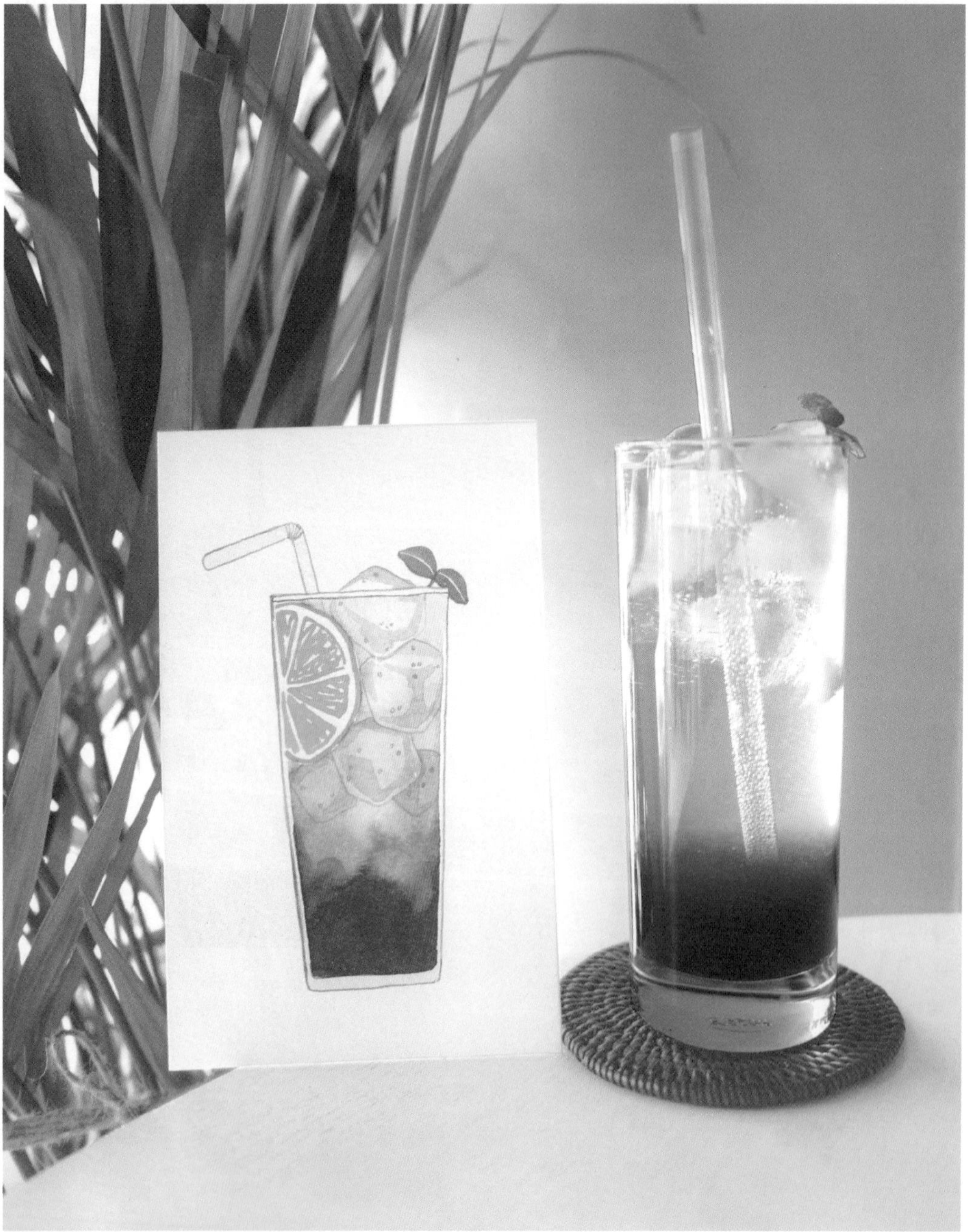

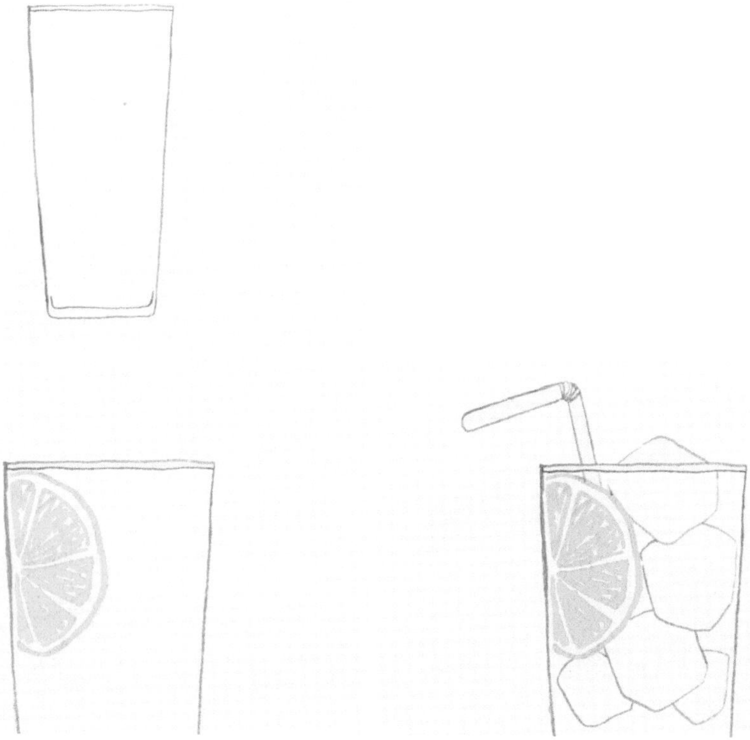

01

02 03

**01** 연하게 발색한 검은색으로 길고 좁은 유리컵을 그려 주세요. 아래로 갈수록 살짝 더 좁아지도록 그립니다. 아래쪽에 선을 넣어 컵의 바닥을 표시하고, 위쪽에도 얇게 선을 넣어 두께를 표현해 주세요. 미젤로 미션 Ivory Black

**02** 컵의 왼쪽 상단에 얇게 썬 레몬 한 조각을 그립니다. 반원 모양의 테두리를 얇게 그린 후 안쪽에는 레몬 과육의 단면을 한 조각씩 삼각형으로 그립니다. 삼각형 안쪽은 얼기설기 선으로 채워 과육의 알갱이를 표현해 주세요. 신한 SWC Permanent Yellow Deep

**03** 연하게 발색한 검은색으로 얼음 몇 개와 빨대를 그립니다.

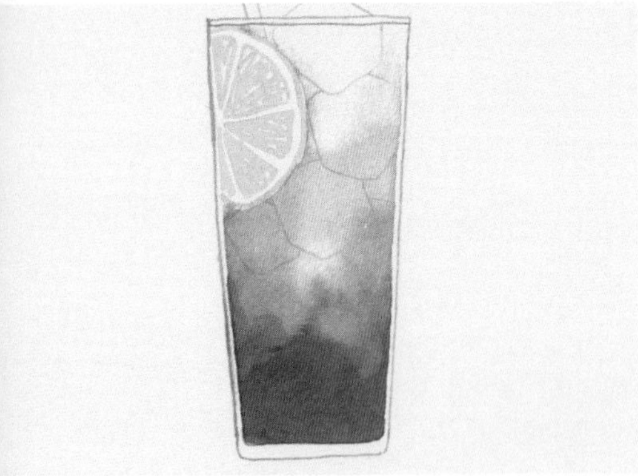

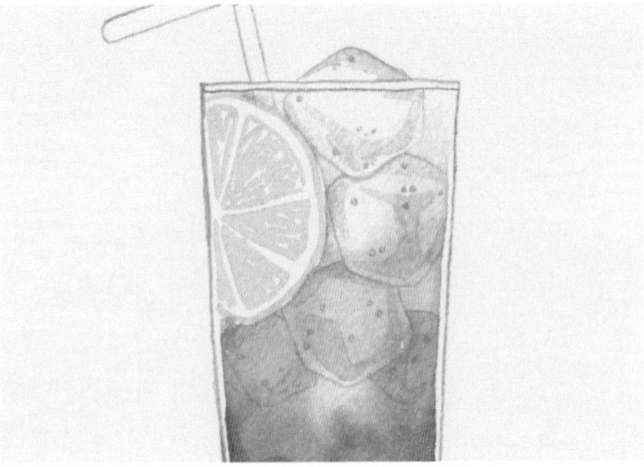

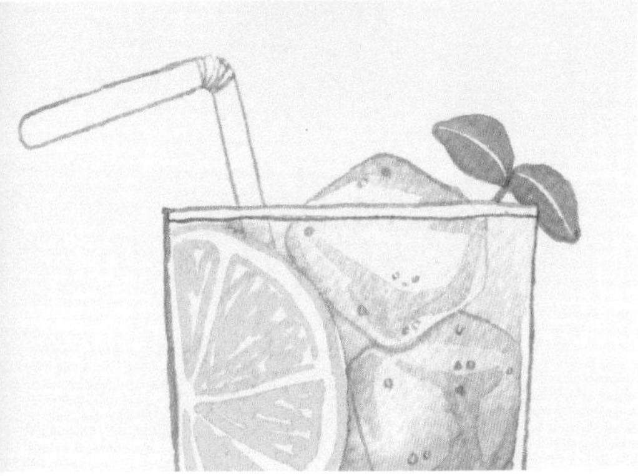

04 05
06

**04** 진분홍빛 빨간색으로 컵 아래쪽의 라즈베리 시럽을 채색합니다. 진하고 묽게 발색하여 아래쪽을 채색한 후에 깨끗이 씻은 붓으로 물감을 위쪽으로 풀어 주세요. 얼음은 신경 쓰지 않고 칠합니다. 레몬 테두리에도 엷게 칠하면 레몬이 더욱 또렷하게 보입니다.

미젤로 미션 Rose madder

**05** 아주 연하게 발색한 검은색으로 얼음에 음영을 넣습니다. 정육면체의 모양을 생각하며 각 모서리를 따라 드문드문 음영을 넣어 주세요. 같은 색으로 얼음 속의 기포도 동그랗게 그려 줍니다.

**06** 연두색에 초록색을 섞어 얼음 위쪽에 얹은 민트잎을 그려 주세요. 잎맥 부분은 여백으로 얇게 남겨 둡니다. 라즈베리에이드 완성. 신한 SWC Leaf Green + 미젤로 미션 Green Grey

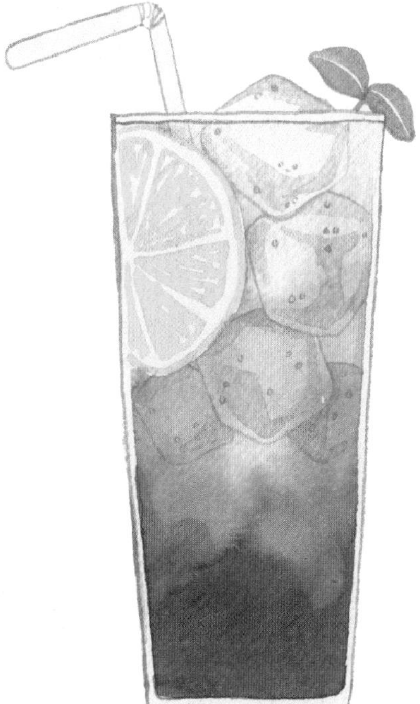

○
여섯번째

# 카페

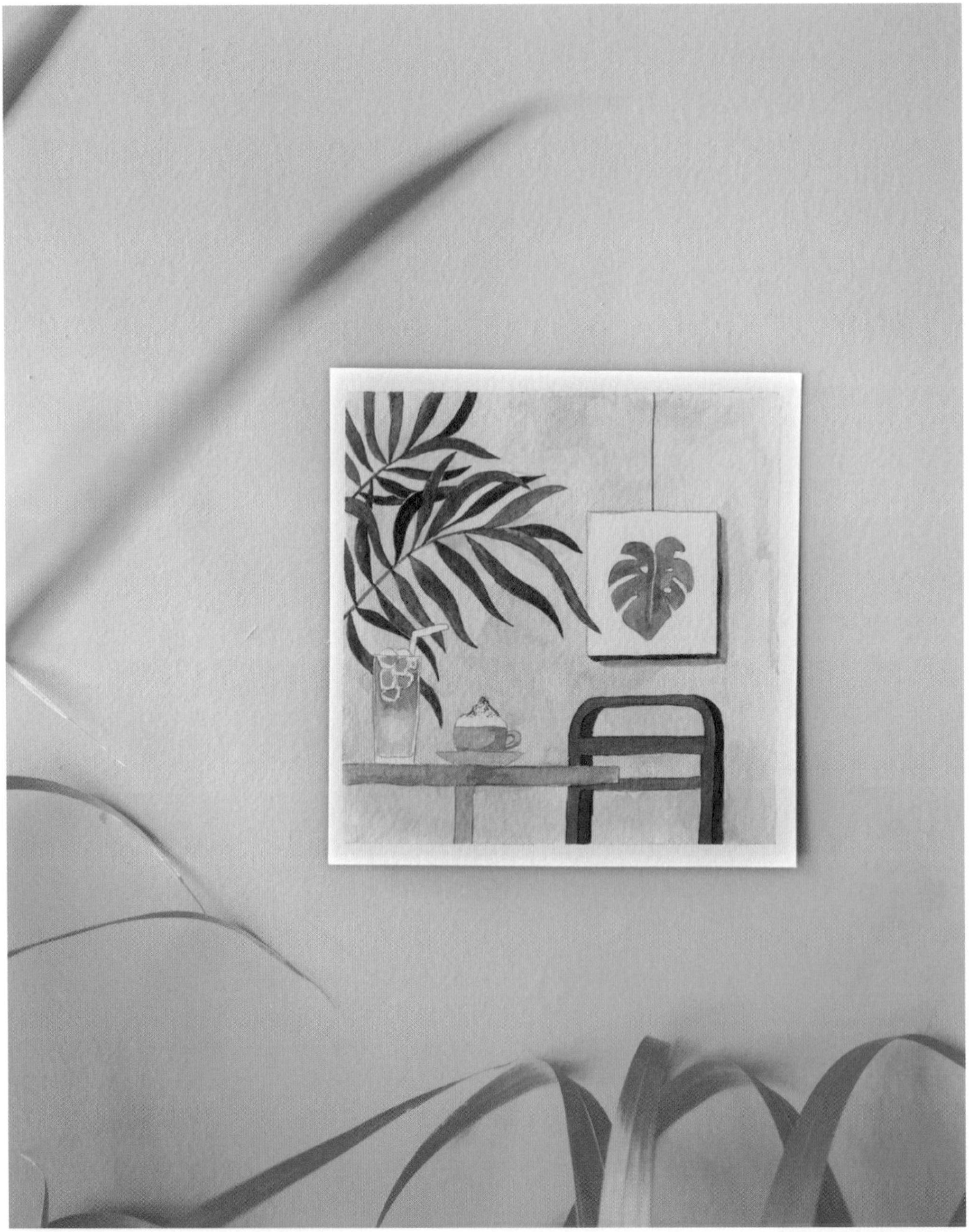

마스킹테이프, 샤프(0.3mm)

01
02 03

**01** 마스킹테이프를 붙여 가로세로 10cm 정도의 사각형을 만들어 주세요. 마스킹테이프 안쪽에 그림을 그리면 물감이 마스킹테이프 바깥으로 삐져나오지 않아 네모난 그림을 그릴 수 있어요.

**02** 샤프로 아래쪽에 테이블과 테이블 다리, 의자를 그려주세요. 의자는 두께를 표현해 입체적으로 그립니다.

**03** 테이블 위에 아이스라테와 우유거품이 올라간 카푸치노를 그려 주세요.

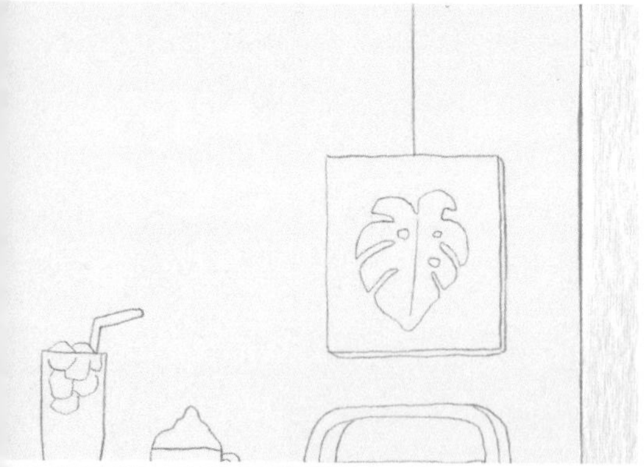

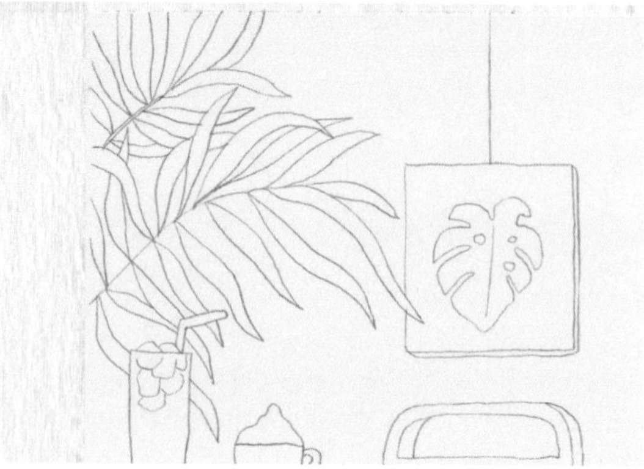

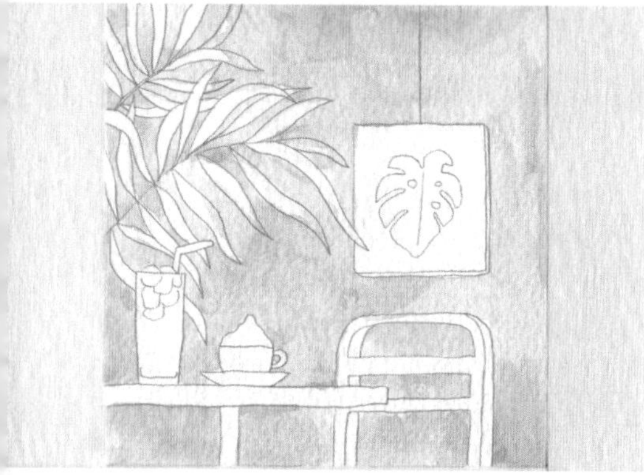

| 04 | 05 |
|---|---|
| 06 | |

**04** 의자 위쪽으로 몬스테라 그림의 액자를 그립니다. 기다란 줄에 매달린 모습으로 그려 주세요.

**05** 테이블 위쪽으로는 아레카야자를 그립니다. 기다란 잎이 테이블 쪽으로 자연스럽게 늘어지도록 그려 주세요. 컵에 가려진 부분은 생략하고, 액자와 아레카야자의 잎이 겹친다면 해당 부분의 액자 테두리를 살짝 지웁니다. 스케치 완성.

**06** 연한 회색으로 벽을 채색합니다. 어느 정도의 얼룩은 그림이 완성되면 잘 보이지 않아 괜찮지만 그래도 최대한 얼룩지지 않도록 빠르게 채색해 주세요. 아레카야자의 잎은 진한 색으로 덧칠하기 때문에 물감이 그림 안쪽으로 조금씩 들어가도 괜찮습니다. 미젤로 미션 Grey of Grey

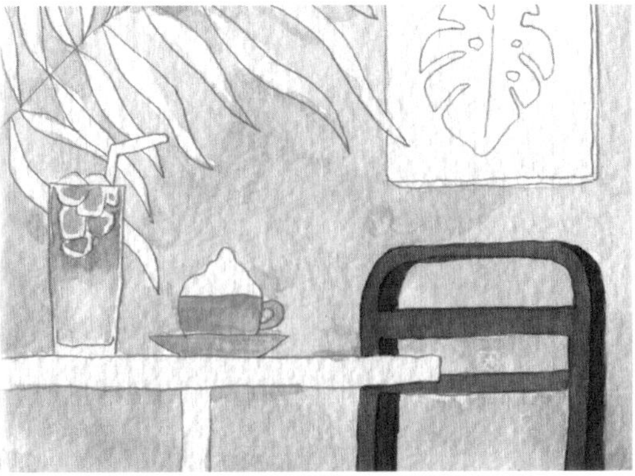

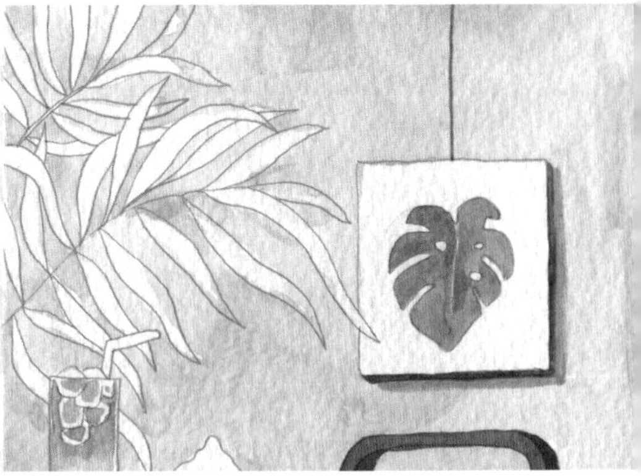

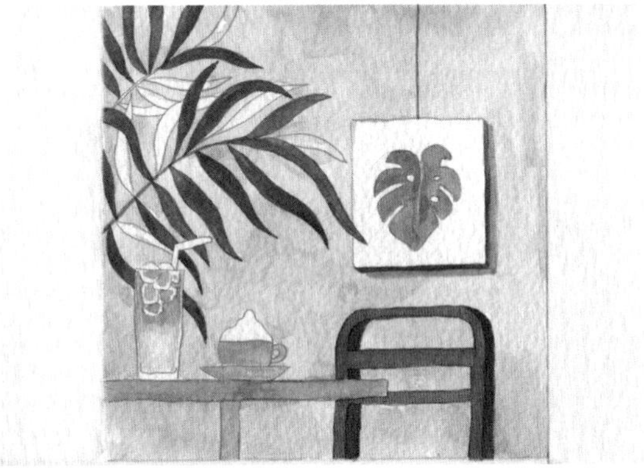

07 08
09

**07** 황토색으로 아이스라테를 채색합니다. 먼저 얼음을 테두리는 살짝 남겨 두고 칠한 후 얼음 바깥쪽의 커피 윗부분을 칠합니다. 깨끗이 씻은 붓으로 색을 풀어 아래쪽에도 연하게 색을 넣어 주세요. 카푸치노의 컵은 민트색으로 칠하고 의자는 빨간색으로 칠합니다. 두께를 표현한 부분은 빨간색에 갈색을 조금 섞어 진하게 칠해 주세요.

미젤로 미션 Raw Sienna, Compose Blue, Permanent Red, Van Dyke Brown

**08** 초록색에 연두색을 섞어 몬스테라를 채색합니다. 액자의 옆면과 아랫면은 검은색으로 칠하고, 같은 색을 연하게 발색하여 액자에 그림자를 넣습니다. 액자의 줄도 검은색으로 덧그어 주세요.

미젤로 미션 Green Grey + 신한 SWC Leaf Green, 미젤로 미션 Ivory Black

**09** 황토색에 갈색을 조금 섞어 테이블을 칠하고, 진하게 발색한 초록색으로 야자의 잎을 채색합니다. 잎의 테두리가 또렷하도록 칠하는 것이 중요합니다. 앞쪽에 위치한 잎부터 먼저 칠해 주세요.

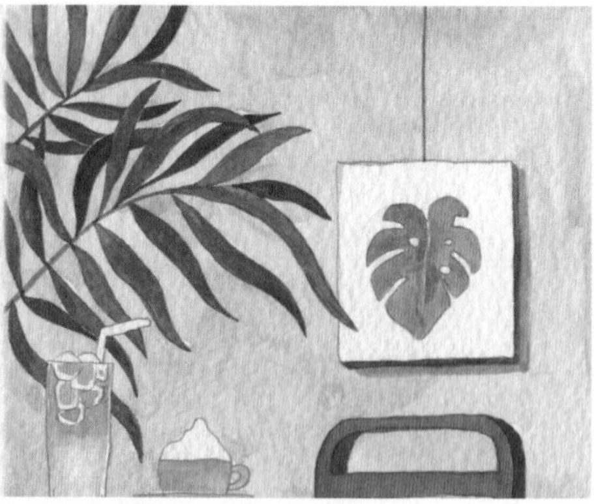
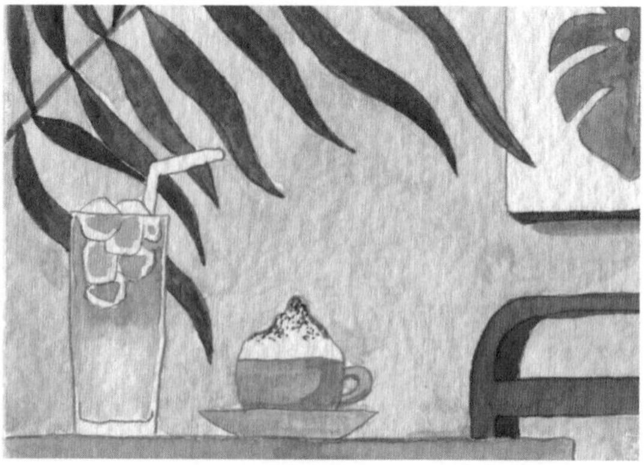
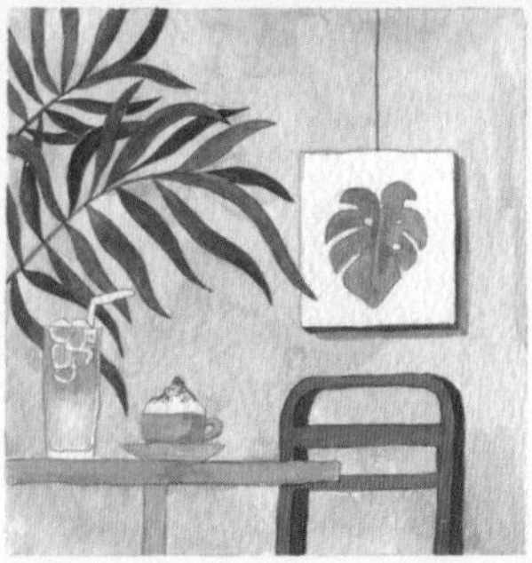

10 11
12

**10** 뒤쪽에 겹쳐 있는 잎들은 어두운 초록색으로 채색합니다. 미젤로 미션 Shadow Green

**11** 카푸치노의 우유거품 위쪽에 갈색으로 점을 콕콕 찍어 시나몬파우더를 표현합니다. 민트색에 파란색을 조금 섞어 컵에 음영도 살짝 넣어 주세요. 미젤로 미션 Peacock Blue

**12** 물감이 마르면 마스킹테이프를 조심스럽게 제거합니다. 카페 완성.

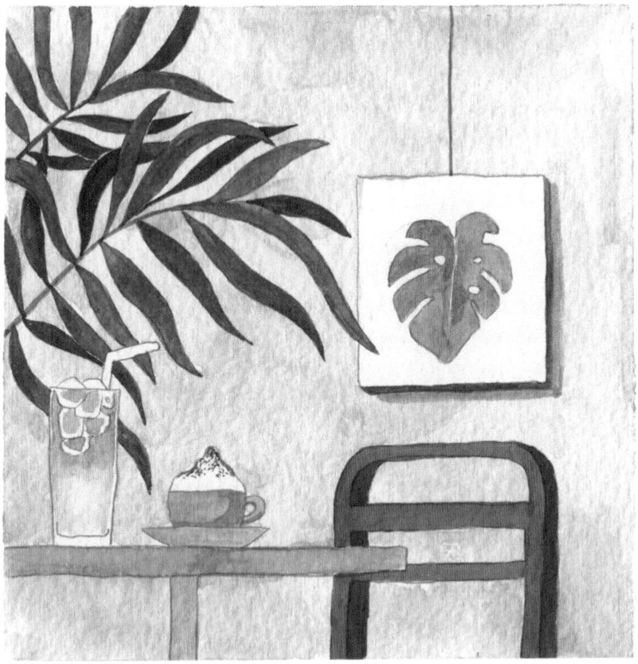

○ 일곱번째

# 카페 카운터

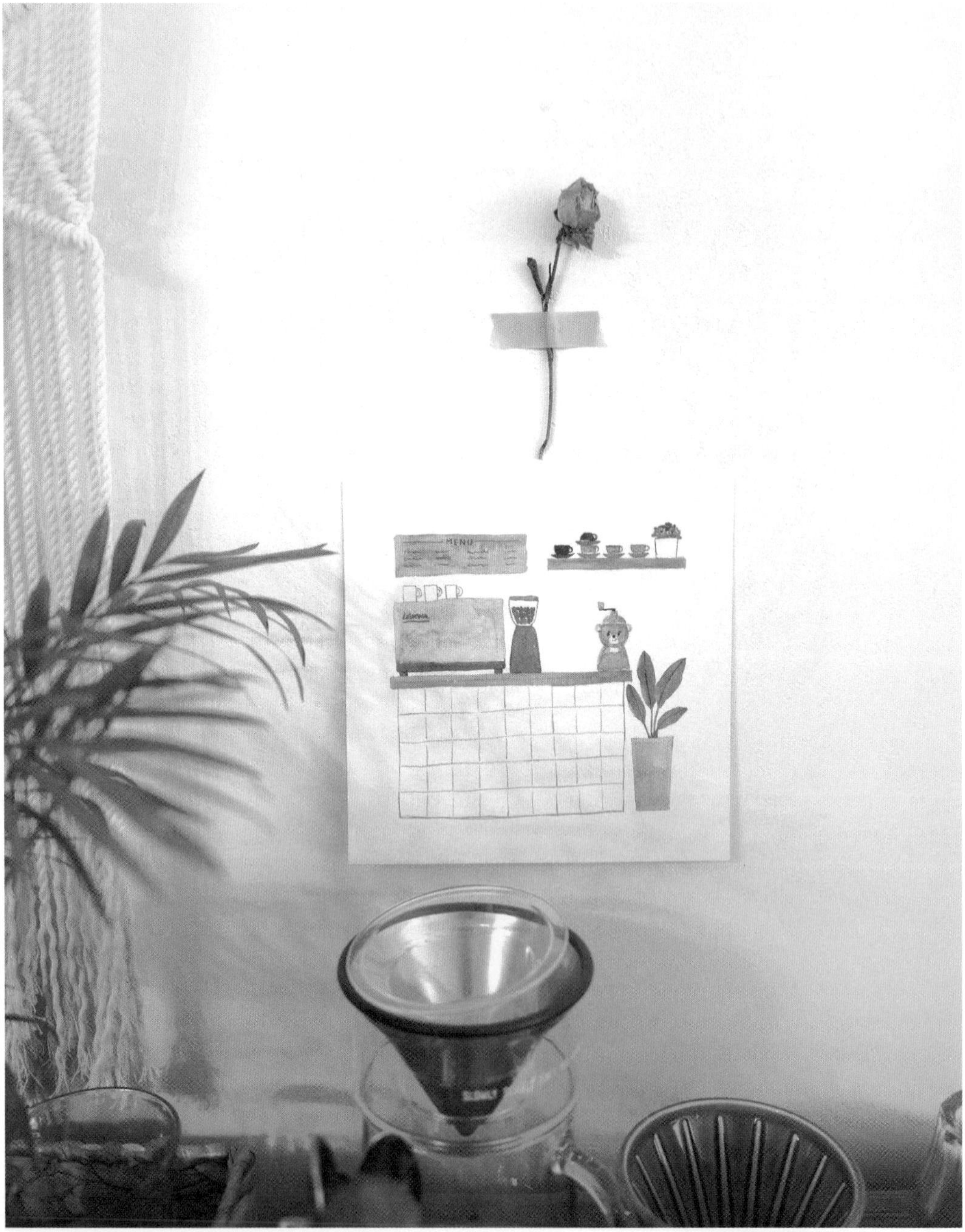

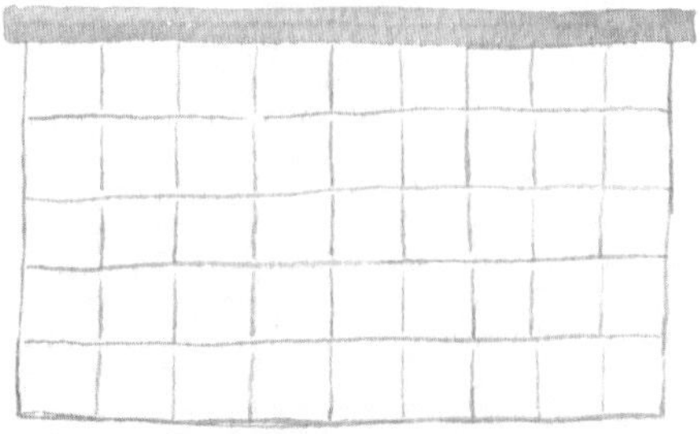

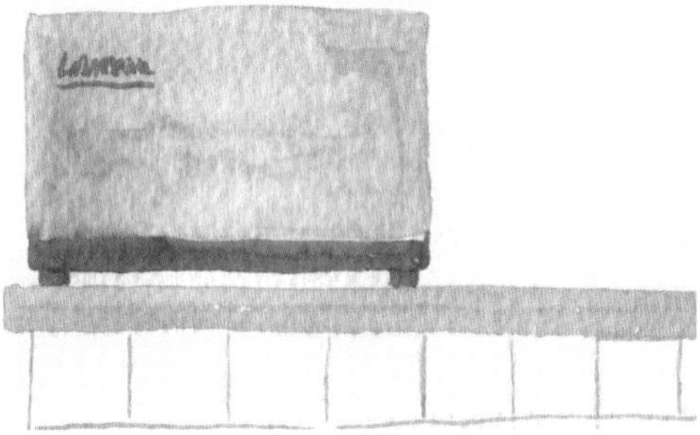

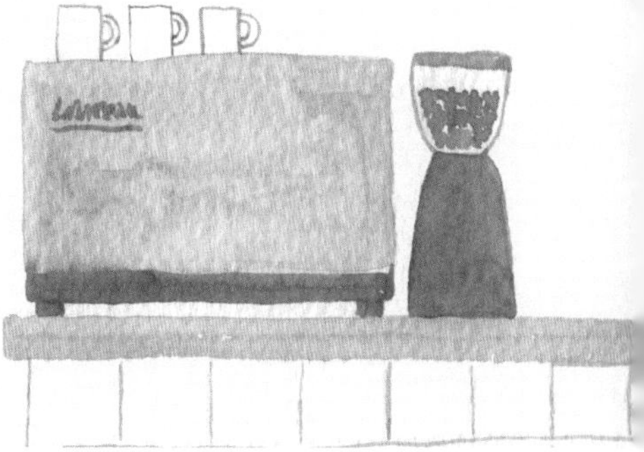

01
02 03

**01** 황토색으로 직사각형을 길게 그려 카운터의 상판을 만듭니다. 상판 아래쪽에는 연하게 발색한 검은색으로 타일을 그려 넣습니다. 가로선을 먼저 그은 후 세로선은 쭉 이어 그리지 않고 한 칸씩 끊어서 그리는 것이 자연스럽습니다. 미젤로 미션 Raw Sienna, Ivory Black

**02** 연하게 발색한 검은색으로 카운터의 왼쪽 상단에 직사각형을 그린 후 받침 부분은 좀 더 진하게 발색하여 그려 주세요. 빨간색으로 로고도 꼬불꼬불하게 써 넣으면 커피머신이 완성됩니다.
미젤로 미션 Permanent Red

**03** 연하게 발색한 검은색으로 커피머신 위에 컵을 세 개 정도 그려 주세요. 커피머신 오른쪽에는 검은색으로 커피그라인더를 그립니다. 그라인더의 투명한 통 안에는 갈색으로 점을 찍어 원두를 채웁니다. 미젤로 미션 Van Dyke Brown

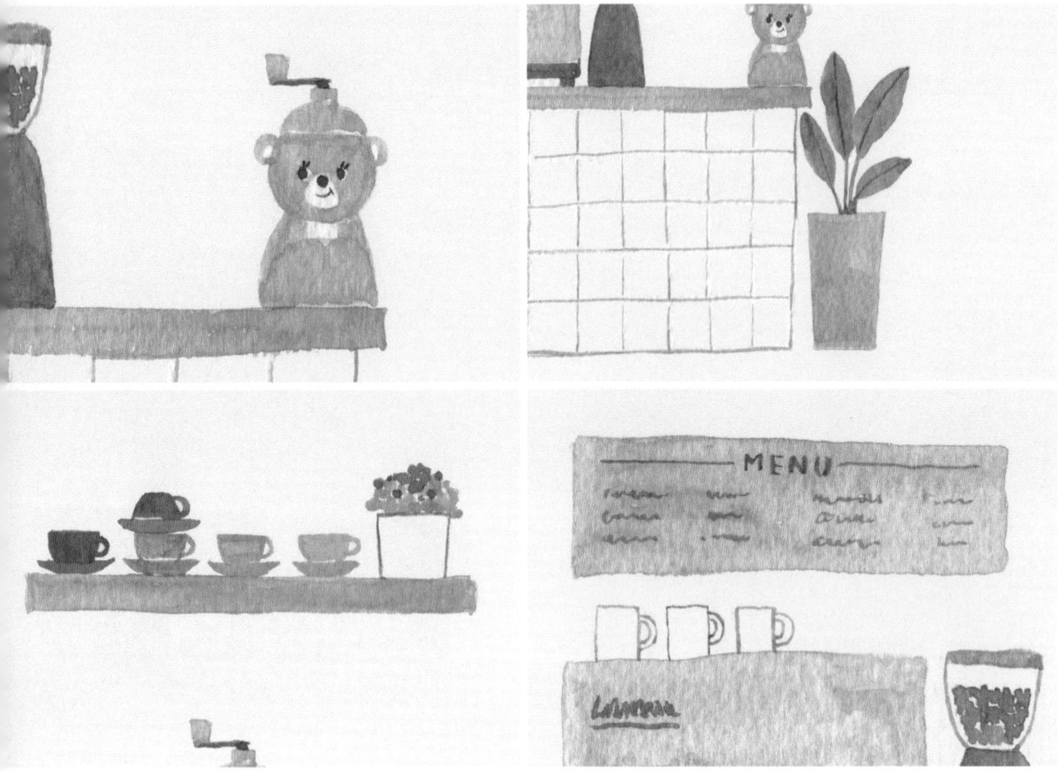


04 05
06 07

**04** 민트색으로 곰돌이 빙수기를 그립니다. 검은색으로 손잡이와 곰돌이의 눈, 코, 입도 그려 주세요.

미젤로 미션 Compose Blue

**05** 카운터 오른쪽에 큰 화분을 하나 그릴게요. 연하게 발색한 검은색으로 화분을 그리고 초록색으로 크고 기다란 잎사귀를 그립니다. 잎맥은 어두운 초록색으로 그려 주세요.

미젤로 미션 Green Grey, Shadow Green

**06** 카운터 위쪽에는 황토색 선반을 길게 그립니다. 선반의 오른쪽 끝을 화분의 위치와 맞춰 주세요. 선반 위에는 빨간색과 연한 회색, 하늘색, 연두색을 조금 섞은 민트색으로 컵과 컵받침을 그립니다. 맨 오른쪽에는 연하게 발색한 검은색으로 화분을 하나 그린 후 연두색과 빨간색으로 잎과 꽃을 간략히 그립니다. 미젤로 미션 Grey of Grey, 신한 SWC Horizon Blue, Leaf Green

**07** 커피머신 위쪽에 황토색으로 메뉴판을 그립니다. 검은색으로 꼬불꼬불하게 글씨도 표현해 주세요. 카페 카운터 완성.

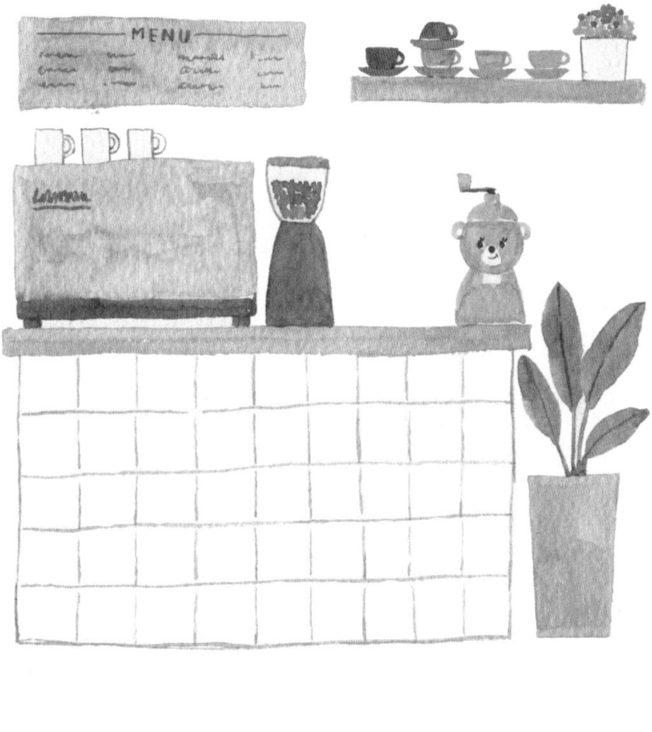
MENU

○
여덟번째

# 커피 레시피

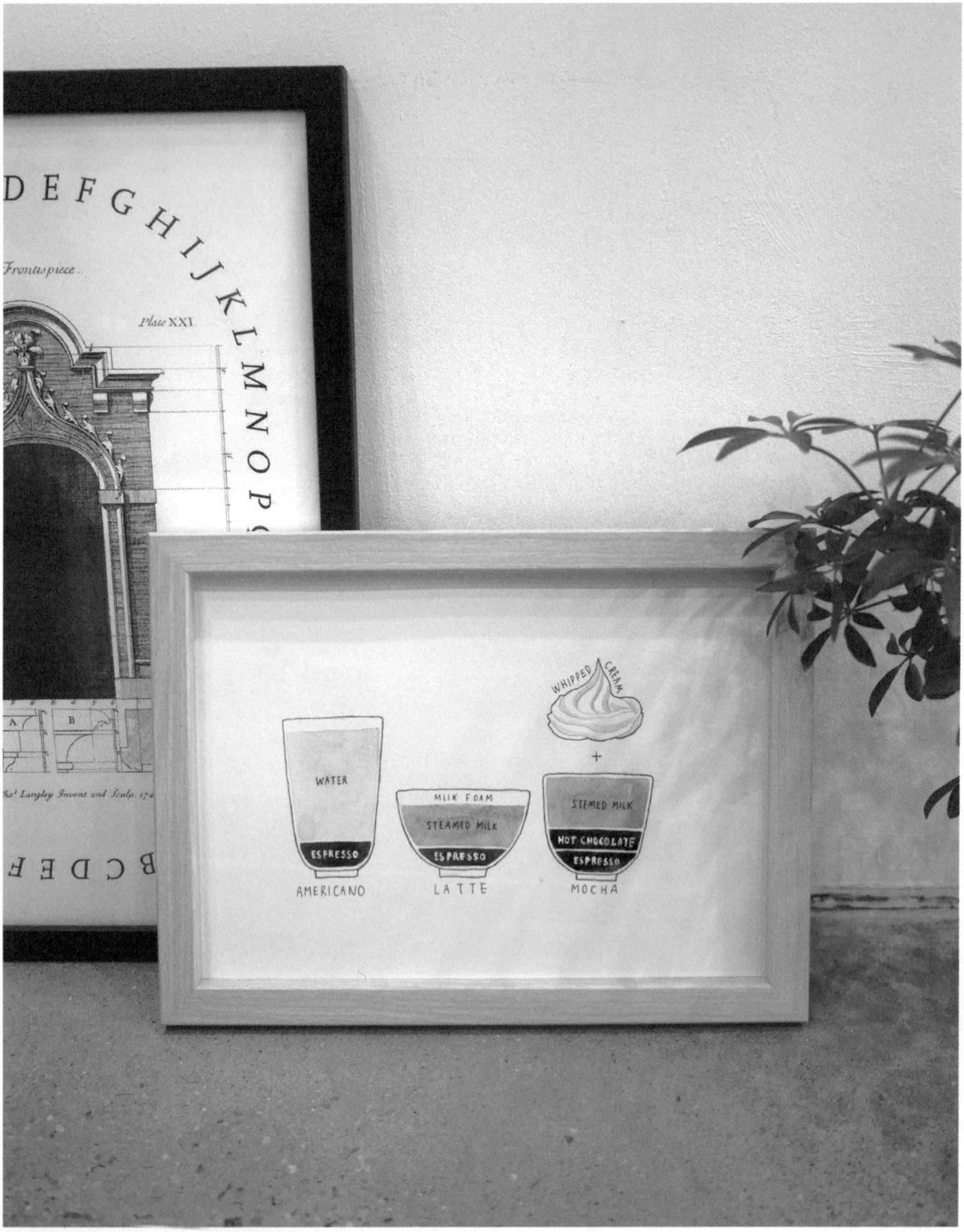


샤프(0.3mm), 펜(유니핀 피그먼트 라이너 0.2mm)

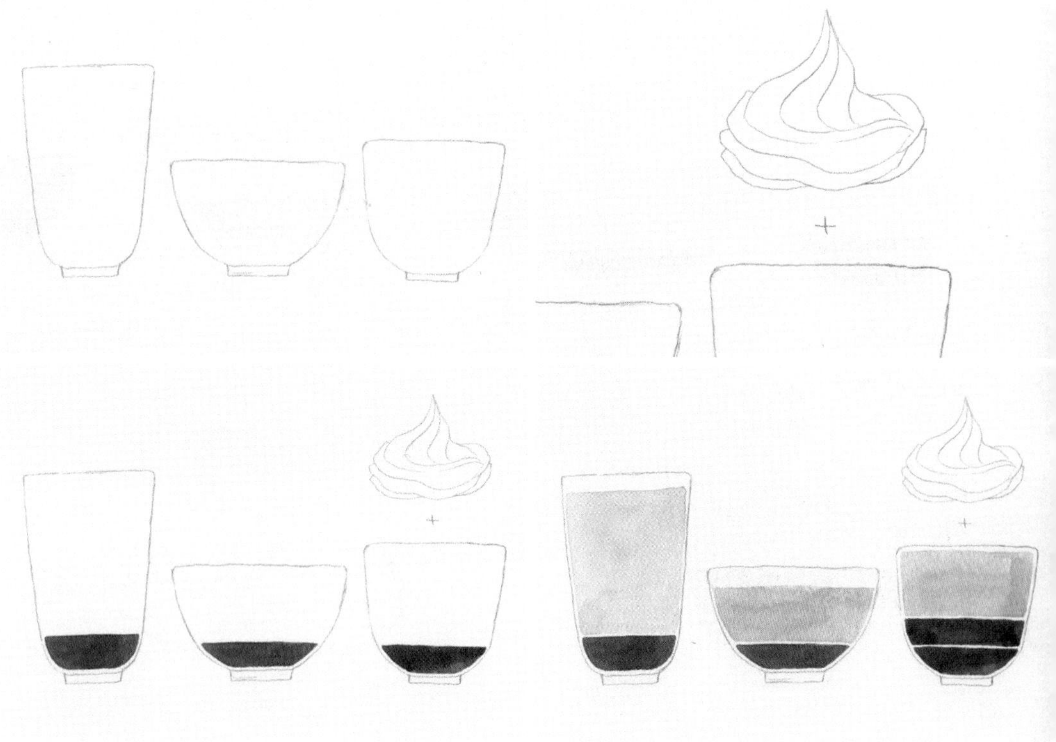

| | |
|---|---|
| 01 | 02 |
| 03 | 04 |

**01** 샤프로 서로 다른 크기와 모양으로 컵을 세 개 그립니다. 왼쪽부터 아메리카노, 카페라테, 카페 모카를 그릴 거예요.

**02** 세 번째 컵 위쪽에 간격을 두고 휘핑크림을 그려 주세요. 컵과 휘핑크림 사이에 '+'를 표시합니다.

**03** 갈색에 붉은 갈색을 조금 섞어 컵 안쪽에 각각 에스프레소를 그려 주세요. 컵 세 개 모두 비슷한 양으로 채웁니다. 스케치 선과는 조금 간격을 두고 채색해 주세요.

미젤로 미션 Van Dyke Brown+Red Brown

**04** 하늘색으로 첫 번째 컵의 윗부분을 채웁니다. 두 번째 컵은 황토색에 회색을 섞어 우유 부분을 채색합니다. 이때 우유거품이 올라갈 부분을 조금 남겨 주세요. 세 번째 컵에는 갈색으로 에스프레소와 비슷한 양의 초콜릿을 얹은 후 그 위로 카페라테와 같은 색으로 우유를 채웁니다. 마찬가지로 스케치 선과 간격을 두고, 각 재료들과도 간격을 조금씩 두고 칠해 주세요.

신한 SWC Horizon Blue, 미젤로 미션 Raw Sienna+Grey of Grey

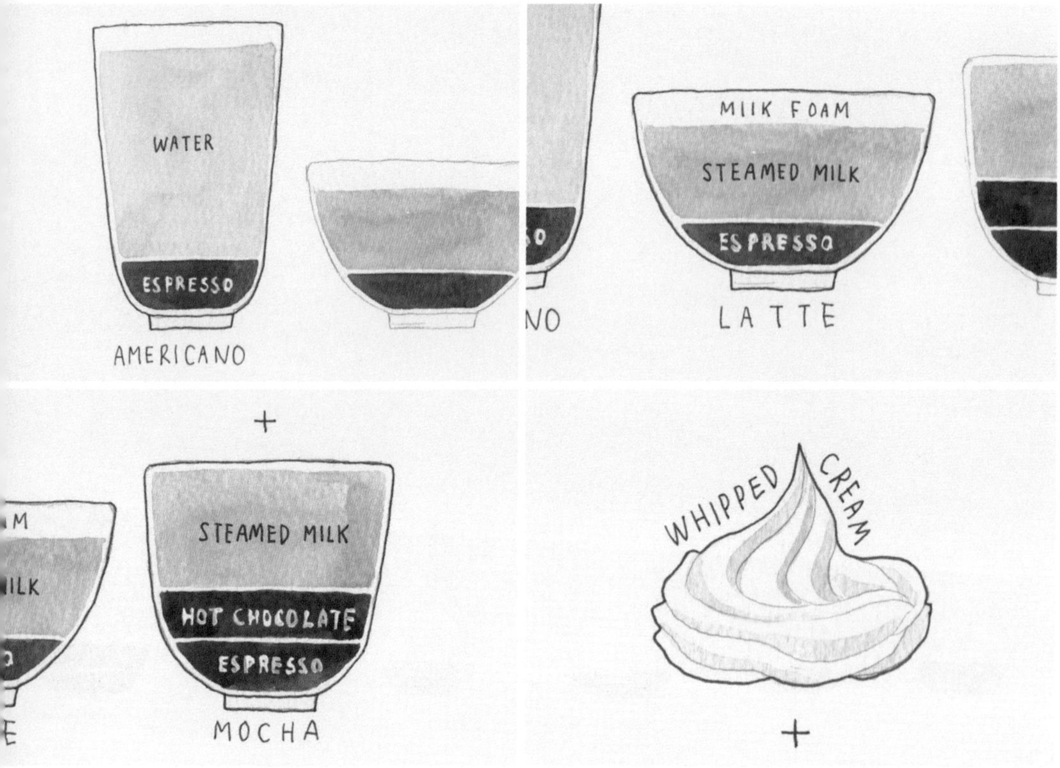


| | |
|---|---|
| 05 | 06 |
| 07 | 08 |

**05** 펜으로 첫 번째 컵의 스케치를 따라 그대로 한 번 더 그리면 스케치가 더욱 또렷해집니다. 하늘색으로 칠한 부분 위에는 같은 펜으로 'WATER'라고 쓰고 컵 아래쪽에는 'AMERICANO'라고 써 주세요. 에스프레소 부분에는 흰색 아크릴물감으로 'ESPRESSO'라고 씁니다.

JO SONJA'S Titanium White

**06** 같은 방법으로 카페라테도 완성합니다. 펜으로 컵을 따라 그린 후 맨 위쪽부터 'MILK FOAM', 'STEAMED MILK', 'ESPRESSO', 'LATTE'를 써 주세요.

**07** 같은 방법으로 카페모카도 완성합니다. 펜으로 컵과 '+'를 따라 그린 후 맨 위쪽부터 'STEAMED MILK', 'HOT CHOCOLATE', 'ESPRESSO', 'MOCHA'를 써 주세요.

**08** 위쪽의 휘핑크림은 테두리만 펜으로 따라 그린 후 크림 양옆에 'WHIPPED CREAM'을 나누어 씁니다. 크림 안쪽에는 연하게 발색한 검은색으로 스케치 선을 따라 음영을 살짝 넣어 주세요. 커피 레시피 완성. 미젤로 미션 Ivory Black

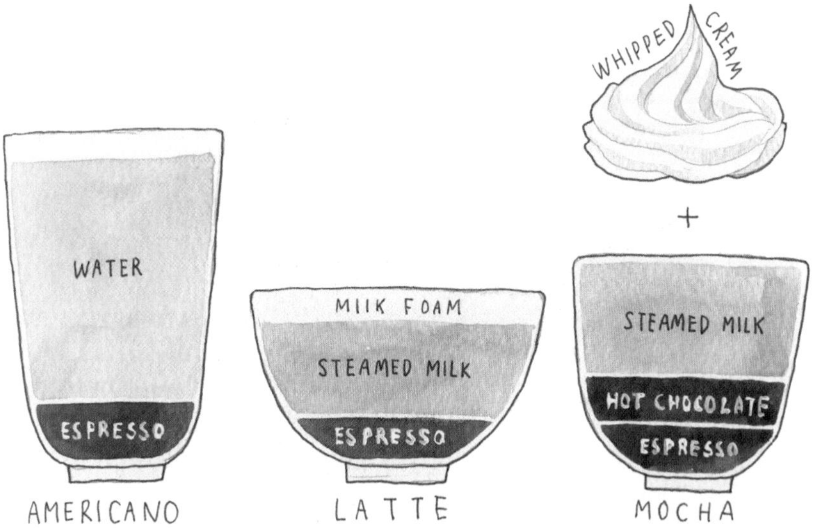
WHIPPED CREAM
+
WATER
ESPRESSO
AMERICANO
MILK FOAM
STEAMED MILK
ESPRESSO
LATTE
STEAMED MILK
HOT CHOCOLATE
ESPRESSO
MOCHA

○

# 4

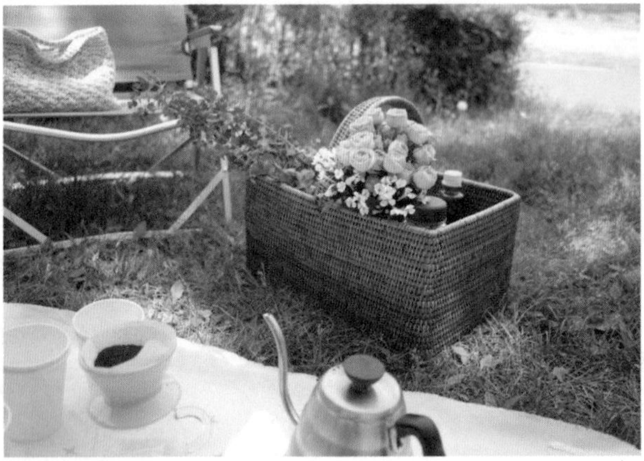

○

# 공원에서

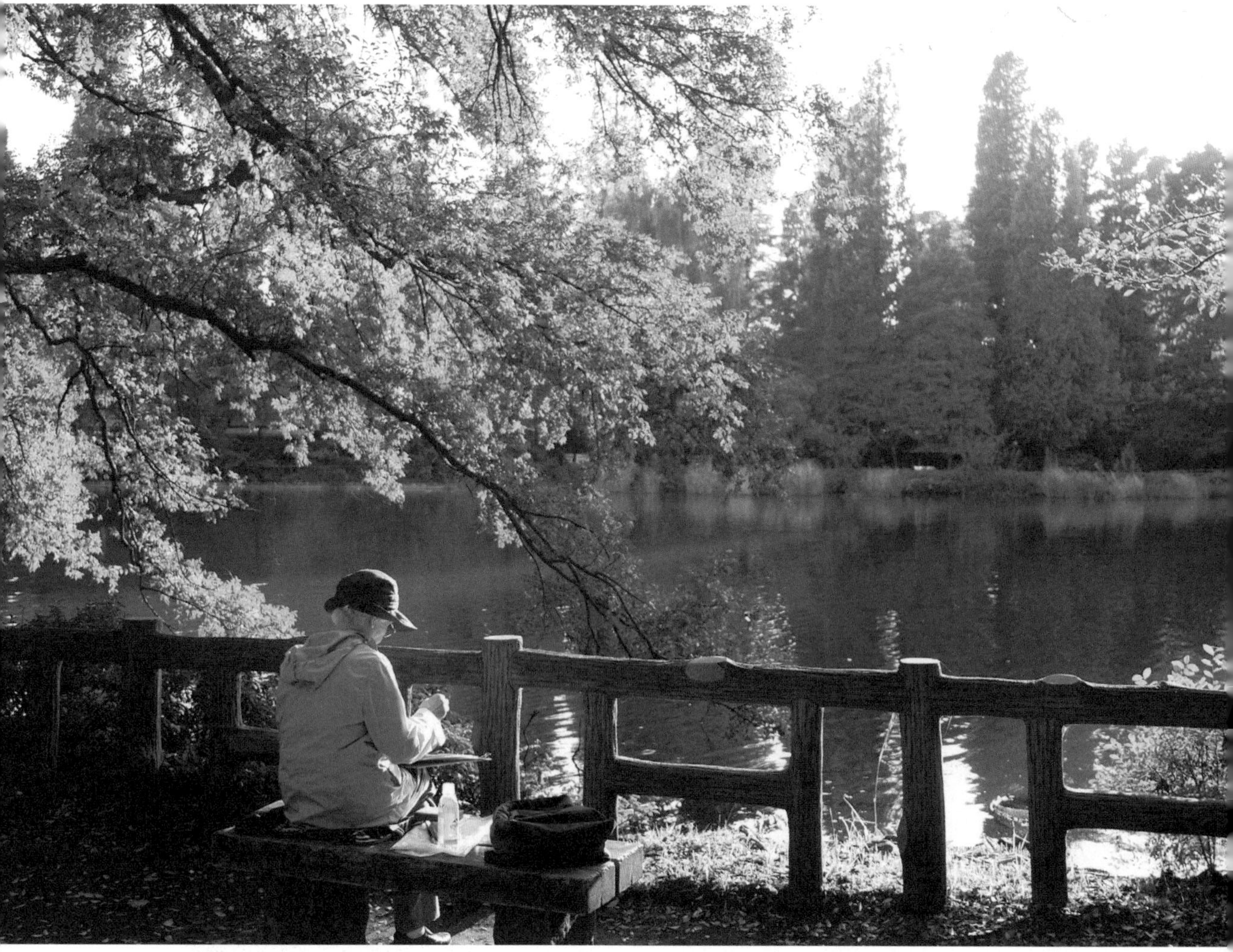

1일 1그림

○ 첫번째

# 금계국

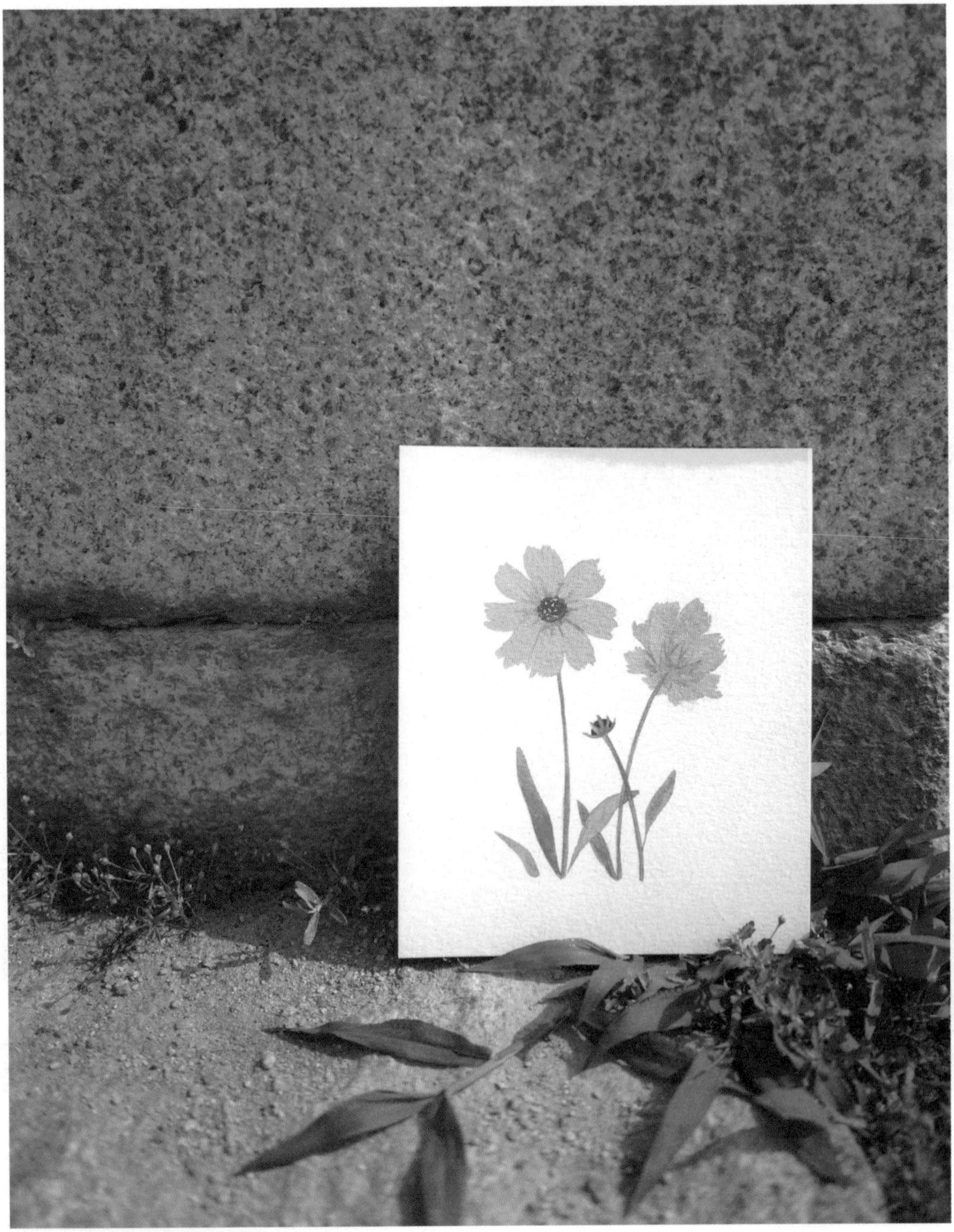

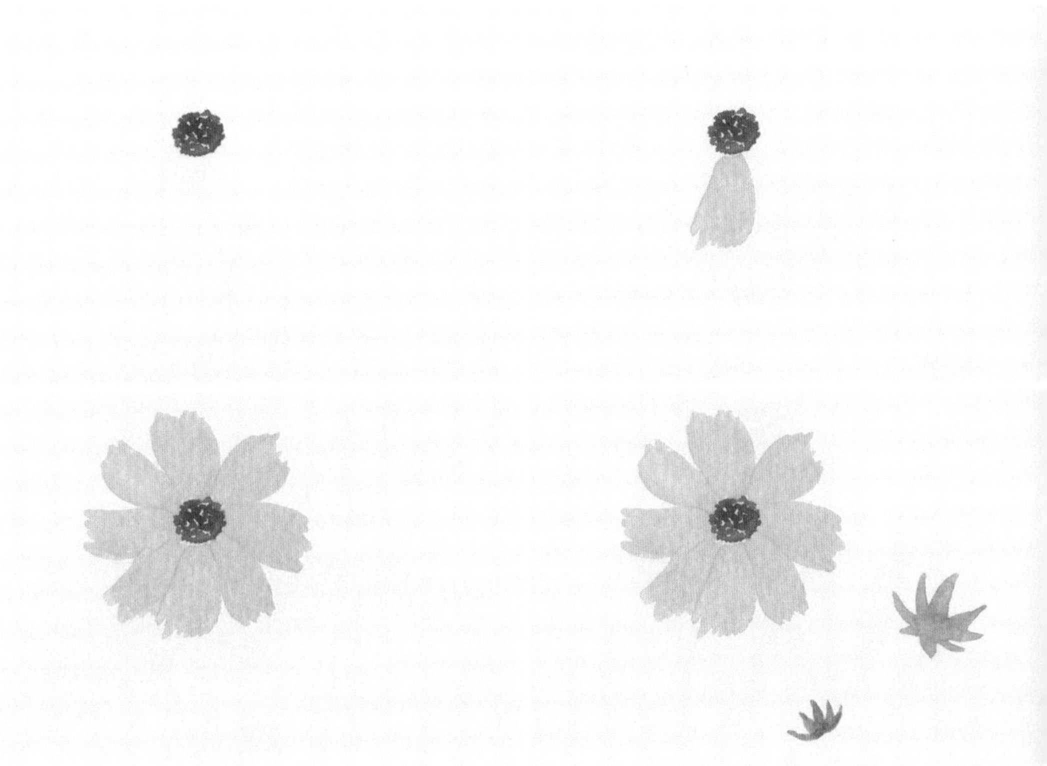

**01** 황토색으로 점을 콕콕 찍어 수술을 그립니다. 미젤로 미션 Raw Sienna

**02** 노란색으로 꽃잎을 그립니다. 넓적하고 끝부분은 삐죽삐죽하게 그려 주세요.

신한 SWC Permanent Yellow Deep

**03** 같은 방법으로 꽃잎을 7~8개 정도 그립니다.

**04** 연두색에 초록색을 조금 섞어 옆쪽에 다른 꽃의 꽃받침을 그립니다. 하나는 조금 크고 사방으로 뾰족뾰족하게, 하나는 조금 작고 위쪽으로만 뾰족뾰족하게 그려 주세요.

신한 SWC Leaf Green + 미젤로 미션 Green Grey

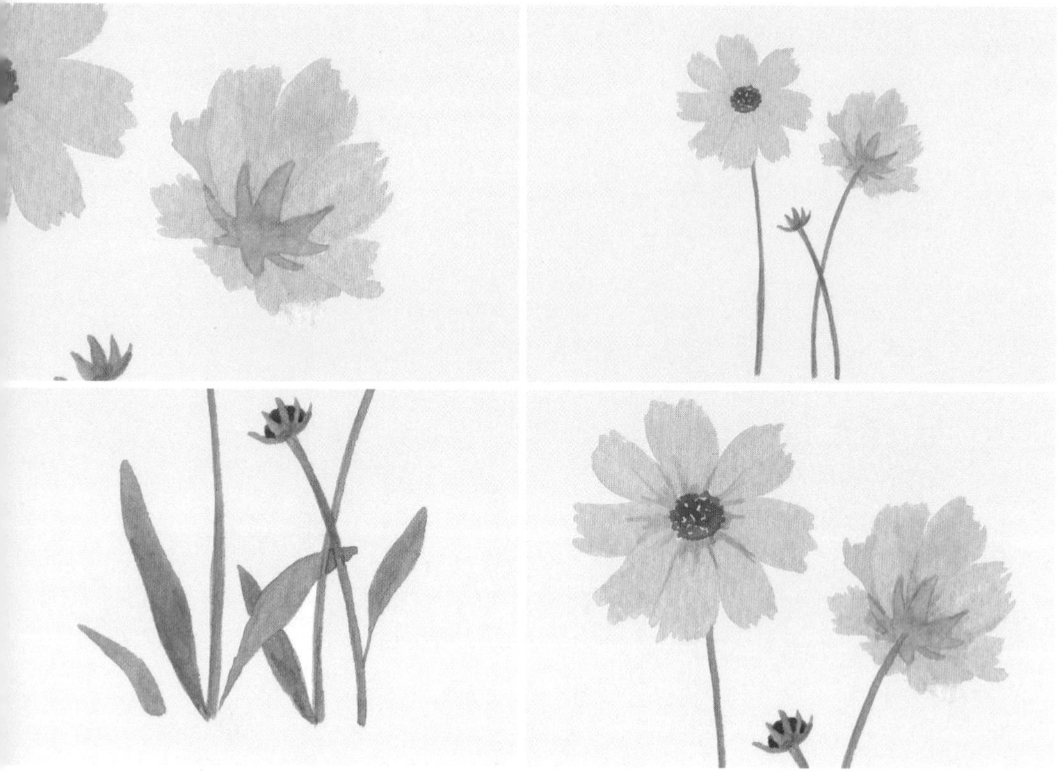

| | |
|---|---|
| 05 | 06 |
| 07 | 08 |

**05** 큰 꽃받침 위에 꽃잎을 그립니다. 꽃의 뒷면을 생각하며 꽃잎이 앞쪽으로 모여들도록 그려 주세요. 위쪽의 꽃잎은 길게, 옆쪽과 아래쪽의 꽃잎은 상대적으로 짧게 그려야 입체감이 나타납니다.

**06** 꽃받침과 같은 색으로 줄기를 그립니다. 오른쪽 두 송이의 줄기는 서로 교차되도록 완만한 곡선으로 그려 주세요.

**07** 같은 색으로 줄기 아래쪽에 길쭉한 잎사귀를 몇 개 그려 주세요. 초록색으로 작은 꽃받침 안쪽에 꽃봉오리를 그려 넣습니다. 전체적으로 동그란 모양이 되도록 꽃받침 사이사이를 칠해 주세요.

**08** 노란색에 황토색을 조금 섞어 꽃잎에 음영을 넣습니다. 앞면이 보이는 꽃은 수술 주변과 꽃잎이 서로 겹치는 부분을 위주로 채색합니다. 뒷면이 보이는 꽃은 꽃받침 주변을 위주로 채색합니다. 두 송이 모두 꽃잎의 결도 살짝씩 표현해 주세요. 금계국 완성.

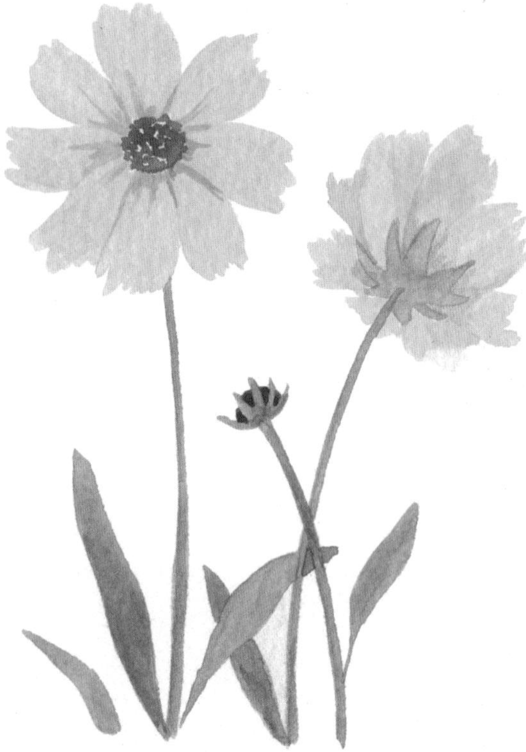

○
두
번
째

# 나뭇잎

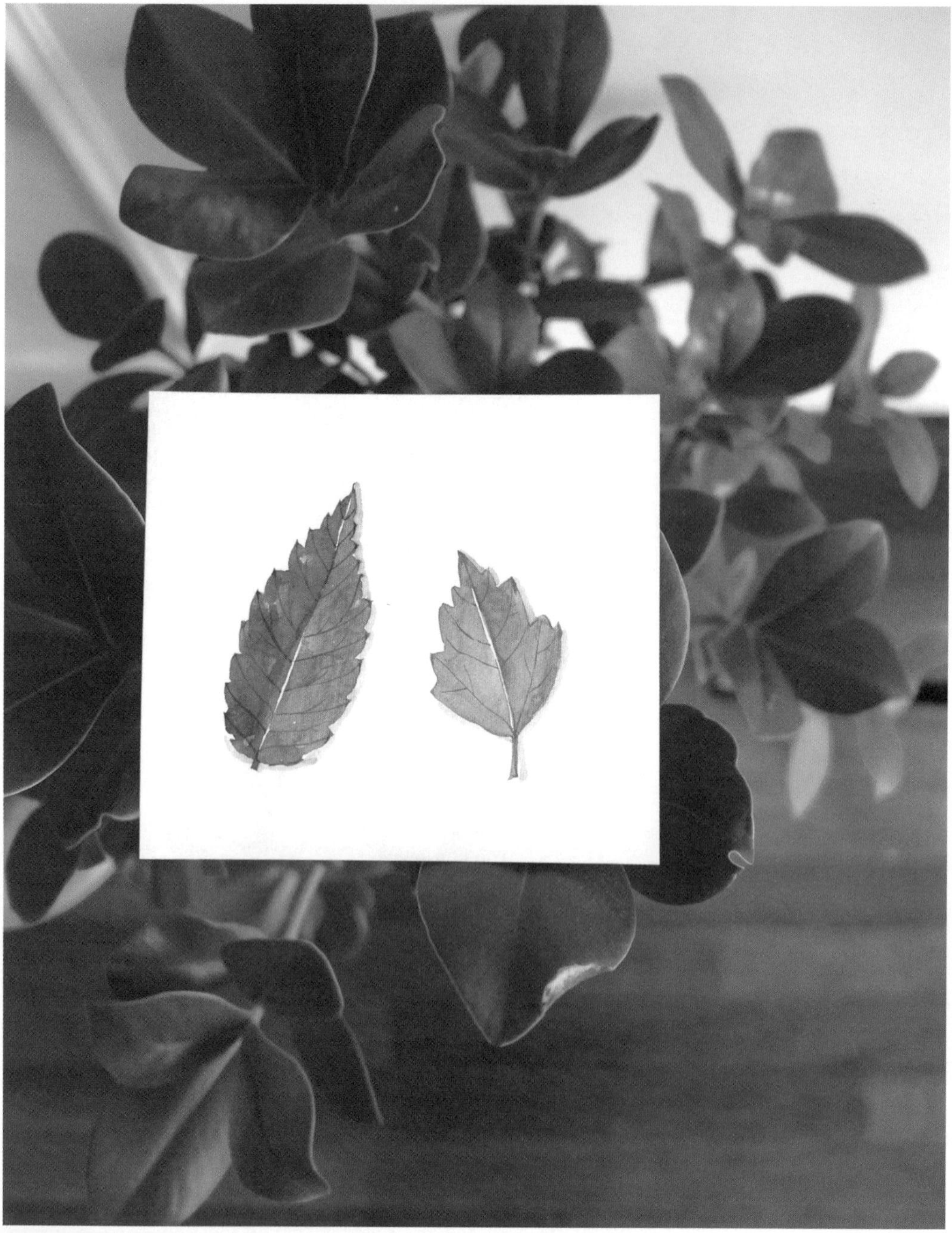

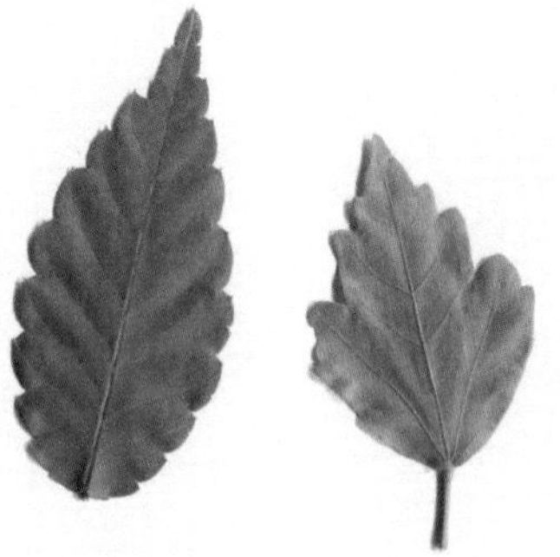

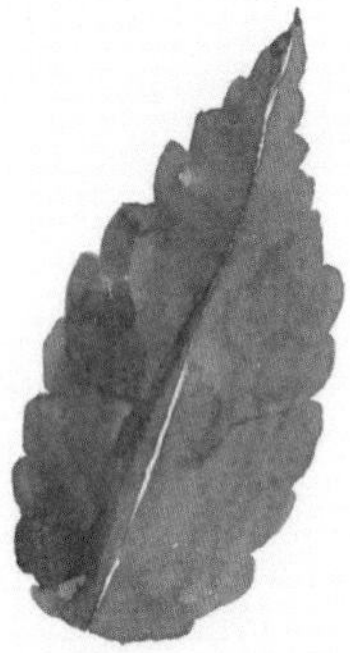

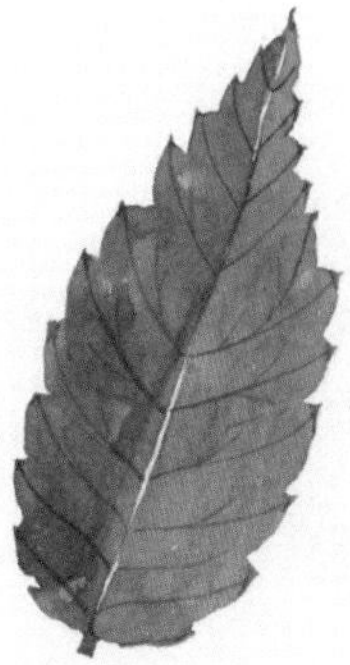

01
02 03

**01** 공원에서 주워 온 나뭇잎을 관찰합니다.

**02** 왼쪽 나뭇잎부터 그릴게요. 초록색에 연두색을 섞어 나뭇잎과 비슷한 색을 만듭니다. 잎맥을 기준으로 왼쪽을 먼저 그린 후 물을 섞어 오른쪽은 좀 더 연하게 채색해 주세요. 잎맥 부분은 얇게 간격을 두는 것이 좋습니다. 미젤로 미션 Green Grey + 신한 SWC Leaf Green

**03** 초록색으로 잎맥을 가늘게 그려 넣습니다. 나뭇잎 테두리의 뾰족한 부분과 잎맥을 하나씩 이어 주세요. 나뭇잎의 뾰족한 부분은 얇은 붓으로 좀 더 뾰족하게 다듬고, 아래쪽에 잎자루 부분도 짧게 그려 주세요.

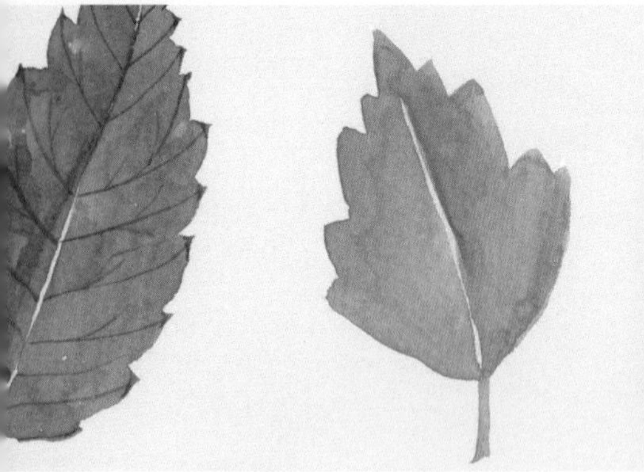

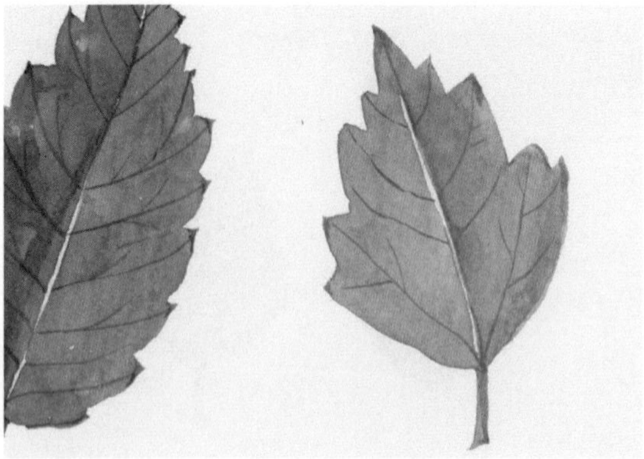

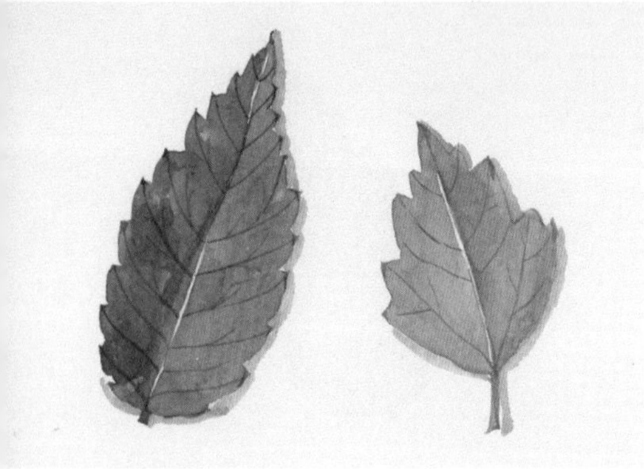

04 05
06

**04** 연두색에 초록색을 조금만 섞어 오른쪽 나뭇잎을 그립니다. 마찬가지로 잎맥 부분은 얇게 여백을 남기고 칠합니다. 아래쪽으로 잎자루도 길게 그려 주세요.

**05** 초록색으로 잎맥을 가늘게 그려 넣습니다. 나뭇잎의 뾰족한 부분과 이어지는 중심 잎맥 외에 자잘한 잎맥도 아주 얇은 붓으로 연하게 그려 주세요.

**06** 연하게 발색한 검은색으로 그림자를 그려 넣습니다. 나뭇잎 완성. 미젤로 미션 Ivory Black

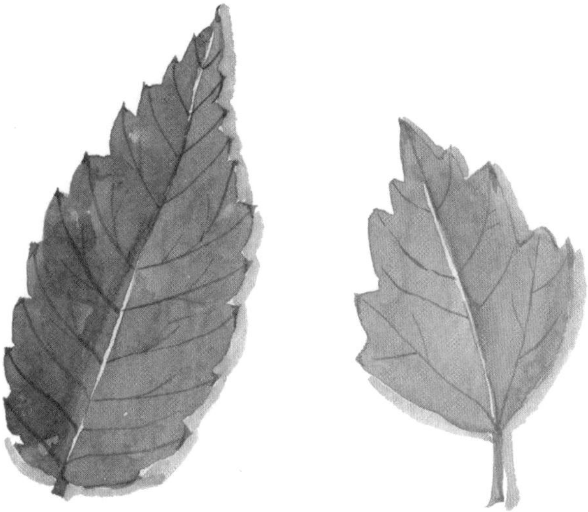

○
세
번
째

# 하늘

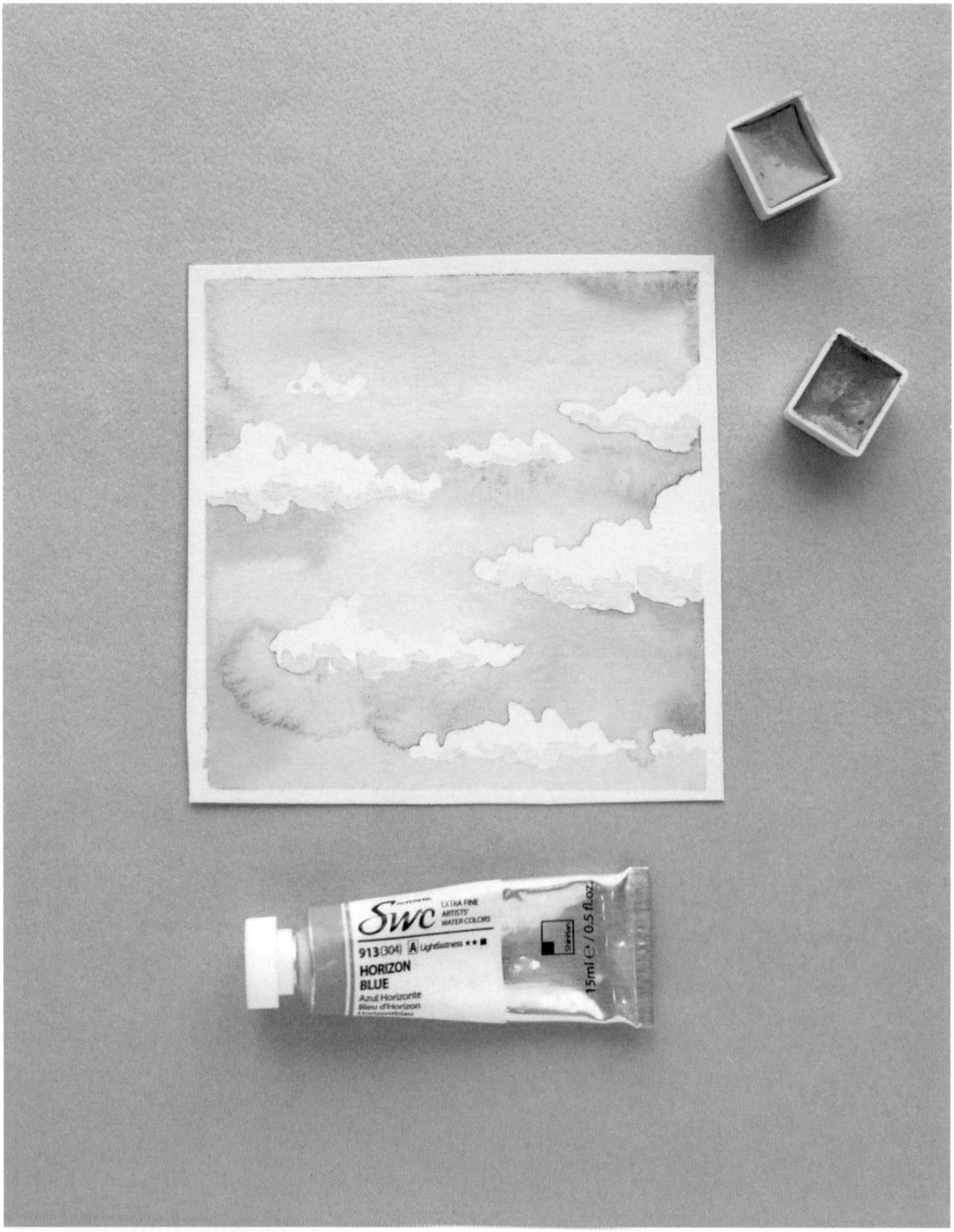


마스킹테이프, 마스킹액

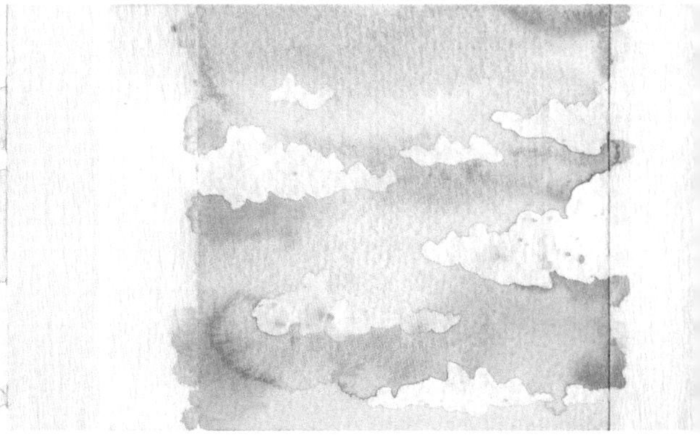

01
02 03

**01** 정사각형 모양으로 마스킹테이프를 붙여 주세요.

**02** 붓에 마스킹액을 묻혀 구름을 그립니다. 중앙 쪽이 두툼하고 끝으로 갈수록 점점 얇아지게 그려 주세요. 붓을 반시계 방향으로 돌리며 'U' 자를 그린다는 느낌으로 툭툭 치듯 그려 나갑니다.

Tip 구름의 모양을 확인할 수 있도록 형태를 연하게 표시해 두었습니다. 샤프로 스케치한 것이 아니니 별도의 스케치 없이 종이에 마스킹액으로만 구름을 그려 주세요.

**03** 마스킹액이 완전히 마르면 하늘을 채색합니다. 물을 많이 섞은 하늘색으로 전체를 한번 칠한 후 좀 더 진하고 묽게 발색하여 군데군데 콕콕 찍어 색을 넣습니다. 서로 다른 농도의 물감이 만나 얼룩이 만들어집니다. 물감이 마르기 전에 군데군데 민트색도 콕콕 찍어 넣어 색을 추가해 주세요. 구름 주변은 조금 더 진하게 채색해야 구름 모양이 선명하게 보입니다.

신한 SWC Horizon Blue, 미젤로 미션 Compose Blue

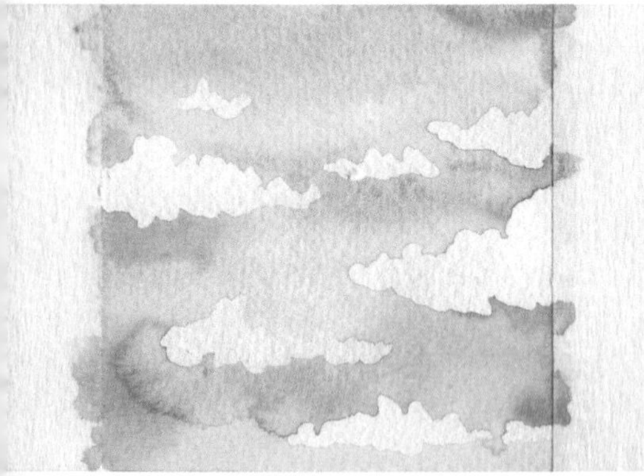

04 05

**04** 채색한 물감이 완전히 마르면 손가락으로 문질러 마스킹액을 제거합니다.

**05** 마스킹테이프도 제거해 주세요. 아주 연하게 발색한 검은색으로 구름 아래쪽에 음영을 살짝 넣습니다. 구름 완성. 미젤로 미션 Ivory Black

ㅇ
네
번
째

# 잔디밭 위의 내 발

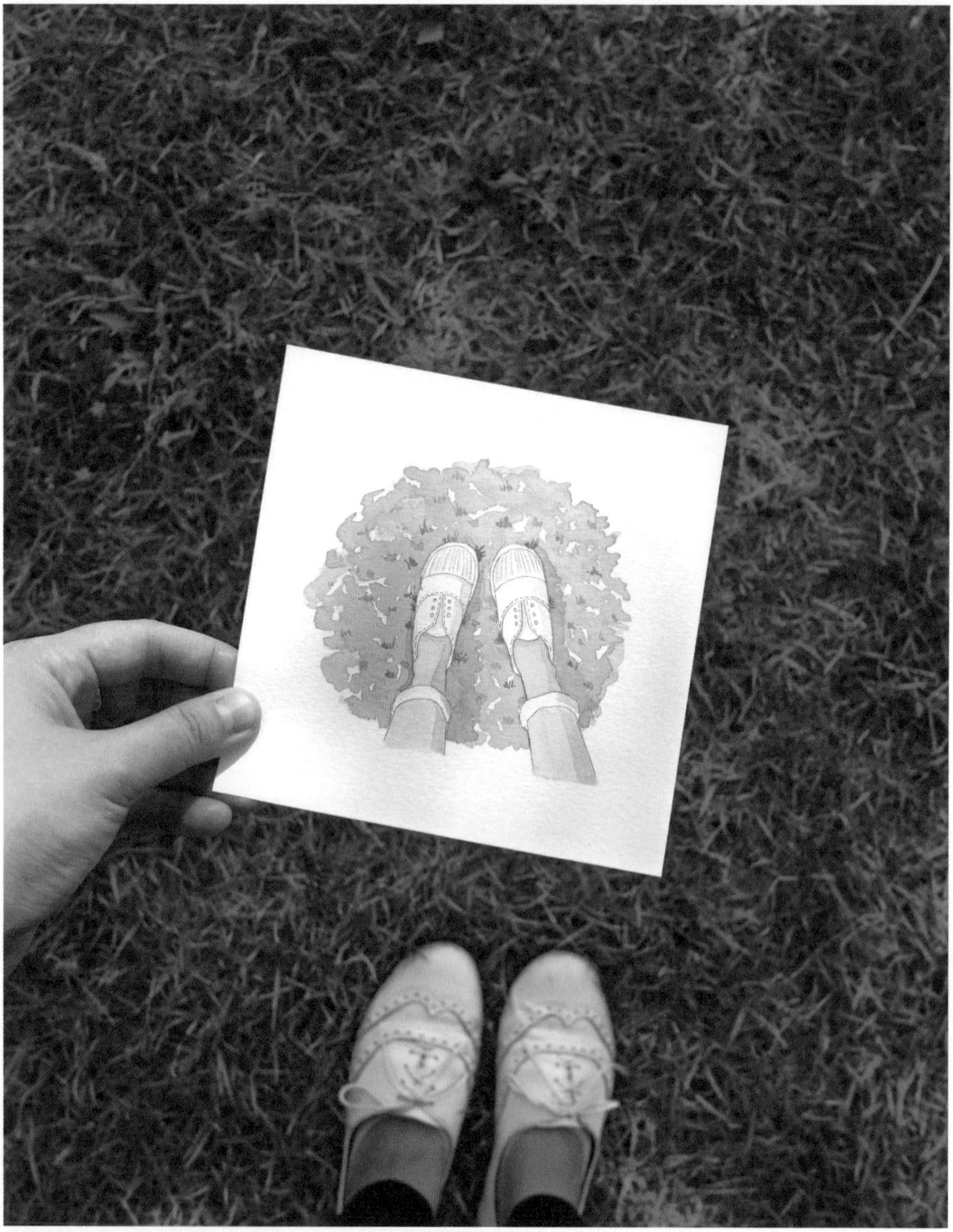

샤프(0.3mm)

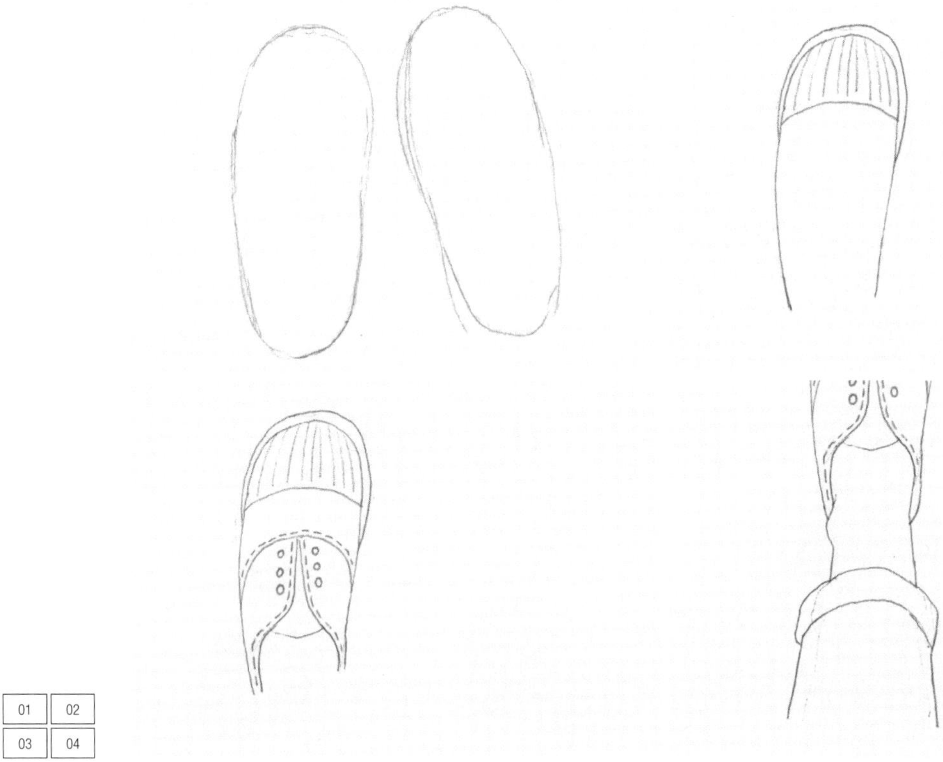


**01** 샤프로 길쭉한 타원 두 개를 나란히 그려 발 모양을 대강 스케치합니다.

**02** 앞서 그렸던 스케치를 흔적만 살짝 남겨 두고 지운 후 스케치 흔적을 가이드라인 삼아 신발을 그립니다. 앞코부터 그리면 쉬워요. 앞코의 고무 부분에는 세로선을 촘촘히 넣습니다.

**03** 신발의 형태를 그린 후에는 신발 혀와 신발끈의 구멍, 스티치 등의 디테일을 묘사합니다.

**04** 신발과 이어지도록 발목을 그립니다. 복숭아뼈도 꼭 표현해 주세요 발목을 그린 후에 뒤축을 마저 그려 신발을 완성합니다. 발목 위쪽으로는 접어 올린 바지를 그려 주세요.

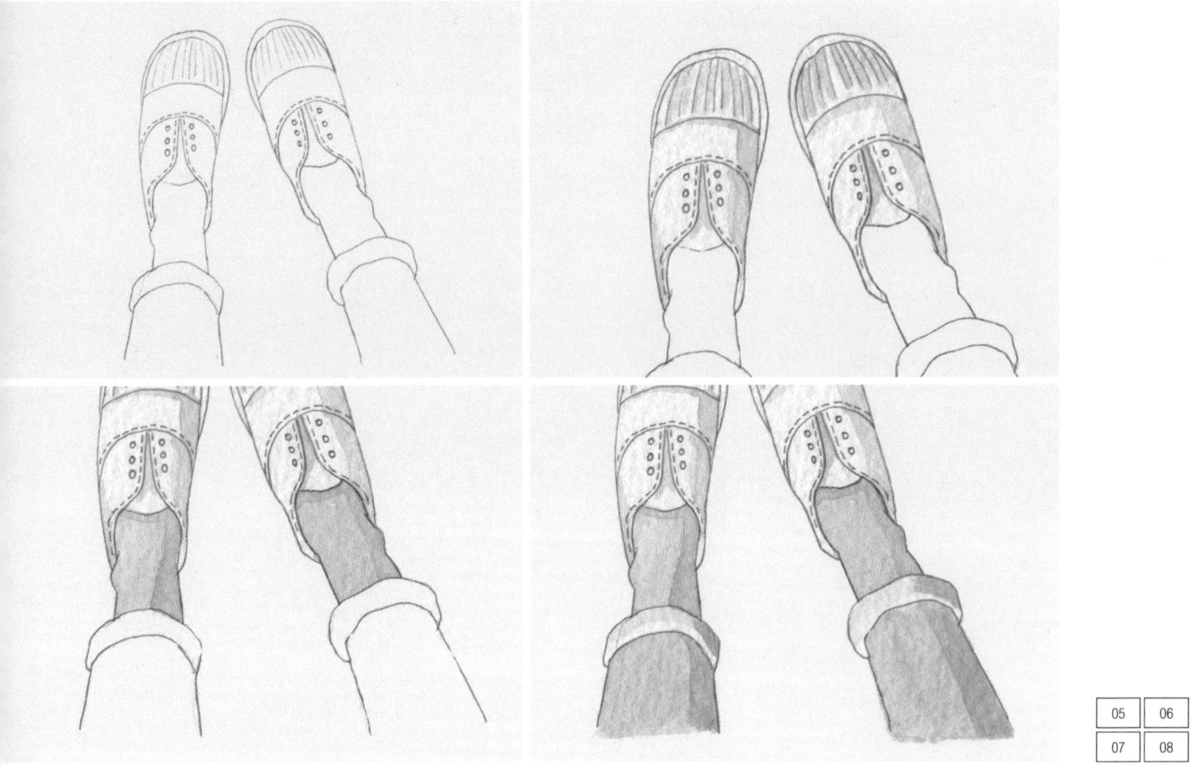


**05** 같은 방법으로 오른발도 그려 주세요. 스케치 완성.

**06** 흰색 신발에는 아주 연하게 발색한 검은색으로 음영만 넣어 줍니다. 앞코의 고무 부분에도 선을 따라 음영을 넣으면 올록볼록한 느낌이 살아납니다. 미젤로 미션 Ivory Black

**07** 노란색에 형광빛 분홍색을 섞으면 살색을 만들 수 있습니다. 연하게 발색한 살색으로 발목을 채색해 주세요. 물감이 마르면 같은 색으로 신발 혀와 맞닿는 부분과 발목 오른쪽 부분을 얇게 덧칠해 음영을 넣습니다. 신한 SWC Permanent Yellow Deep + 미젤로 미션 Bright Opera

**08** 연하게 발색한 파란색으로 바지를 채색합니다. 접어 올린 부분은 좀 더 연하게 발색해 2/3 정도만 가볍게 칠해 주세요. 바지와 같은 색에 남색을 조금 섞어 바지 오른쪽 부분에도 음영을 넣어 줍니다. 미젤로 미션 Peacock Blue, Indigo

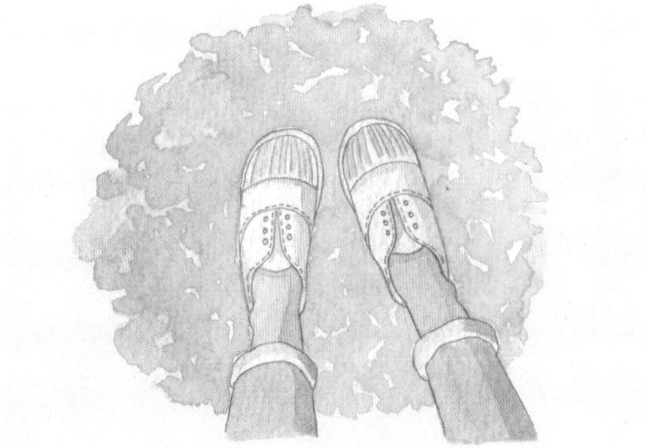

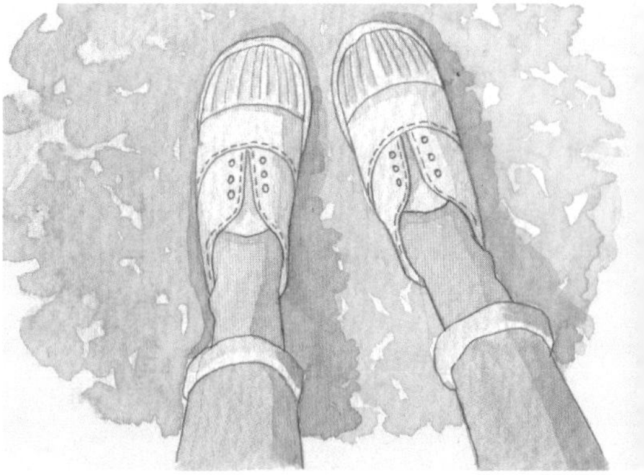

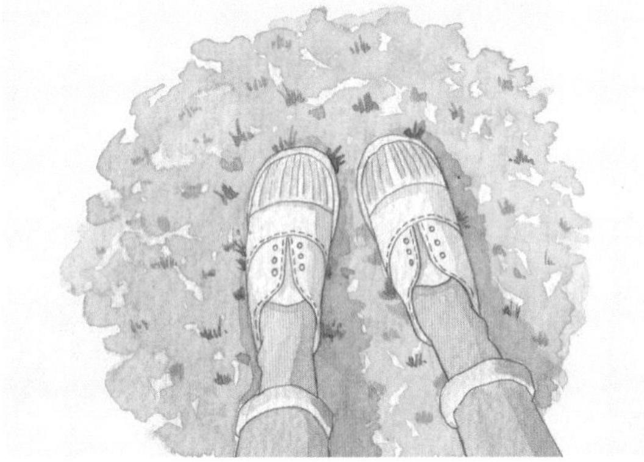

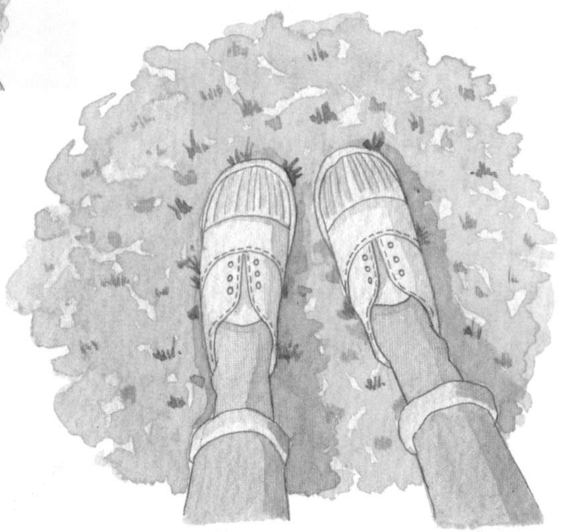

09 10
11

**09** 연두색으로 주변에 점을 콕콕 찍어 둥그런 모양으로 잔디밭을 채색합니다. 큰 붓을 사용하는 것이 좋습니다. 신한 SWC Leaf Green

**10** 연두색에 초록색을 조금 섞어 신발과 발목 주변에 그림자를 넣습니다. 오른쪽으로 그림자가 길게 지도록 칠해 주세요. 미젤로 미션 Green Grey

**11** 작은 붓으로 초록색에 연두색을 조금 섞어 잔디를 삐죽삐죽하게 그립니다. 잔디밭 위의 내 발 완성.

ㅇ 다섯번째

# 피크닉바구니

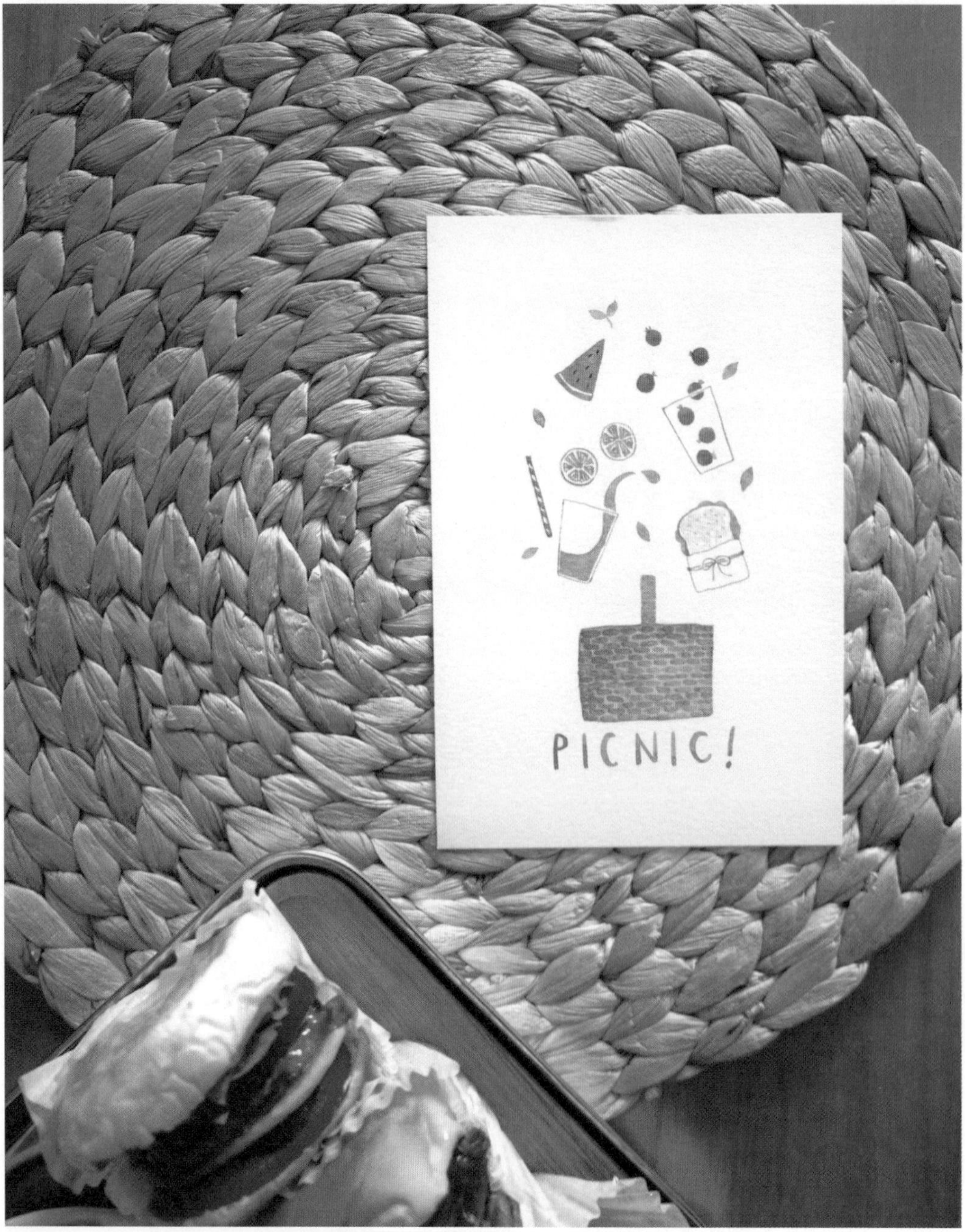

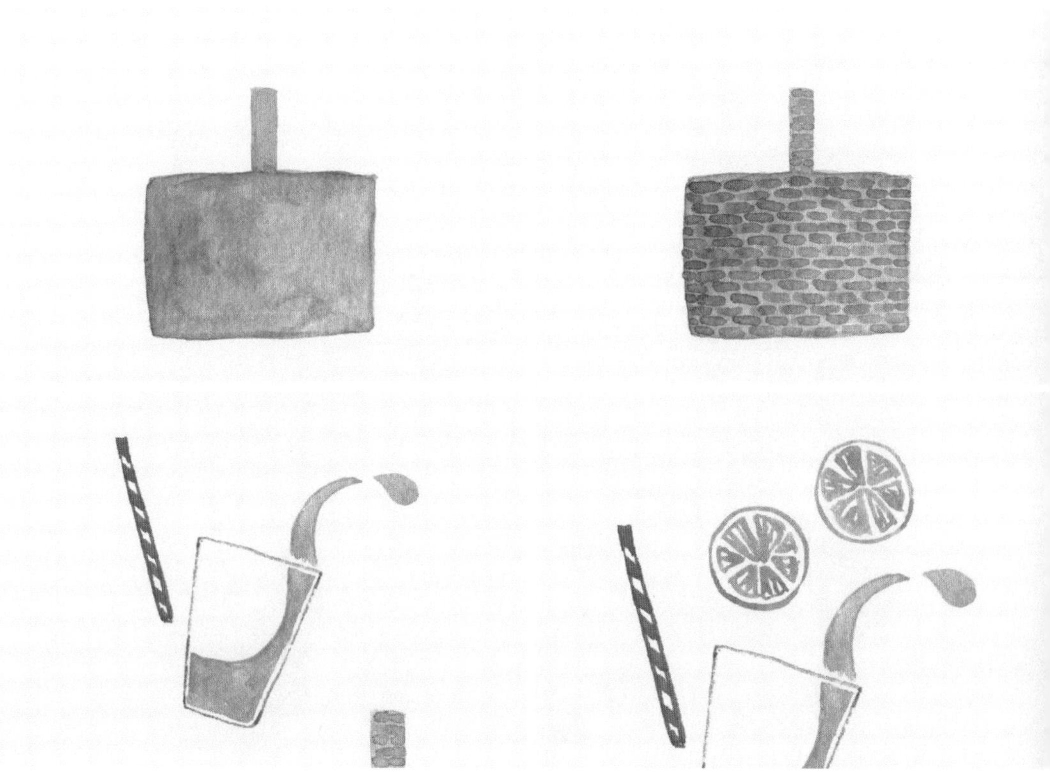

| 01 | 02 |
|---|---|
| 03 | 04 |

**01** 황토색에 붉은 갈색을 섞어 바구니를 그립니다. 직사각형을 그리고 그 위에 손잡이를 그려 주세요. 미젤로 미션 Raw Sienna + Red Brown

**02** 붉은 갈색을 조금 더 섞어 바구니의 짜임을 표현합니다. 도톰한 점선을 차곡차곡 쌓아서 그려 주세요.

**03** 연하게 발색한 검은색으로 컵을 그린 후 주황색으로 안쪽에 오렌지주스를 채웁니다. 오렌지주스는 밖으로 넘치는 모습으로 그려 주세요. 컵의 테두리와는 살짝 간격을 두고 채색합니다. 빨간색으로 빨대도 하나 그립니다. 미젤로 미션 Ivory Black, Yellow Orange, Permanent Red

**04** 주황색으로 컵 위쪽에 오렌지 슬라이스를 두 개 그립니다. 원을 그린 후 오렌지 과육의 단면은 삼각형으로 하나씩 그려 넣습니다. 삼각형 안쪽은 얼기설기 선으로 채워 과육의 알갱이를 표현해 주세요.

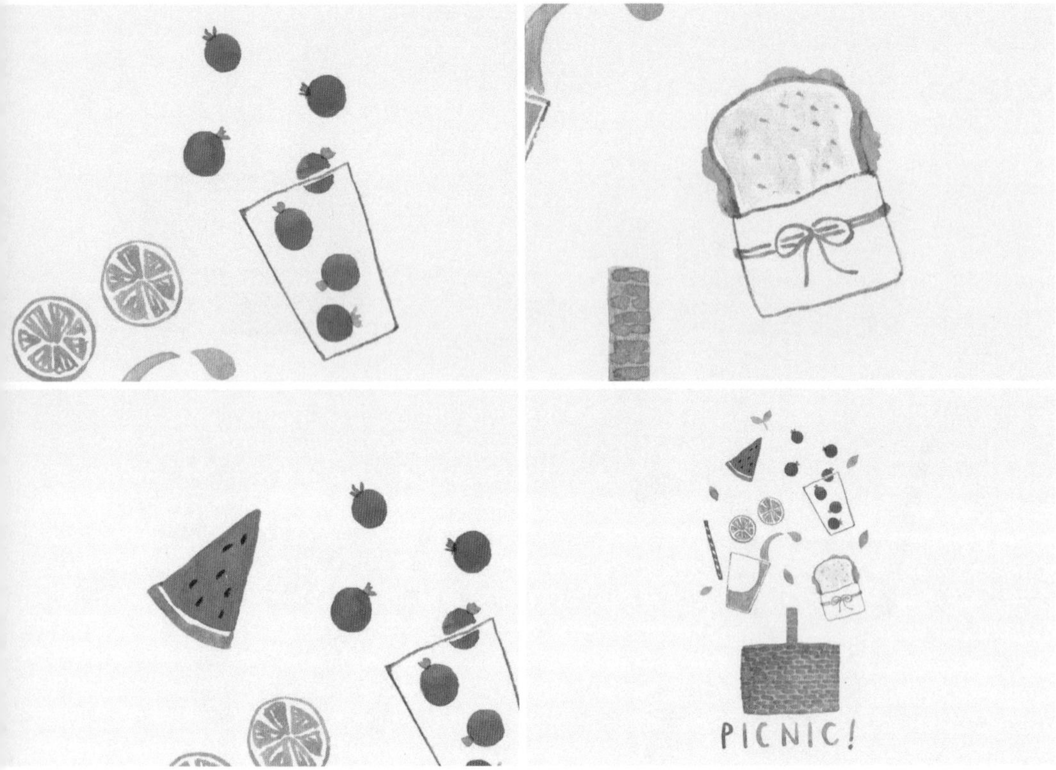


| | |
|---|---|
| 05 | 06 |
| 07 | 08 |

**05** 오렌지주스 오른쪽 상단에 다시 검은색으로 컵을 하나 그린 후 빨간색과 초록색으로 방울토마토를 여러 개 그려 주세요. 마찬가지로 컵 바깥쪽으로 튀어나오고 있는 모습을 그려 주세요.

미젤로 미션 Green Grey

**06** 식빵을 위쪽 반만 그려 볼게요. 황토색으로 식빵 위쪽의 테두리를 그리고 같은 색을 연하게 발색하여 안쪽을 가볍게 채색합니다. 물감이 마르면 황토색으로 안쪽에 듬성듬성 점을 찍어 주세요. 식빵 바깥쪽으로 튀어나온 상추를 연두색으로 그려 넣으면 샌드위치가 완성됩니다. 아래쪽에는 검은색으로 포장지의 테두리를 그린 후 황토색 리본을 그려 넣어 마무리합니다.

신한 SWC Leaf Green

**07** 빨간색으로 수박의 과육을 세모나게 그립니다. 아래쪽은 곡선 형태로 칠해 주세요. 과육과 간격을 두고 초록색으로 껍데기를 그린 후 검은색으로 길쭉하게 점을 찍어 씨를 그려 넣습니다.

**08** 초록색에 연두색을 조금 섞어 바구니 아래쪽에 'PICNIC!'이라고 써 주세요. 같은 색으로 위쪽 그림 주변에 잎사귀를 몇 개 그려 꾸며 줍니다. 피크닉바구니 완성.

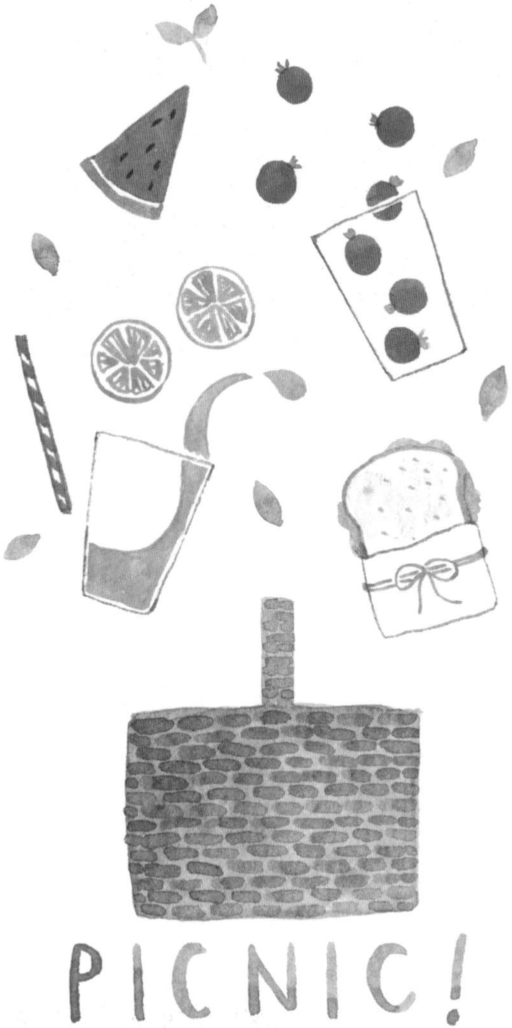
PICNIC!

○ 여섯번째

# 그림 그리는 내 손

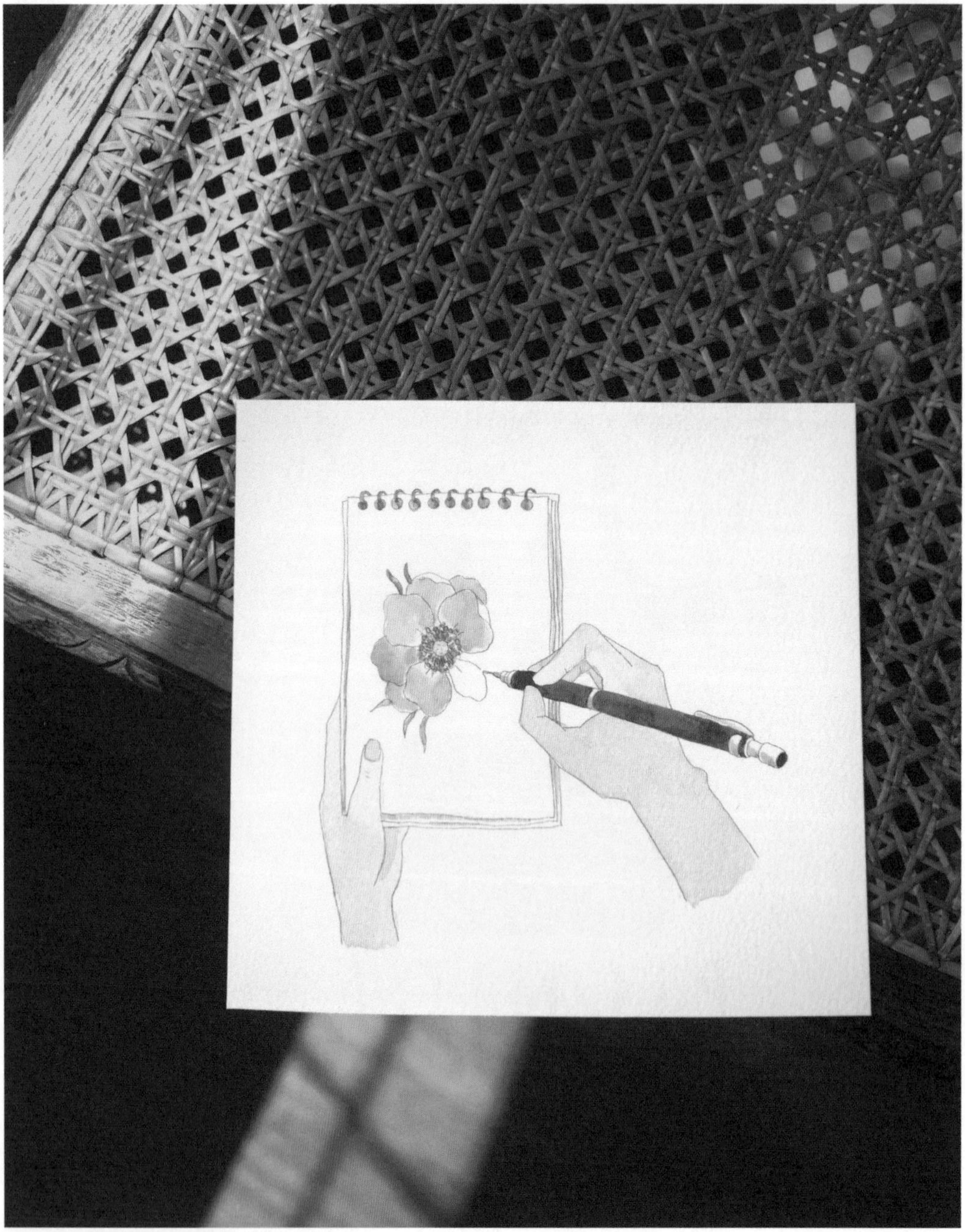

샤프(0.3mm)

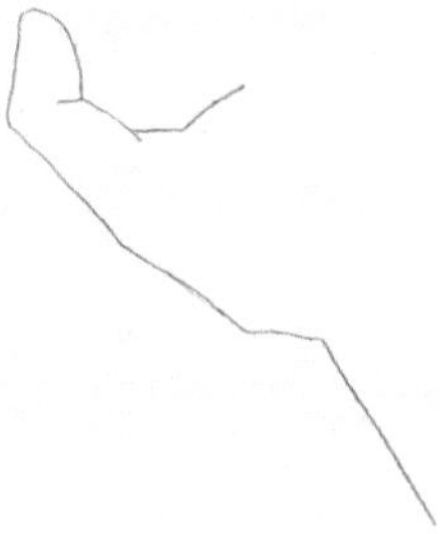

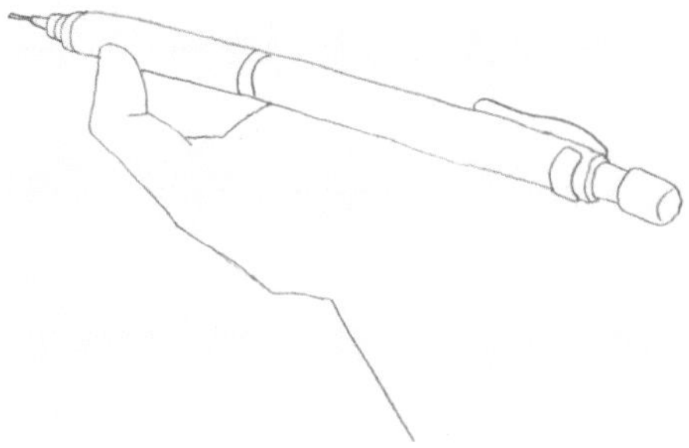

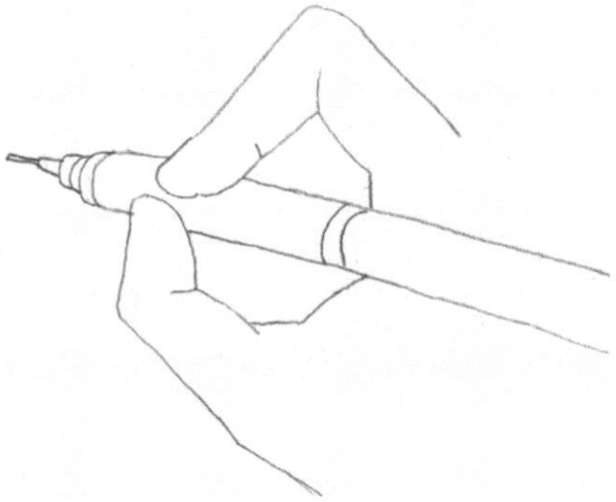

01 02
03

**01** 샤프를 잡은 내 손을 자세히 관찰하며 그립니다. 샤프로 엄지손가락을 그리고 손목까지 이어 주세요. 손가락에는 짧은 선을 넣어 마디마디를 세심히 표현합니다.

**02** 샤프를 그립니다. 엄지와 겹치는 부분은 생략하고 그려 주세요. 마찬가지로 가지고 있는 샤프를 관찰하며 그리면 더욱 좋습니다.

**03** 엄지와 거의 맞닿도록 검지손가락을 그려 주세요. 검지와 샤프가 겹치는 부분은 샤프의 스케치 선을 지웁니다.

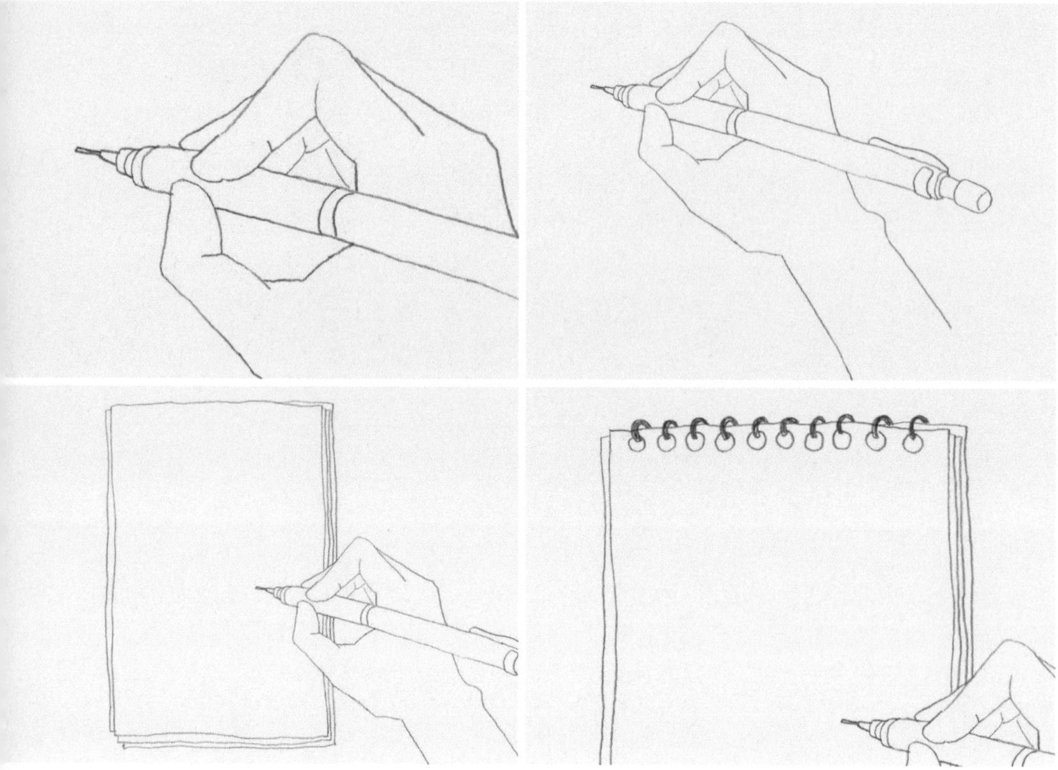

04 05
06 07

**04** 검지 뒤쪽으로 중지손가락의 끝부분이 살짝 보이도록 그리고, 검지손가락 뒤로 가려져 손등까지 이어지도록 그려 주세요. 약지와 새끼손가락은 검지 안쪽으로 살짝만 보이게 그립니다.

**05** 손등과 이어지도록 손목을 그립니다. 돌출되어 있는 손목뼈 부분도 묘사해 주세요.

**06** 스케치북을 그려 볼게요. 먼저 종이가 여러 장 겹쳐 있는 모습을 그립니다. 맨 앞 장을 직사각형으로 그린 후 뒤쪽으로 테두리 부분만 살짝씩 보이도록 그려 주세요.

**07** 스케치북 위쪽에 스프링 구멍을 10개 정도 그립니다. 구멍의 윗부분에 한쪽으로 보이는 스프링도 나란히 그려 주세요. 스프링은 테두리 안쪽을 까맣게 칠하면서 그립니다.

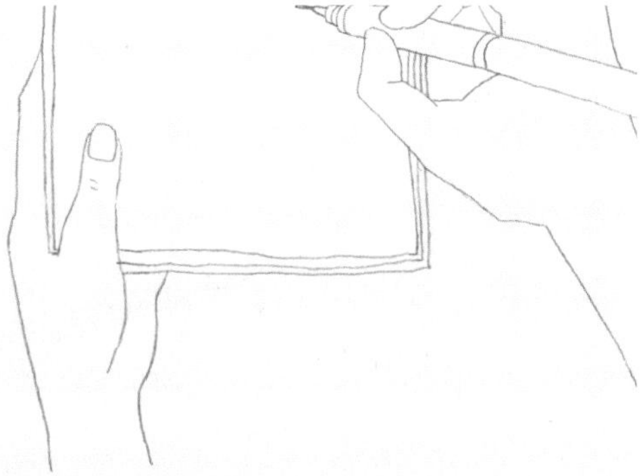

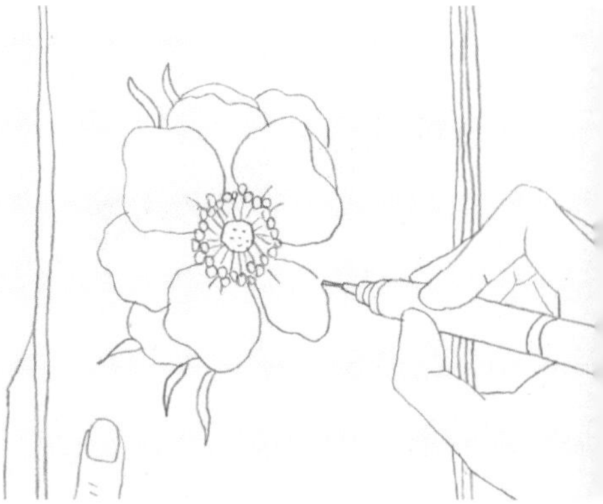

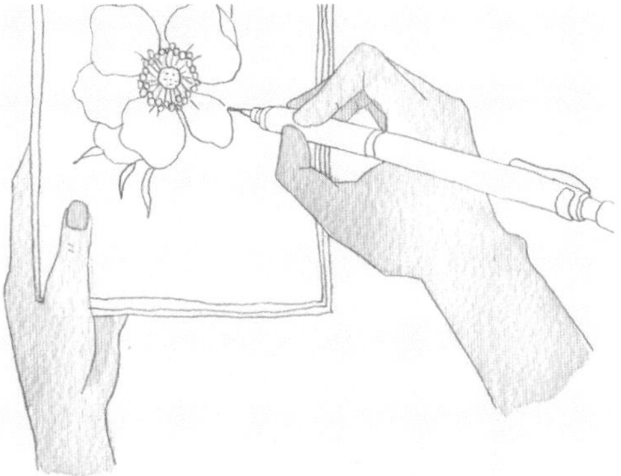

08 09
10

**08** 스케치북의 왼쪽 하단을 살짝 지우고 왼손을 그립니다. 엄지손가락을 먼저 그린 후 검지부터 이어지는 손등과 새끼손가락에서 손목까지 이어지는 선을 그려 주세요.

**09** 스케치북에는 그리고 싶은 것을 마음대로 그려 주세요. 저는 아네모네를 그렸어요. 스케치 완성.

**10** 노란색과 형광빛 분홍색을 섞어 살색을 만듭니다. 연하게 발색한 살색으로 손을 한 번 채색합니다. 물감이 마르면 왼손의 엄지손톱과 엄지 뒤쪽의 손바닥 부분을 덧칠합니다. 오른손은 중지와 약지를 한 번씩 덧칠해 주세요. 색이 중첩되어 자연스럽게 음영이 표현됩니다.

신한 SWC Permanent Yellow Deep + 미젤로 미션 Bright Opera

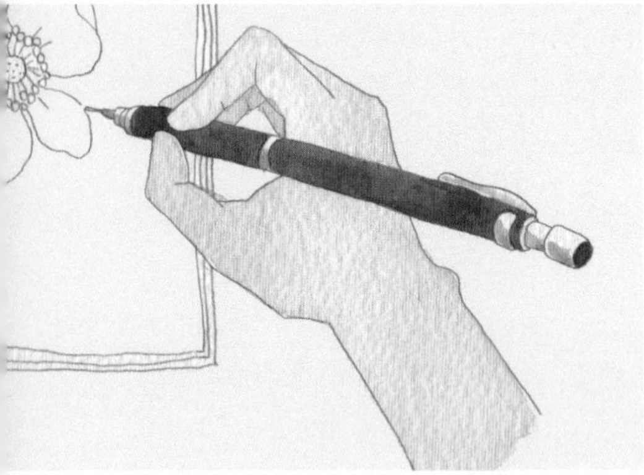

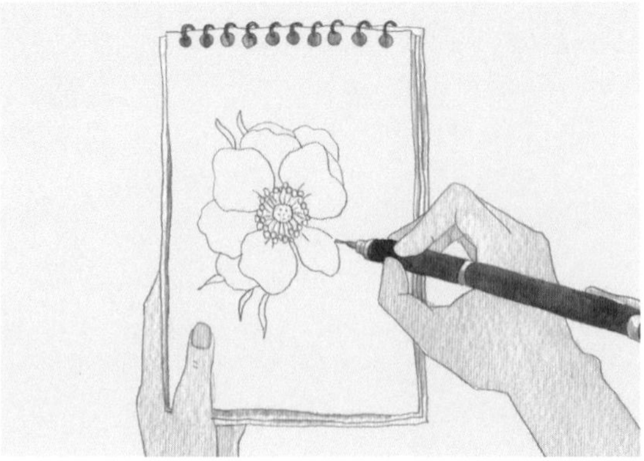

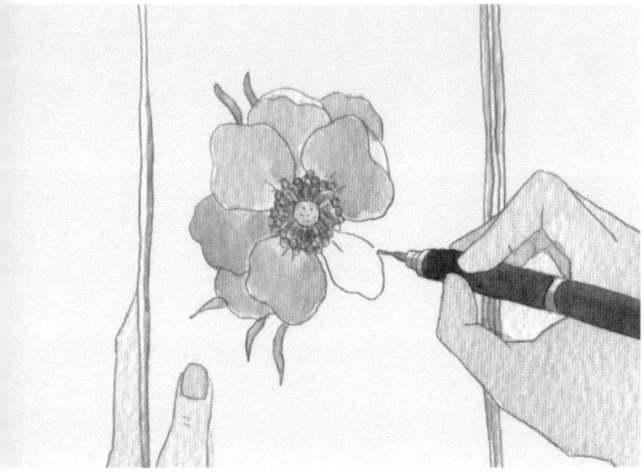

| | |
|---|---|
| 11 | 12 |
| 13 | |

**11** 샤프는 붉은 갈색으로 채색합니다. 샤프의 머리와 중간중간의 금속 부분은 연하게 발색한 검은색으로 한쪽에 음영만 살짝 넣어 주세요. 미젤로 미션 Red Brown, Ivory Black

**12** 같은 색으로 스케치북 위쪽의 구멍을 채색합니다. 종이가 겹쳐 있는 스케치북 옆면과 아랫면도 사이사이를 얇게 칠해 음영을 살짝만 넣어 주세요.

**13** 스케치북에 그린 아네모네는 분홍색과 연두색으로 간단히 채색합니다. 그림 그리는 내 손 완성.

신한 SWC Shell Pink, Leaf Green

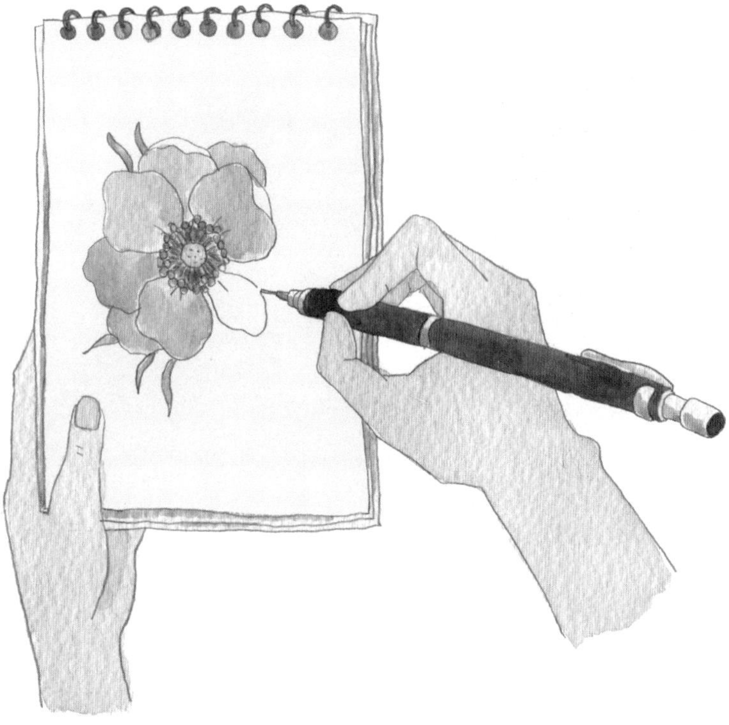

ㅇ 일곱번째

# 풀숲과 벤치

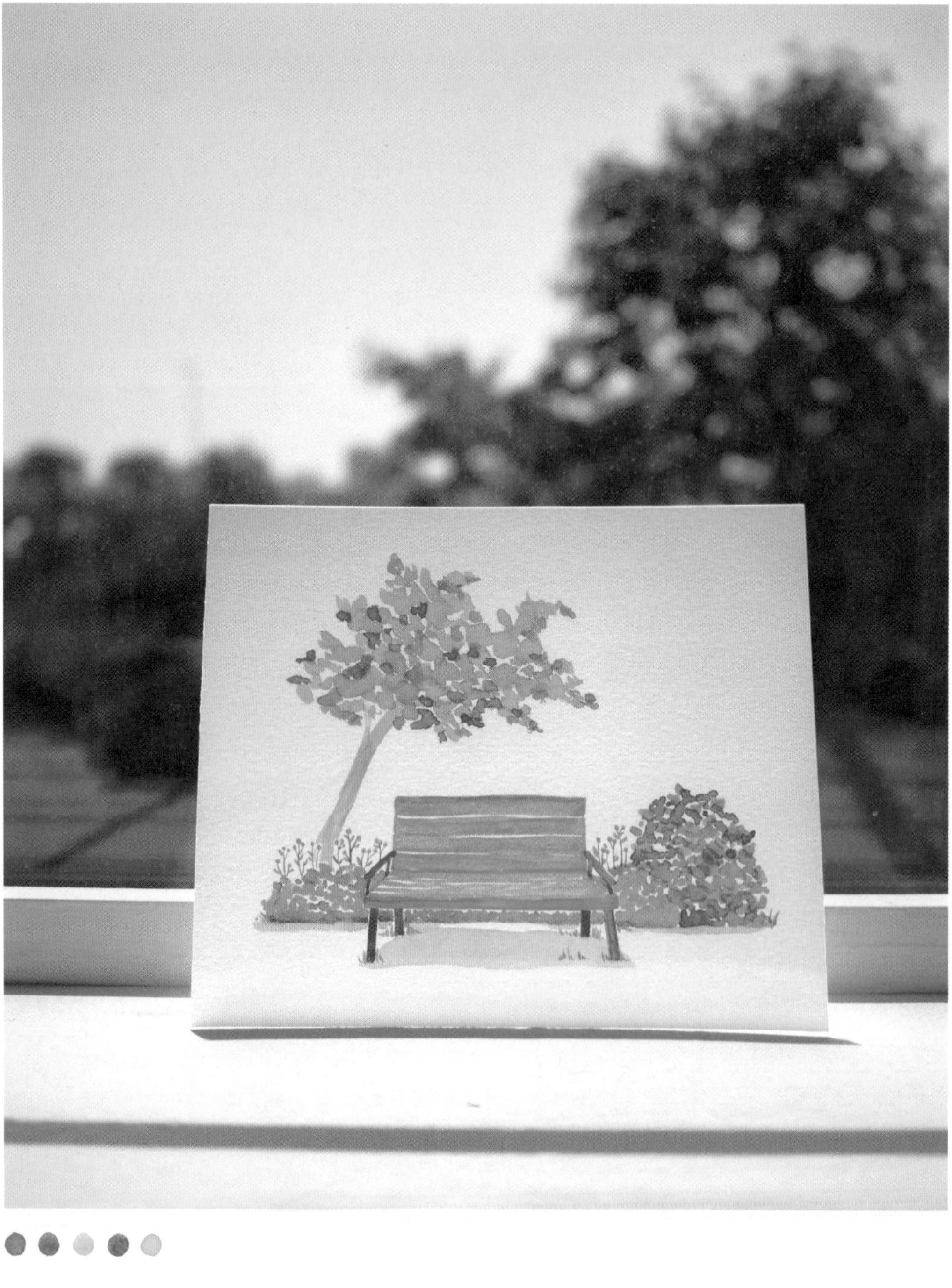

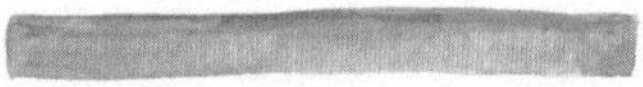

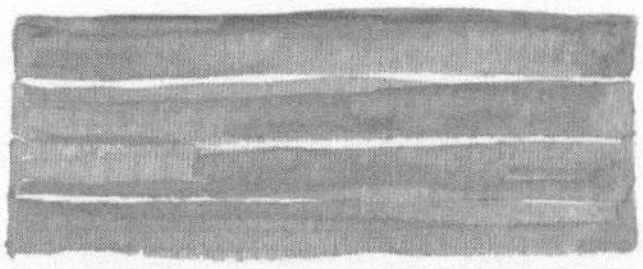

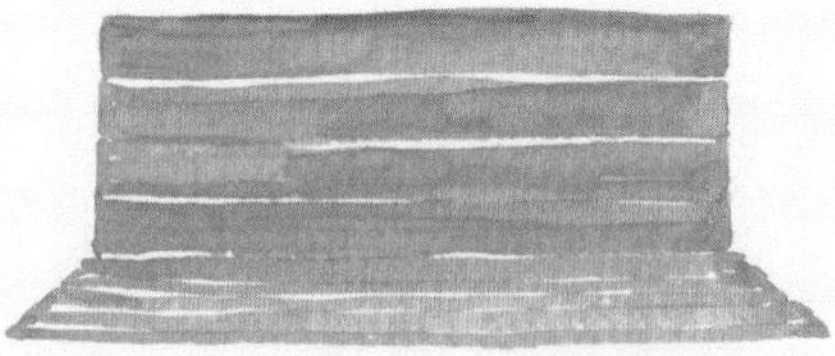

01 02
03

**01** 황토색으로 직사각형을 가로로 길게 그립니다. 미젤로 미션 Raw Sienna

**02** 같은 방법으로 직사각형을 세 개 더 그려 주세요. 사이사이에 미세하게 틈을 남겨 두고 그립니다.

**03** 벤치의 좌판은 가로선을 여러 개 그어 표현합니다. 전체적으로 사다리꼴 형태가 되도록 그려 주세요. 가로선을 다 그린 후에는 좌판 양옆에 선을 넣어 테두리를 만듭니다.

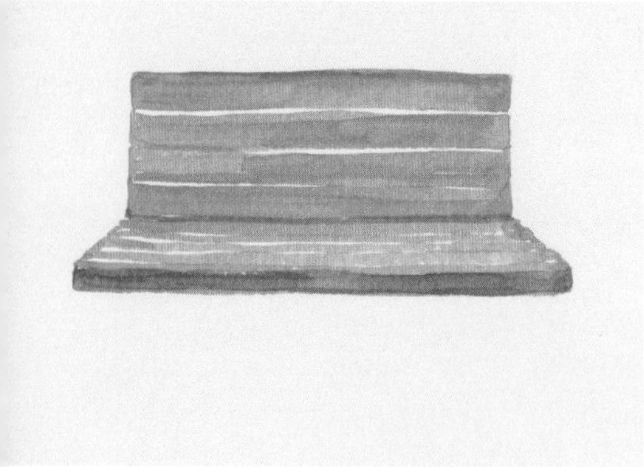

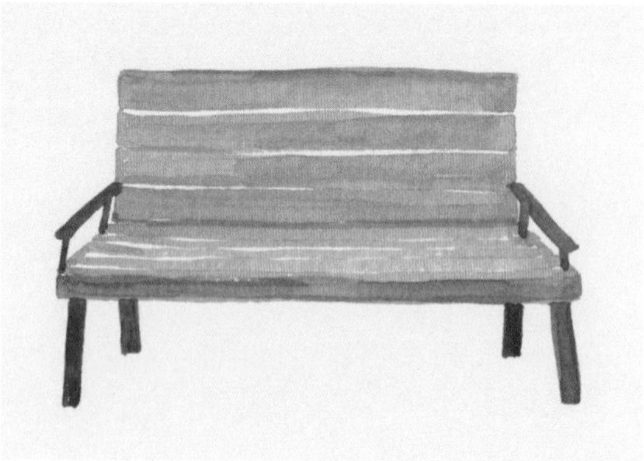

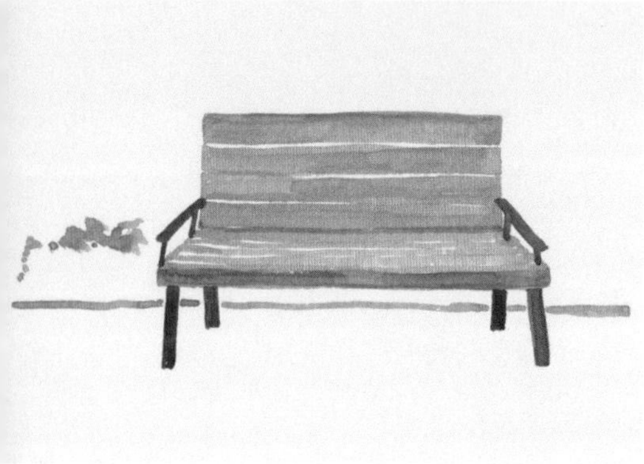

| 04 | 05 |
|---|---|
| 06 | |

**04** 황토색에 갈색을 조금 섞어 좌판의 두께 부분을 그립니다. 같은 색으로 좌판과 등받이 사이에 선을 덧그어 분리되어 보이도록 해 주세요. 미젤로 미션 Van Dyke Brown

**05** 갈색으로 벤치의 다리와 팔걸이를 그립니다.

**06** 연두색에 초록색을 조금 섞어 벤치 뒤쪽으로 풀숲을 그릴게요. 먼저 벤치 다리 뒤쪽으로 가로 선을 그은 후 그 위쪽에 점을 곡곡 찍어 소복하게 그려 나갑니다.

신한 SWC Leaf Green + 미젤로 미션 Green Grey

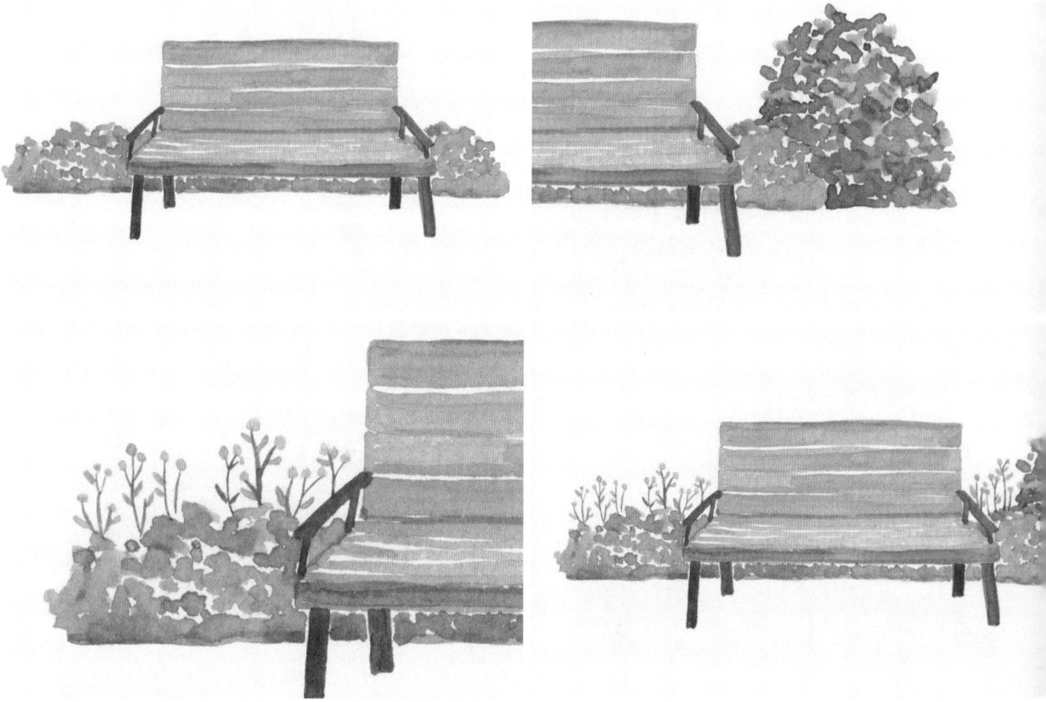

| | |
|---|---|
| 07 | 08 |
| 09 | 10 |

**07** 계속해서 풀숲을 그려 주세요. 적당히 울퉁불퉁한 모양으로 마무리합니다.

**08** 풀숲 오른쪽에 좀 더 키가 큰 풀숲을 봉긋하게 하나 더 그립니다. 초록색으로 먼저 점을 콕콕 찍어 풀숲의 형태를 만들어 주세요. 아래쪽은 촘촘하게, 위쪽은 듬성듬성 찍습니다. 물감이 마르기 전에 위쪽의 빈 공간에 노란색으로 점을 콕콕 찍어 노란 꽃을 표현해 주세요.

신한 SWC Permanent Yellow Deep

**09** 앞서 그린 풀숲 위쪽으로 작은 들꽃을 그려 주세요. 초록색으로 줄기부터 그린 후 노란색으로 동글동글하게 점을 찍어 꽃을 표현합니다.

**10** 벤치 오른쪽의 풀숲 위에도 같은 방법으로 들꽃을 그립니다.

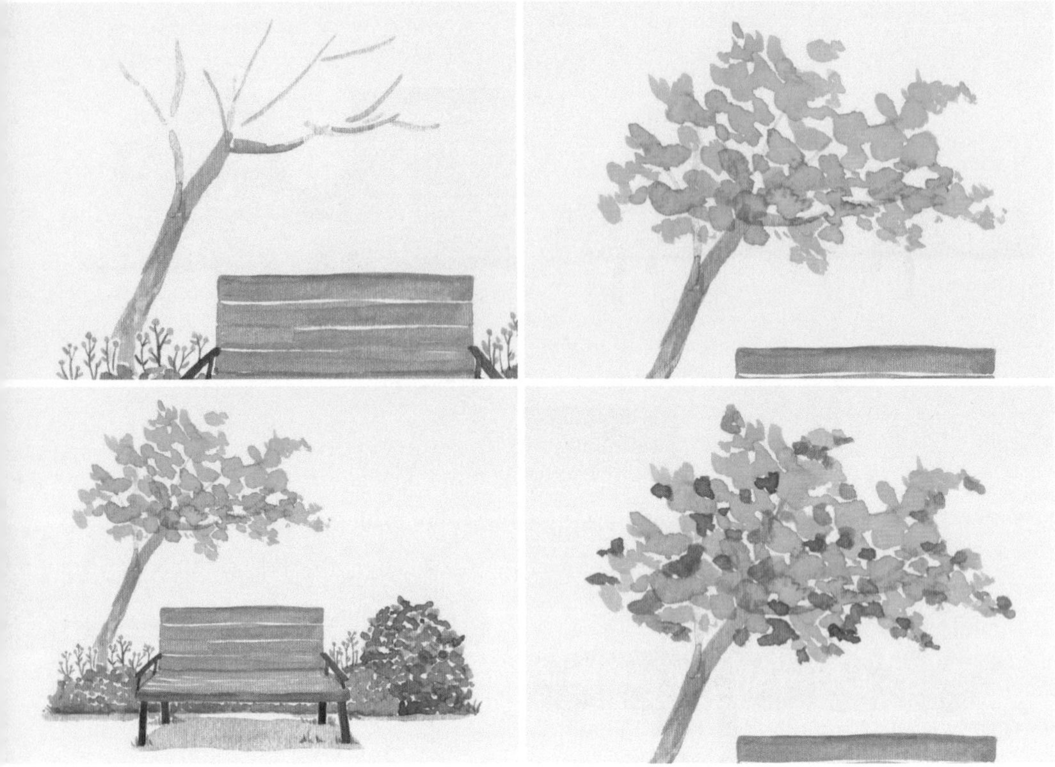

| | |
|---|---|
| 11 | 12 |
| 13 | 14 |

**11** 연하게 발색한 갈색으로 풀숲 왼쪽 상단에 오른쪽으로 기울어진 나무를 그려 주세요. 나뭇가지는 좀 더 연하게 그립니다.

**12** 연두색으로 점을 콕콕 찍어 나뭇잎을 그립니다. 나뭇가지에 살을 붙이듯 그려 주세요.

**13** 연하게 발색한 갈색으로 벤치와 풀숲에 그림자를 넣어 주세요. 벤치의 다리 주변에는 초록색으로 작은 풀들도 몇 가닥씩 그려 넣습니다.

**14** 연두색에 초록색을 섞어 나뭇잎 사이사이의 빈 공간에 점을 콕콕 찍어 주세요. 풀숲과 벤치 완성.

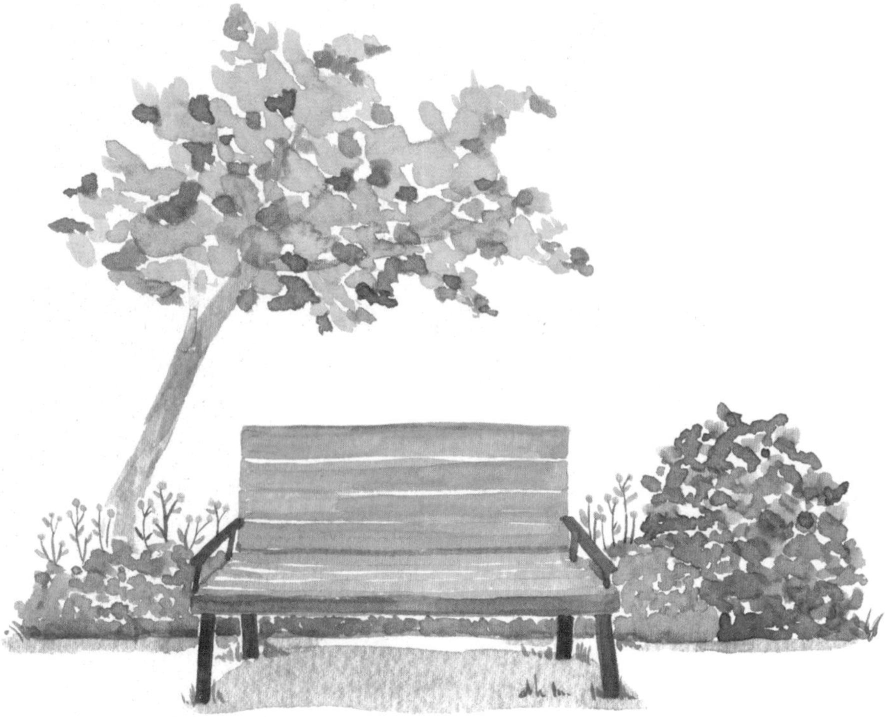

ㅇ 여덟번째

# 경복궁 처마

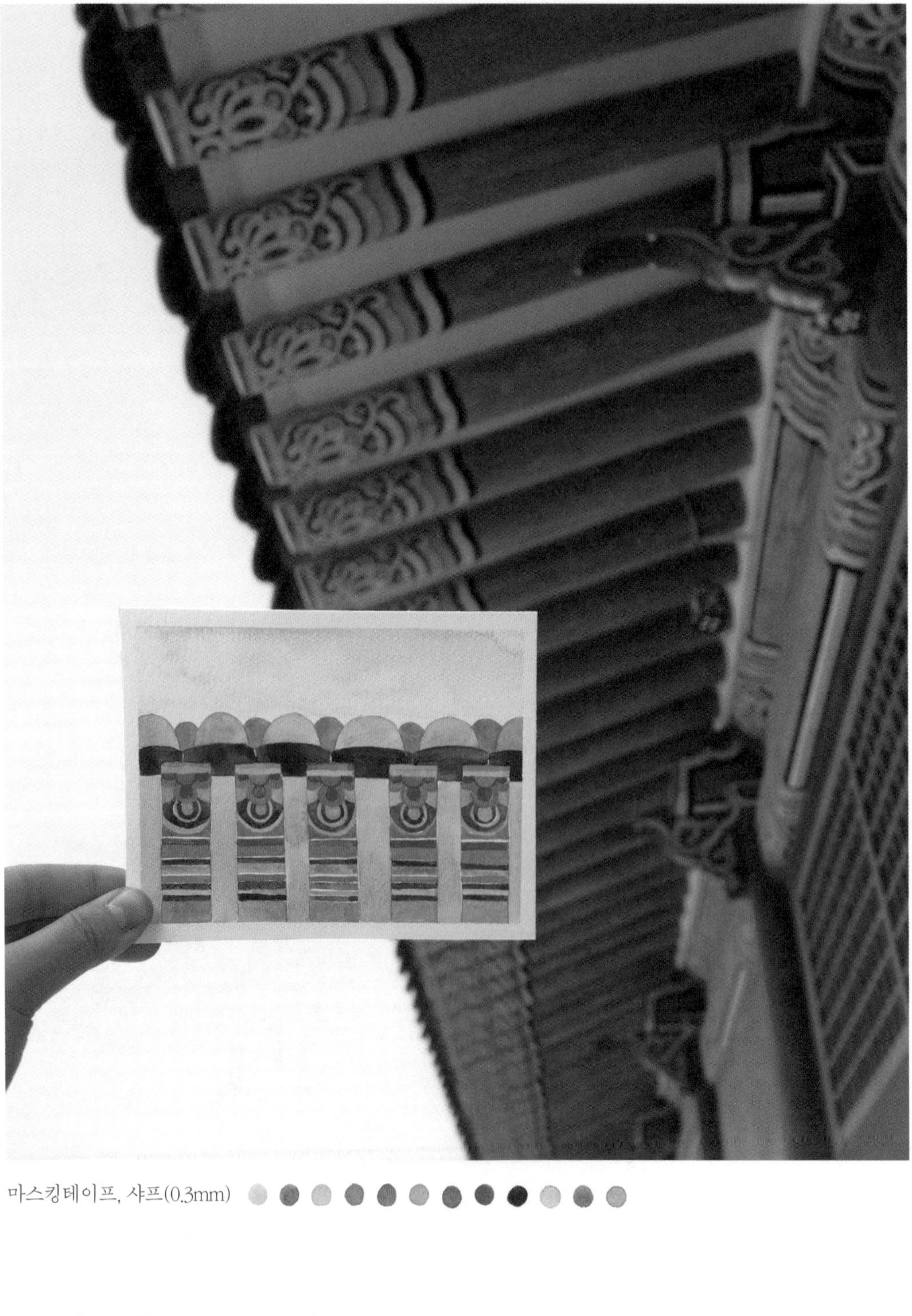

마스킹테이프, 샤프(0.3mm)

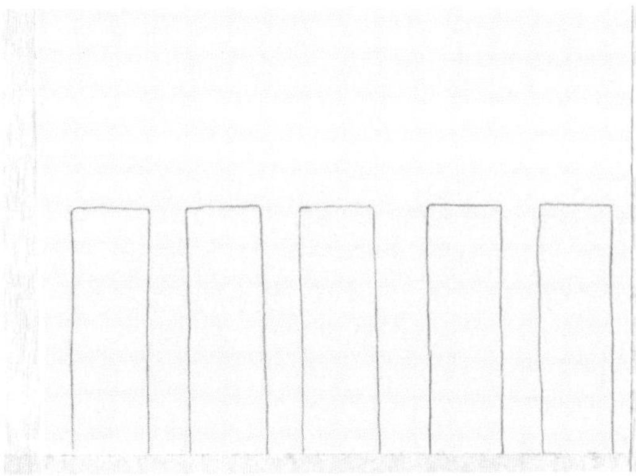

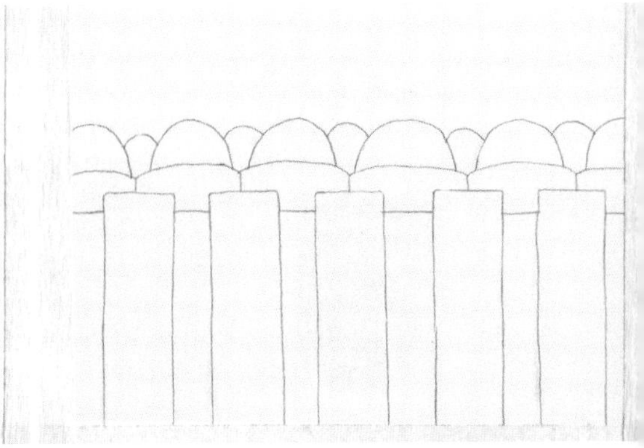

01
02 03

**01** 마스킹테이프를 붙여 가로로 긴 직사각형 모양을 만듭니다.

**02** 아래쪽에서 올려다본 처마의 단청을 그릴 거예요. 샤프로 아래쪽에 길쭉한 직사각형 다섯 개를 일정한 간격으로 그립니다. 마스킹테이프와 맞닿는 아래쪽의 선은 생략하고 그려 주세요.

**03** 직사각형 사이사이 직사각형보다 조금 낮은 위치에 가로선을 하나씩 긋고, 그 위쪽으로 기와를 그립니다.

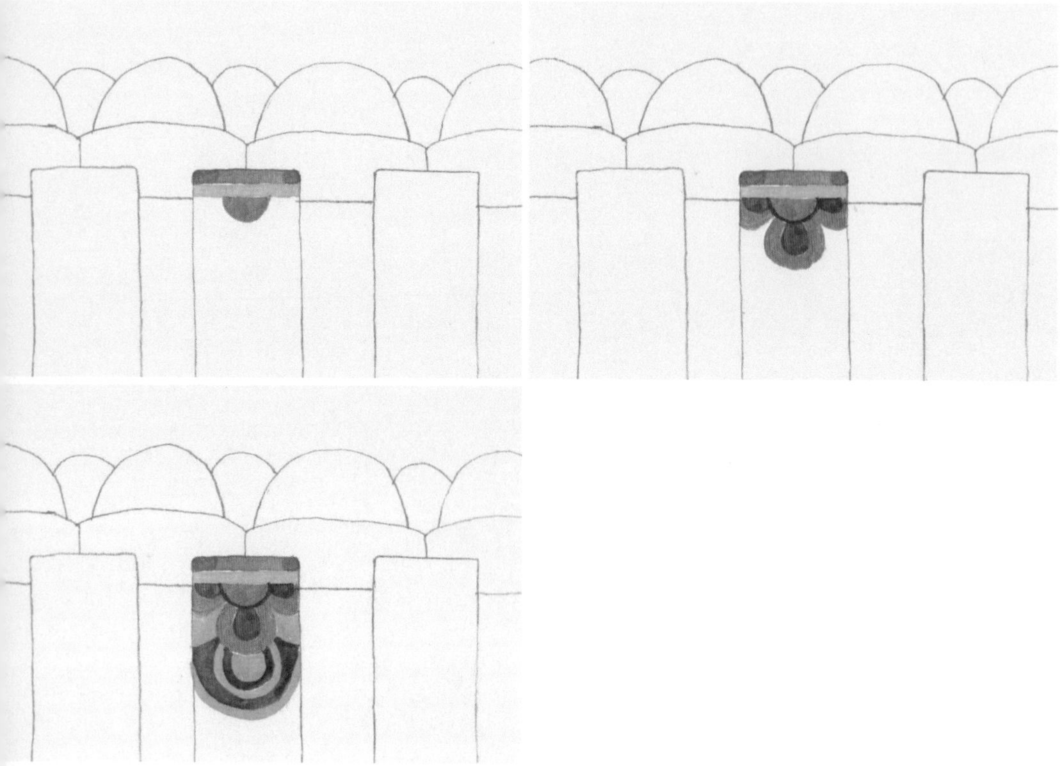

04 05
06

**04** 중앙의 단청부터 채색합니다. 연두색과 초록색을 섞어 한 줄, 그 아래에 멜론색으로 한 줄을 칠하고 그 아래에는 황토색으로 중앙에 반원을 그려 주세요.

신한 SWC Leaf Green + 미젤로 미션 Green Grey, 미젤로 미션 Melon Green, Raw Sienna

**05** 반원에 빨간색으로 얇게 테두리를 그린 후 양옆과 중앙에 꽃잎 모양을 하나씩 그려 주세요. 주황색으로 꽃잎 모양을 빙 둘러 두툼하게 채색합니다. 미젤로 미션 Permanent Red, Yellow Orange

**06** 중앙의 꽃잎 모양 양쪽을 멜론색으로 칠하고 아래쪽 중앙에 다시 넓적한 꽃잎 모양을 하나 그립니다. 꽃잎 모양 바깥쪽으로 간격을 적당히 두고 빙 둘러 일정한 두께로 채색합니다. 그 바깥쪽에도 간격을 두고 이번에는 좀 더 완만한 곡선을 하나 그려 주세요. 멜론색으로 칠한 무늬의 사이사이는 초록색으로 채색합니다.

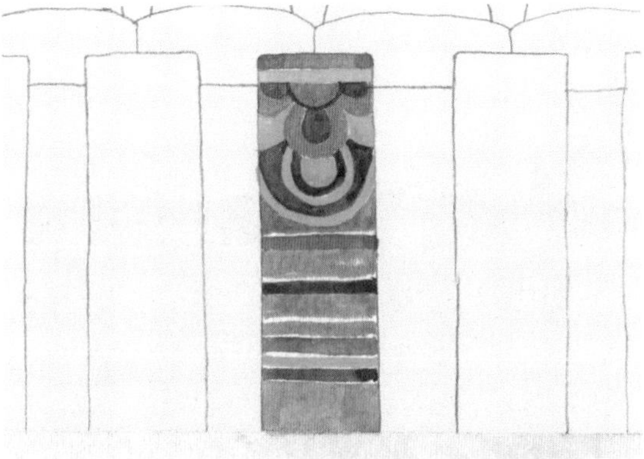

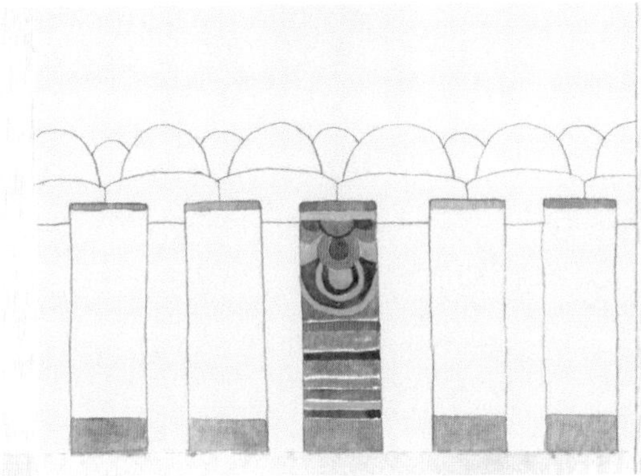

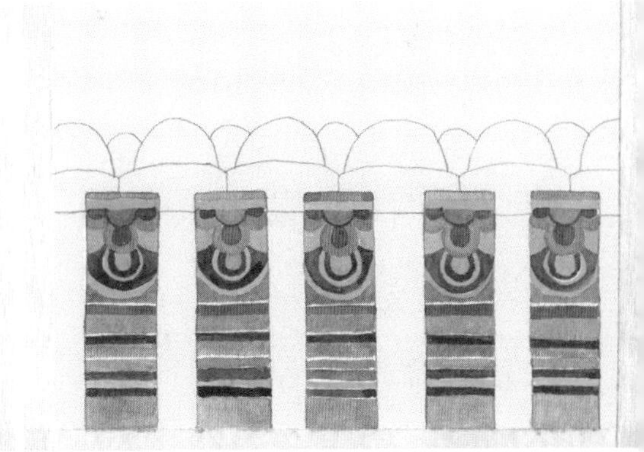

07
08 09

**07** 그 아래쪽을 그림과 같이 황토색으로 칠한 후 얇게 간격을 두고 차례대로 채색해 나갑니다. 빨간색과 주황색, 얇게 간격을 두고 남색과 군청색, 그다음부터는 색을 바꿀 때마다 얇게 간격을 두고 주황색, 초록색, 멜론색, 검은색, 연두색과 초록색을 섞은 색으로 그림과 같이 다양한 두께로 한 줄씩 칠해 주세요. 미젤로 미션 Indigo, Ultramarine Deep, Ivory Black

**08** 나머지 네 개의 단청도 동일하게 채색합니다. 같은 색은 한꺼번에 같이 칠하는 것이 좋아요.

**09** 단청을 완성했습니다.

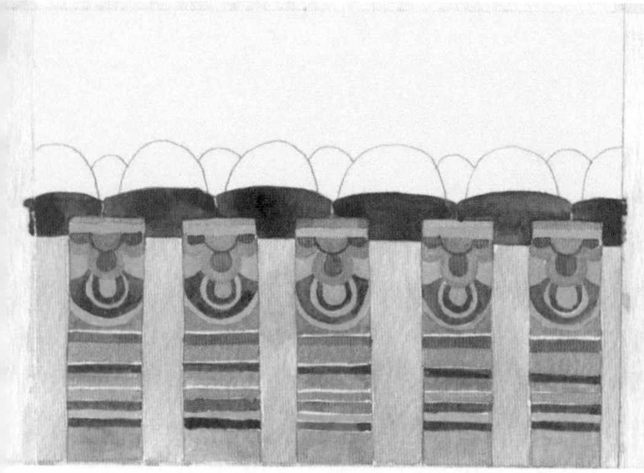

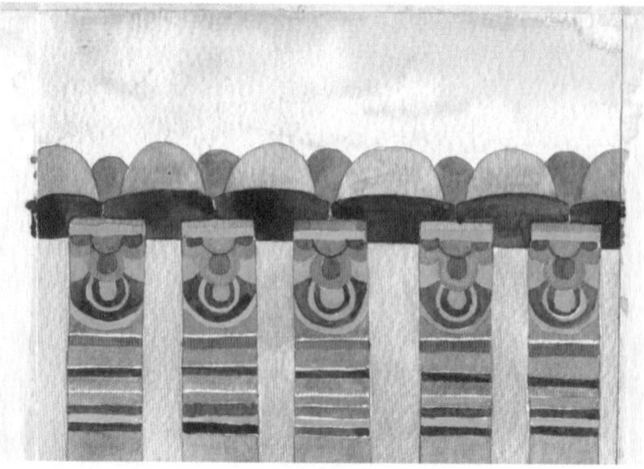

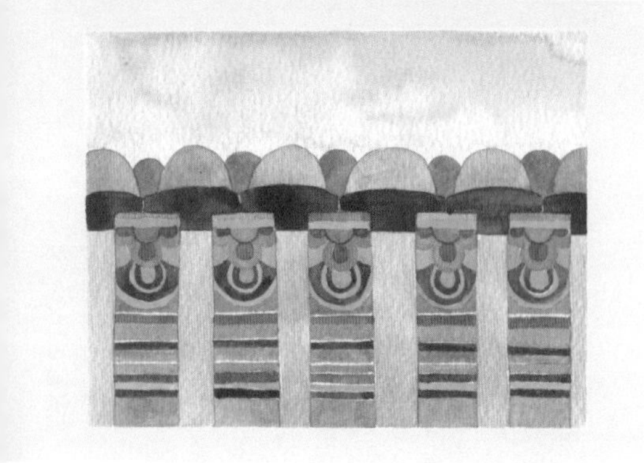

10 11
12

**10** 황토색에 연한 회색을 섞어 단청 사이사이를 채색하고, 바로 위쪽의 기와는 갈색으로 칠해 주세요. 기와 사이사이에 미세하게 틈을 두고 칠하는 것이 좋습니다.

미젤로 미션 Grey of Grey, Van Dyke Brown

**11** 위쪽의 둥그런 기와는 연하게 발색한 검은색으로 채색하고, 그 사이사이로 보이는 기와는 좀 더 진하게 발색하여 칠해 주세요. 민트색으로 하늘도 가볍게 채색합니다. 맨 위쪽을 진하게 칠한 후 깨끗이 씻은 붓으로 물감을 아래쪽으로 풀어 주세요. 미젤로 미션 Compose Blue

**12** 마스킹테이프를 제거합니다. 경복궁 처마 완성.

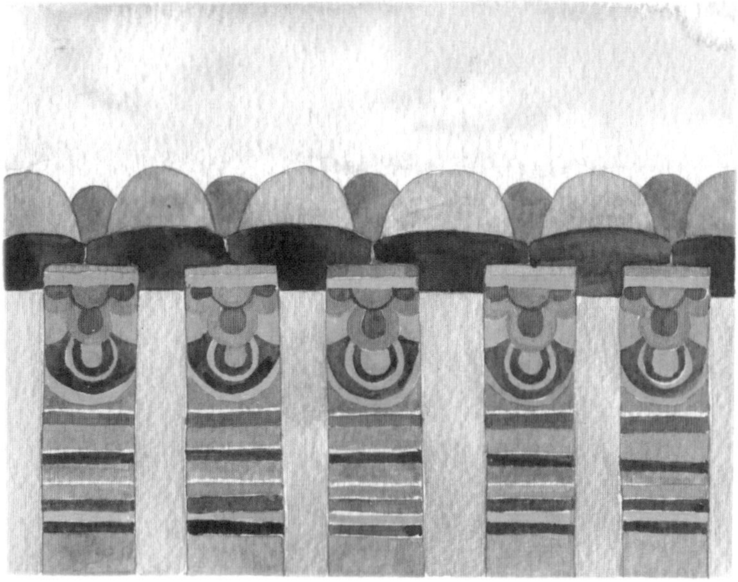

○

# 5

# 여행지에서

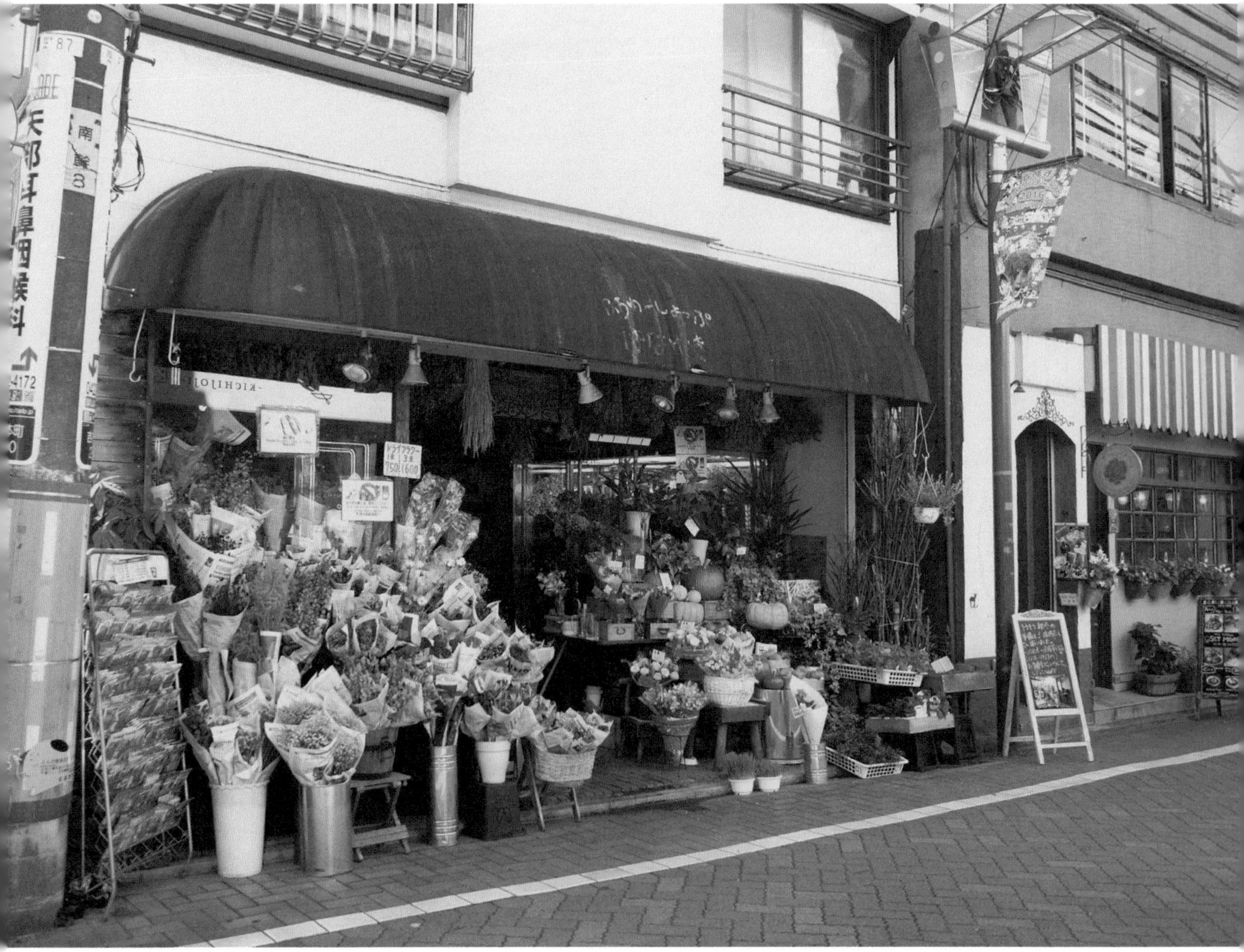

1일 1그림

ㅇ
첫
번
째

# 여행그림 준비물

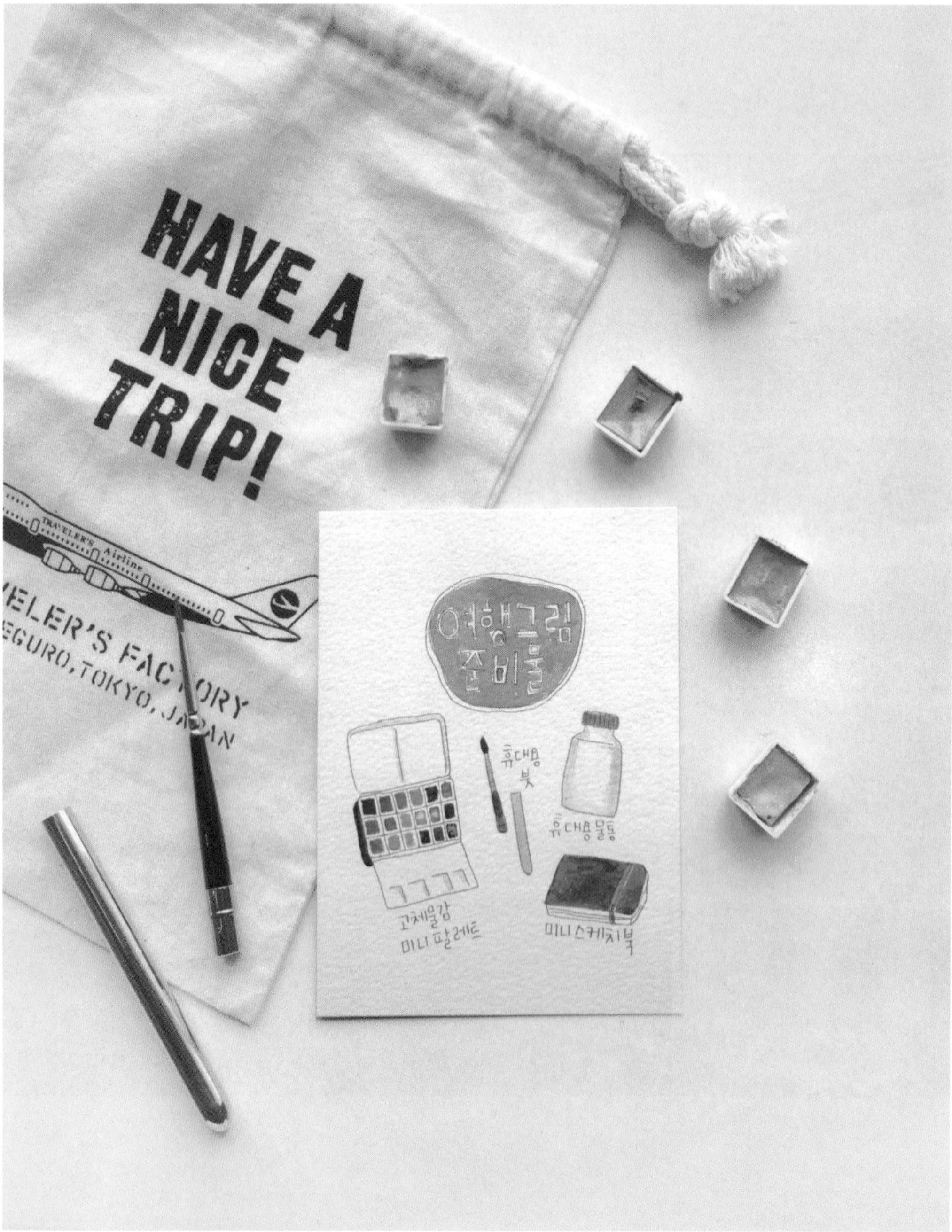


샤프(0.3mm)

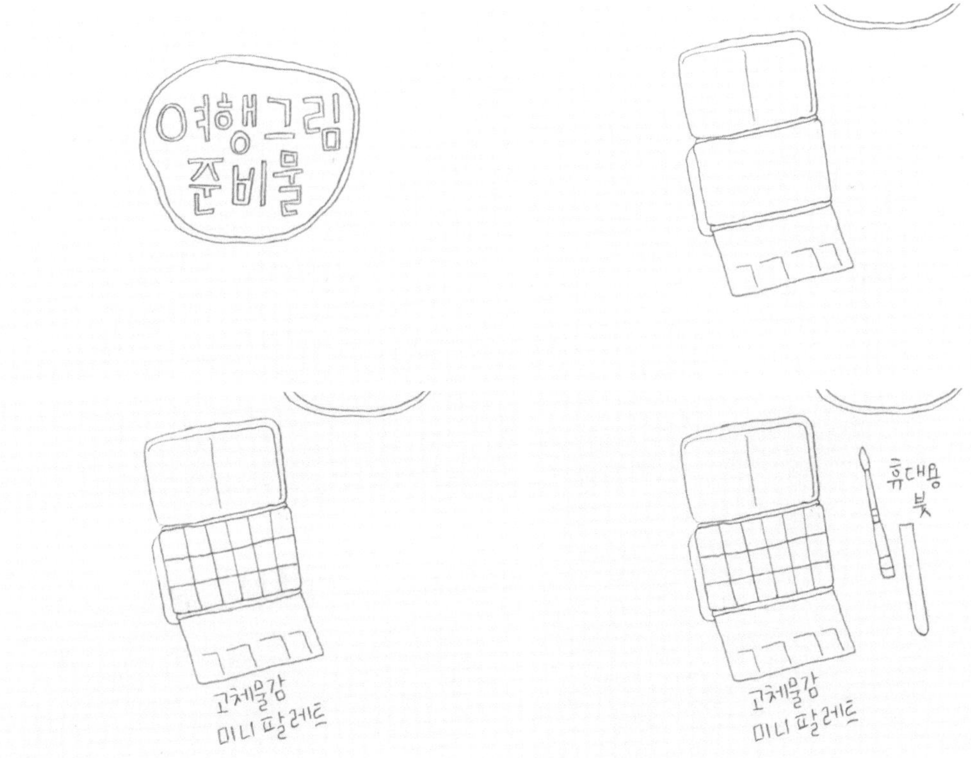


01 02
03 04

**01** 샤프로 '여행그림 준비물'이라고 먼저 써 볼게요. 안쪽은 여백으로 비어 있는 테두리글자로 그려 주세요. 테두리글자 바깥에도 비슷한 두께로 둥그렇게 원의 테두리를 그립니다.

**02** 미니팔레트를 그립니다. 위쪽의 뚜껑은 중앙에 선을 넣어 두 부분으로 나눕니다. 그 아래쪽은 고체물감이 들어가는 부분으로, 두께를 적당히 표현해 주세요. 맨 아래에 열려 있는 부분은 조색할 수 있는 부분으로, 네 개의 홈을 'ㄱ' 자 모양으로 만들어 주세요.

**03** 고체물감이 들어가는 부분에 격자 모양으로 줄을 그어 칸을 나눕니다. 그림 아래쪽에 '고체물감 미니팔레트'라고 적어 주세요.

**04** 뾰족하게 붓촉을 그린 후 금속 부분과 붓대를 짧게 그립니다. 뚜껑도 오른쪽에 따로 그려 주세요. 그림 옆으로 '휴대용 붓'이라고 씁니다.

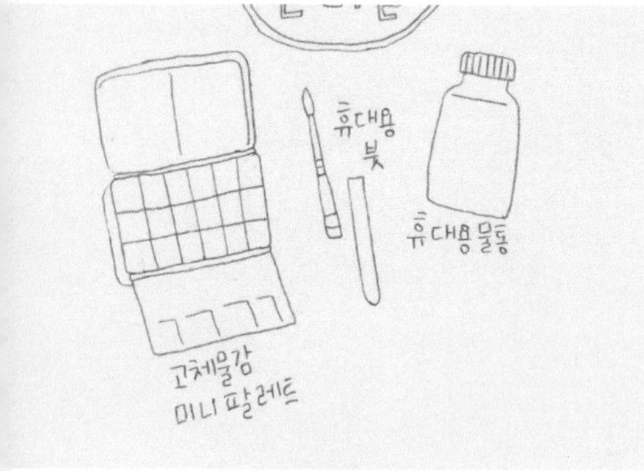


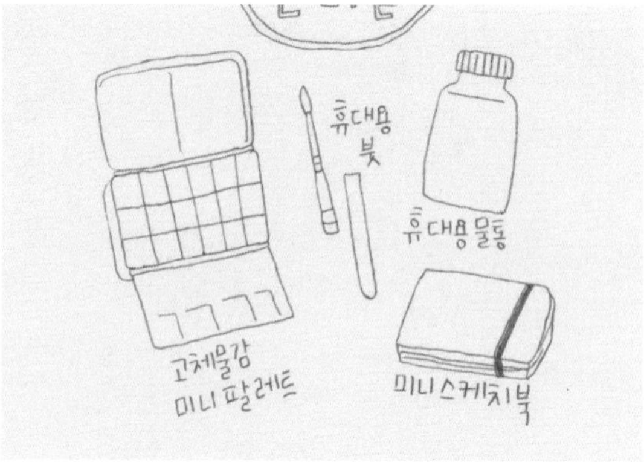


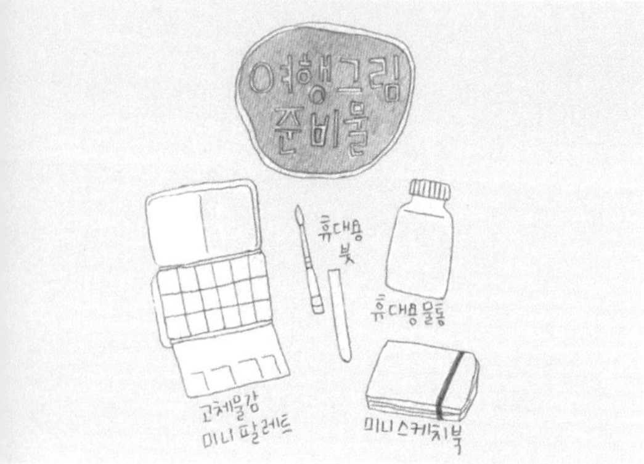


| 05 | 06 |
|---|---|
| 07 | |

**05** 뚜껑이 있는 플라스틱병을 하나 그립니다. 아래쪽에 '휴대용 물통'이라고 써 주세요.

**06** 휴대용 스케치북도 그려 봅니다. 직사각형으로 겉표지부터 그린 후 옆면을 두툼하게 그려 주세요. 선을 넣어 겹겹이 쌓인 종이를 표현합니다. 마지막으로 고무밴드로 까맣게 그려 넣습니다. 아래쪽에 '미니스케치북'이라고 써 주세요. 스케치 완성.

**07** 노란색으로 그림의 제목부터 채색합니다. 테두리글자와 원을 제외한 안쪽을 칠해 주세요.

신한 SWC Permanent Yellow Deep

08 09

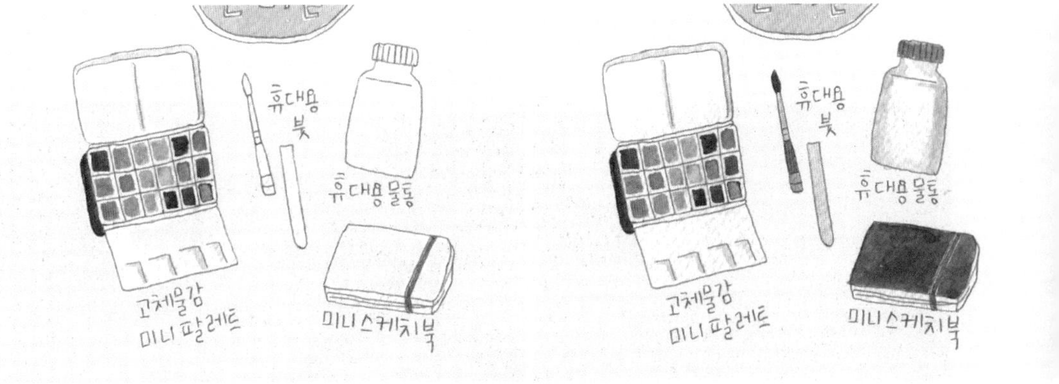


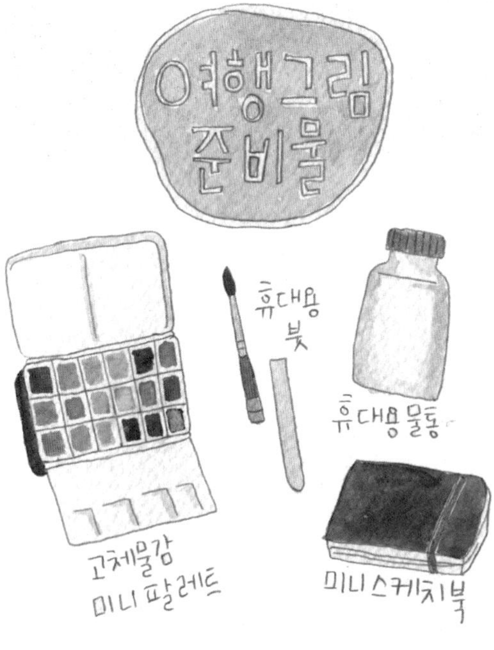


**08** 미니팔레트는 연하게 발색한 검은색으로 음영만 살짝 넣습니다. 옆면은 같은 색으로 진하게 칠해 주세요. 팔레트 안쪽에는 각 칸마다 고체물감을 하나씩 그려 넣습니다. 테두리와 조금씩 간격을 두고 사각형으로 채색합니다. 가지고 있는 물감으로 원하는 색을 하나씩 칠해 주세요.

미젤로 미션 Ivory Black

**09** 붓촉은 갈색, 금속 부분은 황토색, 붓대는 빨간색으로 각각 채색합니다. 검은색으로 물통의 뚜껑을 칠하고, 하늘색에 검은색을 섞고 연하게 발색하여 플라스틱병의 테두리를 따라 얇게 칠해 주세요. 스케치북은 남색으로 겉표지만 채색합니다. 여행그림 준비물 완성.

미젤로 미션 Van Dyke Brown, Raw Sienna, Permanent Red, 신한 SWC Horizon Blue, 미젤로 미션 Indigo

ㅇ
두
번
째

# 여행가방

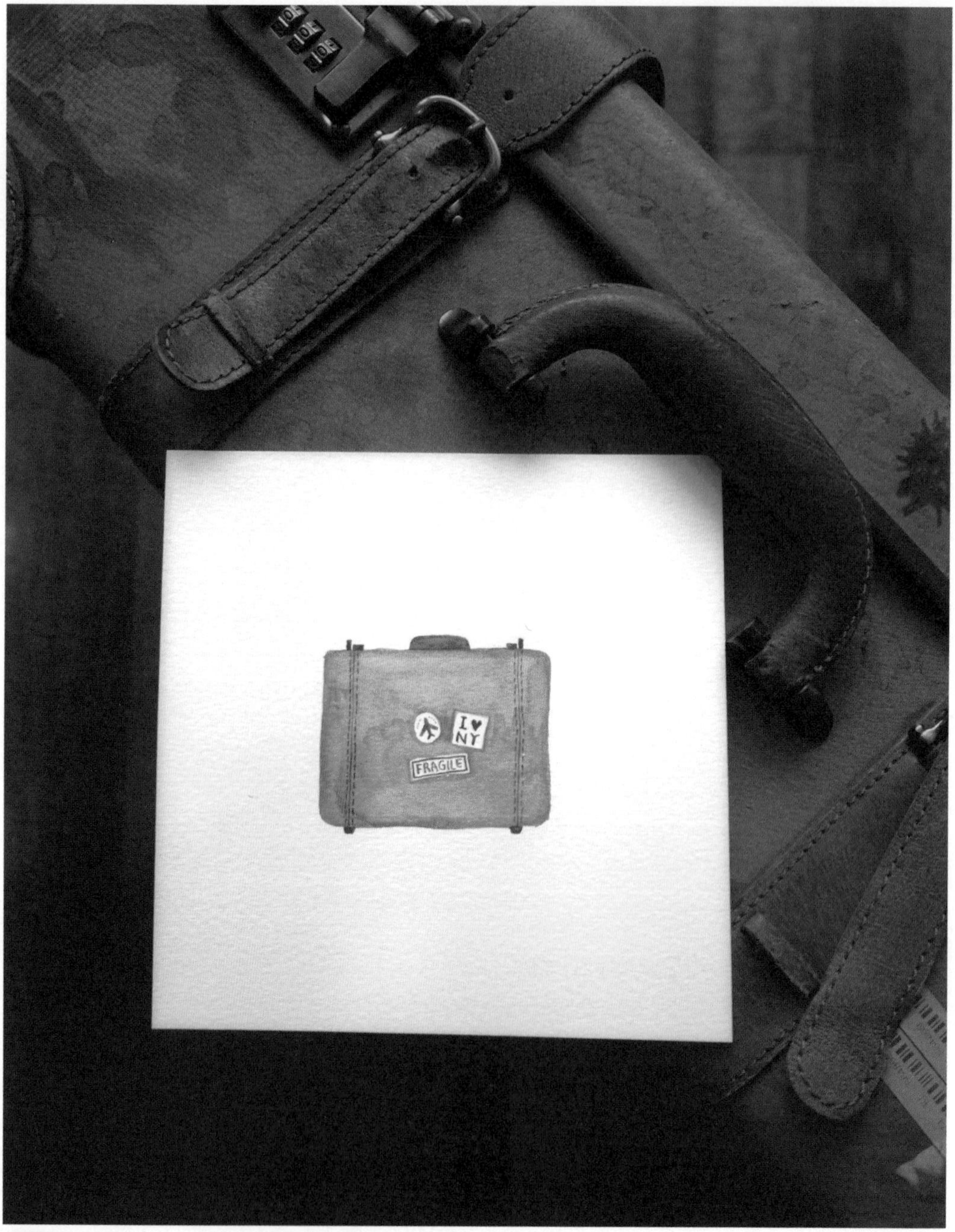

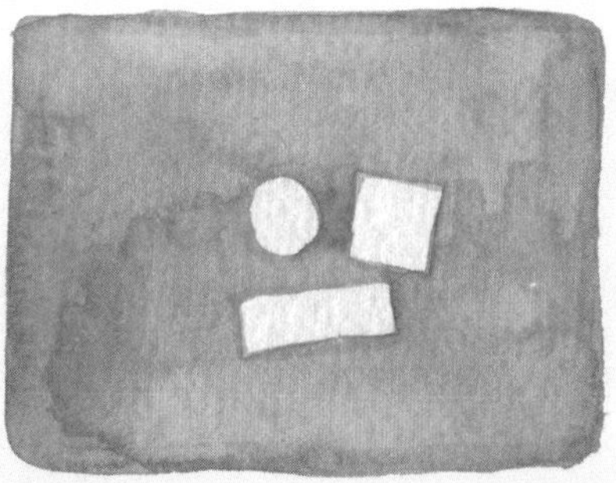

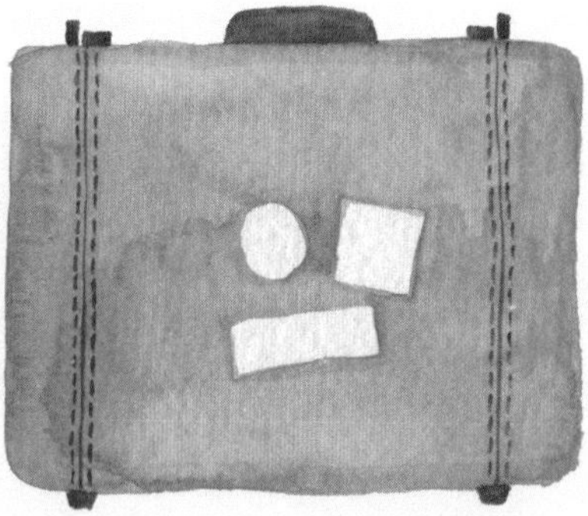

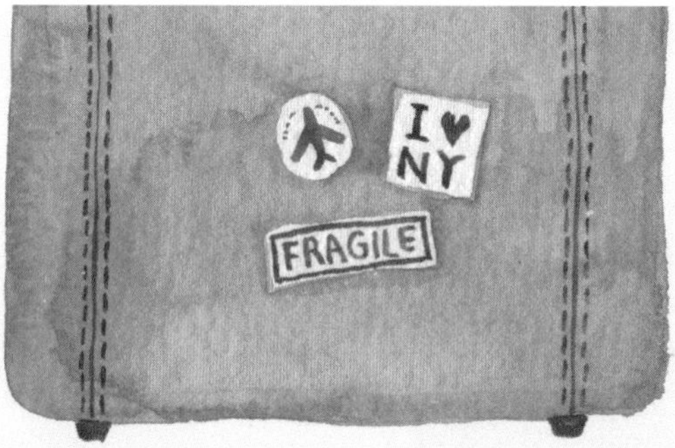


01 02
03

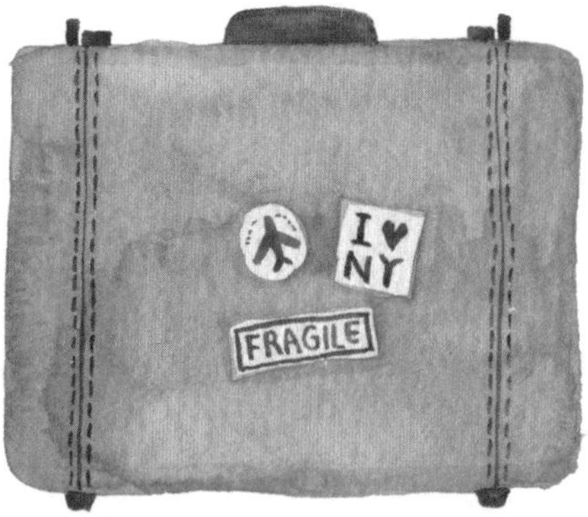


**01** 황토색으로 모서리가 둥근 직사각형을 그립니다. 안쪽에 동그랗고 네모난 모양의 스티커를 그려 넣을 부분을 하얗게 남겨 두고 채색합니다. 미젤로 미션 Raw Sienna

**02** 갈색으로 위쪽 중앙에 손잡이를 그립니다. 양쪽으로 길쭉한 직사각형과 가로로 긴 직사각형을 작게 하나씩 그려 잠금장치도 만들어 주세요. 잠금장치 아래로 황토색 가방에 세로선을 양쪽에 하나씩 그리고 세로선 양옆에 점선으로 스티치를 넣습니다. 가방의 양쪽 하단에는 사다리꼴을 뒤집은 형태로 굽도 하나씩 작게 그려 주세요. 미젤로 미션 Van Dyke Brown

**03** 가방의 동그란 여백에는 파란색으로 비행기 모양을 그려 넣습니다. 정사각형 여백에는 검은색과 빨간색으로 'I♥NY'를 써 넣고, 직사각형 여백에도 빨간색으로 글씨와 테두리를 넣어 꾸며 주세요. 여행가방 완성. 미젤로 미션 Peacock Blue, Ivory Black, Permanent Red

ㅇ
세
번
째

# 여권

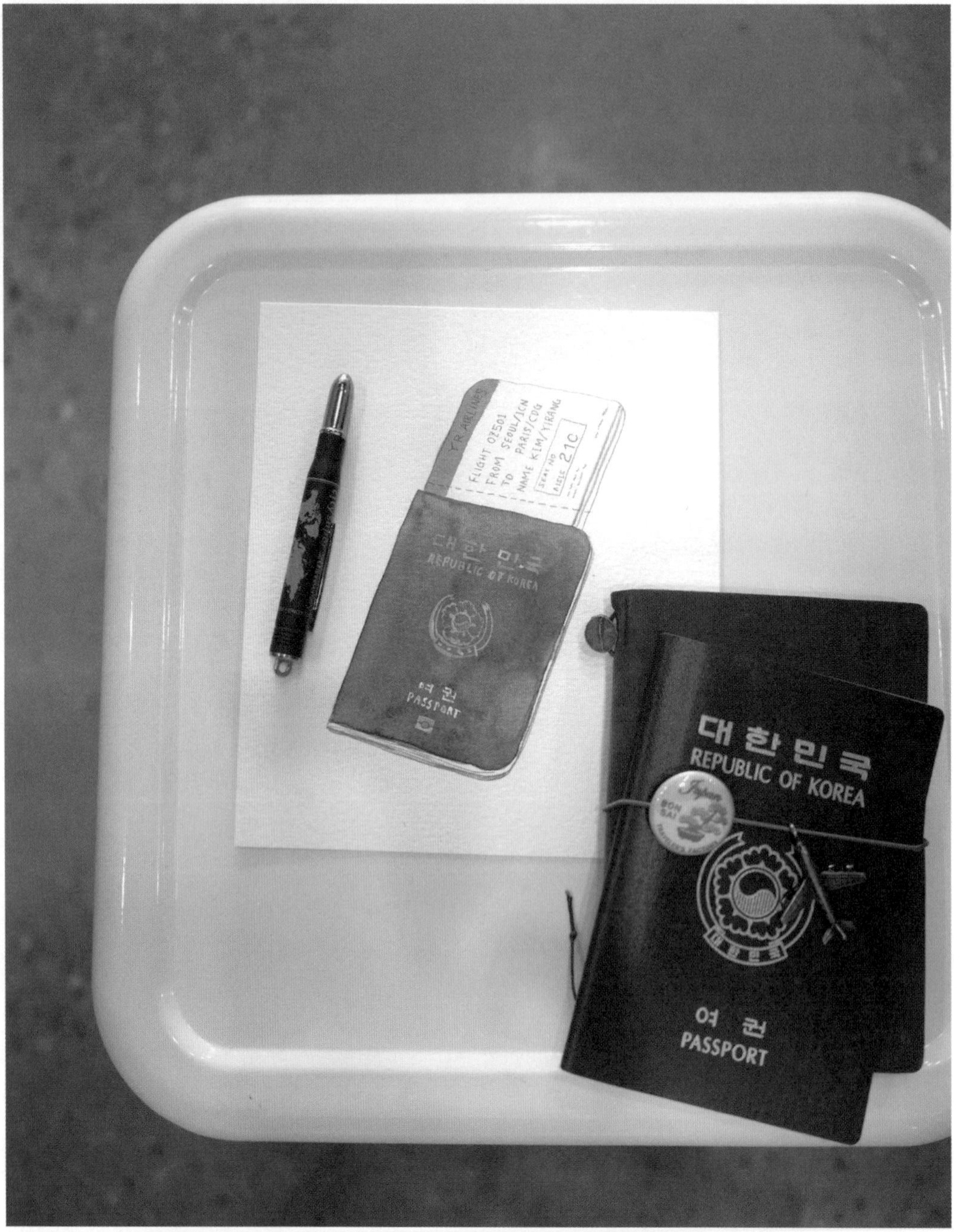


샤프(0.3mm)

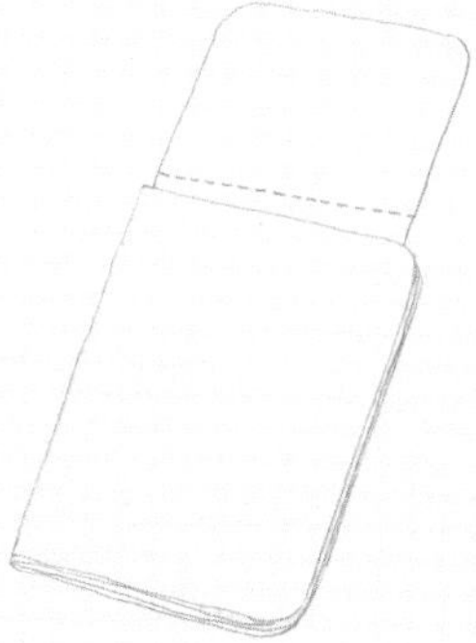

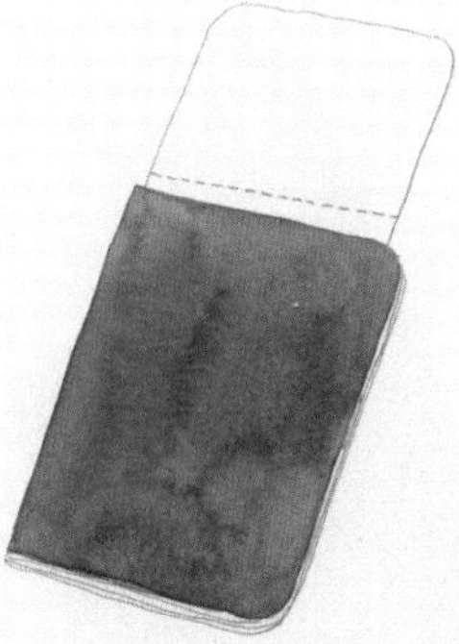

01

02 03

**01** 샤프로 여권을 스케치합니다. 가로로 긴 직사각형을 살짝 비스듬히, 오른쪽 모서리 두 개는 둥글게 그려 주세요. 오른쪽 옆면과 아랫면의 테두리를 따라 선을 촘촘히 여러 개 그려 넣으면 여권의 속지와 두께를 표현할 수 있습니다.

**02** 여권 속에 꽂아 둔 티켓을 그립니다. 길고 모서리가 둥근 직사각형의 윗부분만 여권 위쪽으로 그려 주세요. 안쪽에 가로로 점선을 그려 넣어 절취선을 표현합니다. 스케치 완성.

**03** 초록색으로 여권의 겉표지를 채색합니다. 미젤로 미션 Green Grey

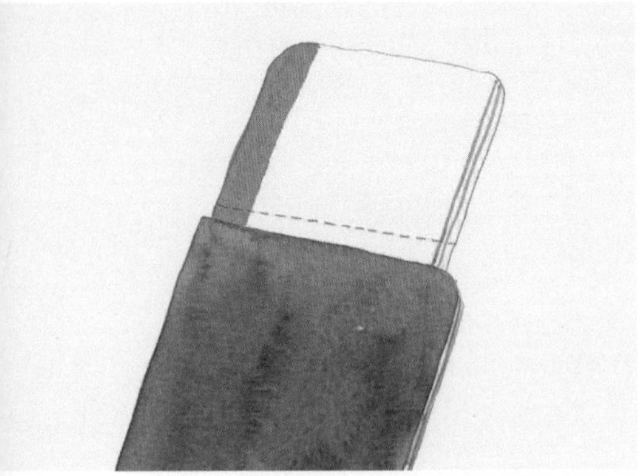

04 05
06

**04** 빨간색으로 티켓 왼쪽을 일정한 두께로 길게 채색합니다. 오른쪽에는 얇은 선 두 줄을 조금 간격을 두고 그어 주세요. 미젤로 미션 Permanent Red

**05** 흰색 아크릴물감에 노란색을 조금 섞어 여권 겉표지의 글씨와 문양, 전자칩 마크 등을 그대로 넣어 주세요. 금박의 느낌이 살아납니다. 아래쪽의 '여권', 'PASSPORT'는 흰색 아크릴물감으로 씁니다. JO SONJA'S Titanium White + 신한 SWC Permanent Yellow Deep

**06** 샤프로 티켓에 글씨를 써 넣습니다. 여권 완성.

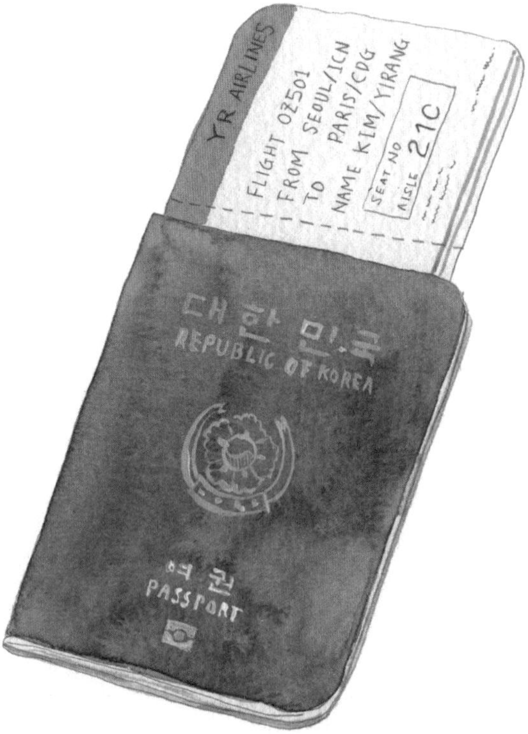
YR AIRLINES
FLIGHT 0Z501
FROM SEOUL/ICN
TO PARIS/CDG
NAME KIM/YIRANG
SEAT NO
AISLE 21C
대한민국
REPUBLIC OF KOREA
여권
PASSPORT

ㅇ
네
번
째

# 비행기 창문

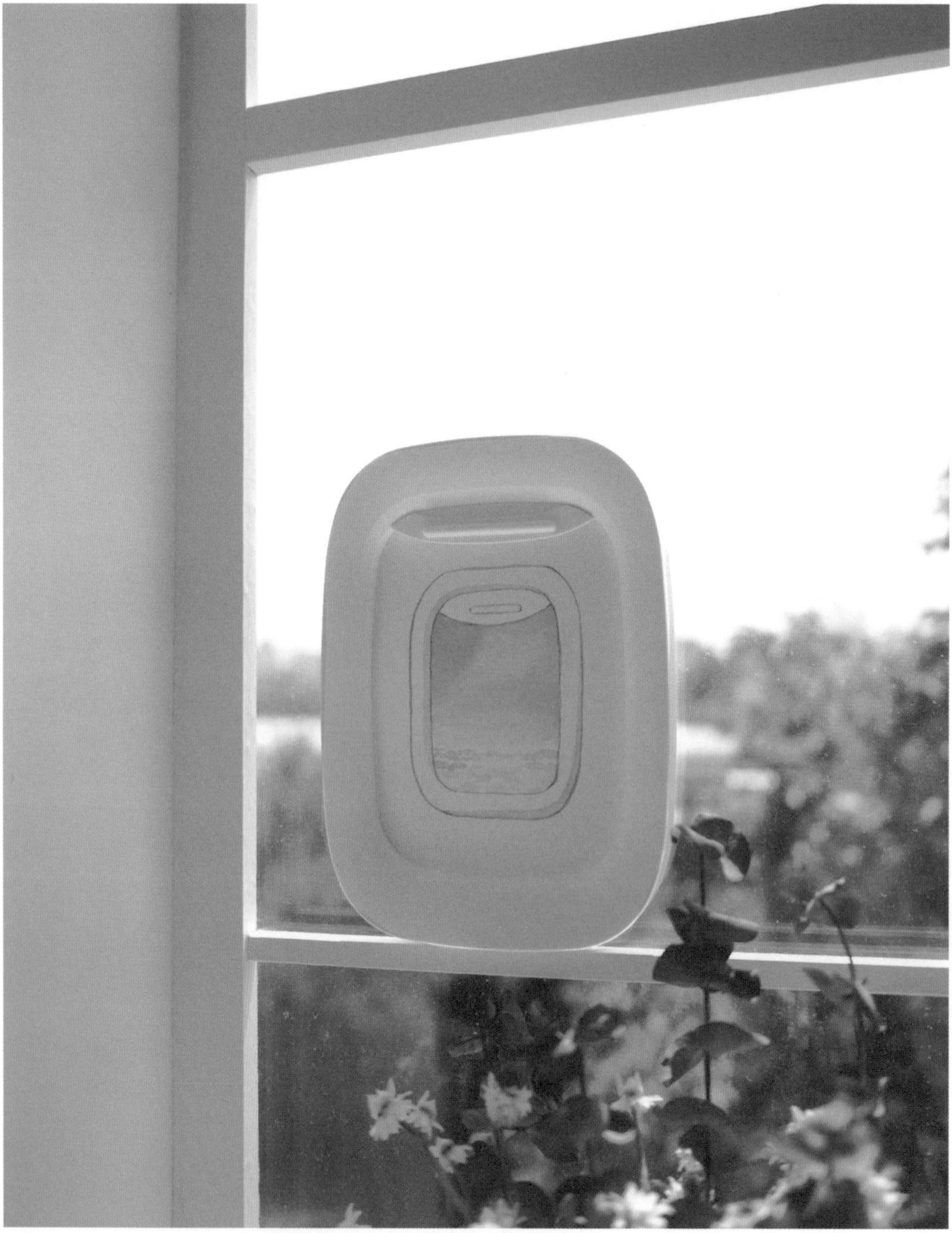

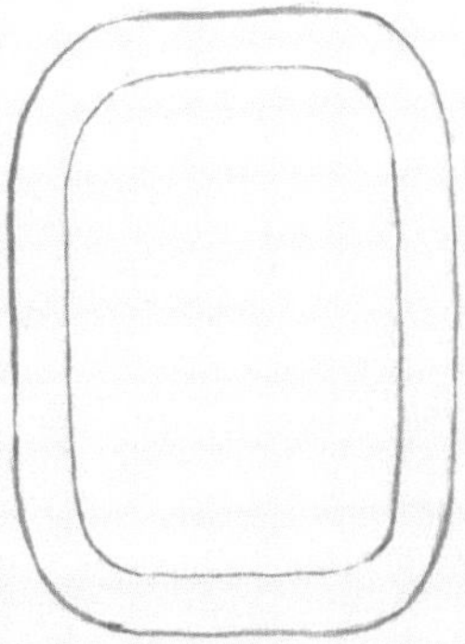

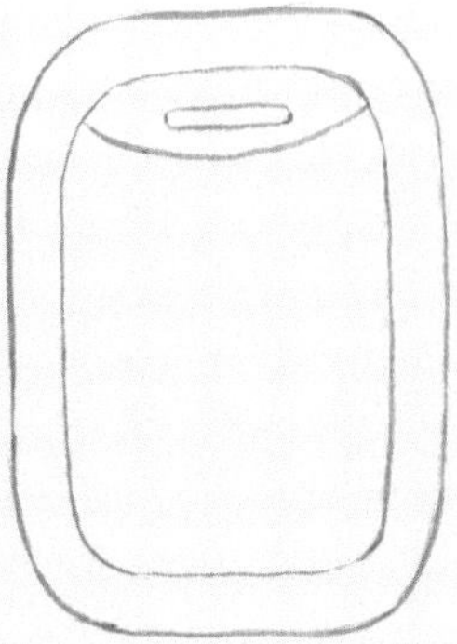

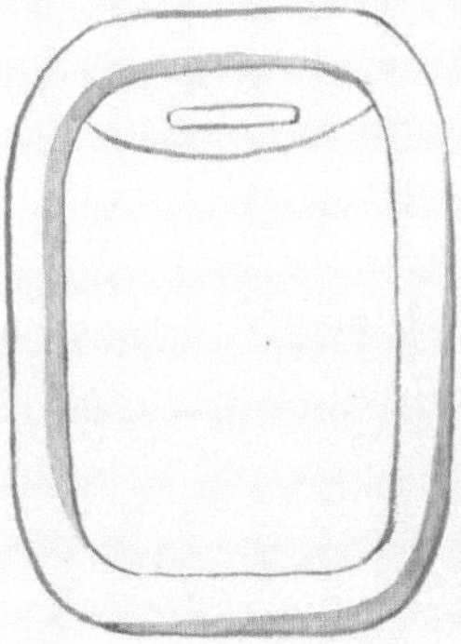

01 02
03

**01** 연하게 발색한 검은색으로 비행기의 창문을 그립니다. 모서리가 둥근 직사각형을 그리고 안쪽에 같은 모양으로 조금 작게 하나 더 그려 창문의 틀을 표현해 주세요.

미젤로 미션 Ivory Black

**02** 틀 안쪽의 상단에 창문덮개를 그려 주세요.

**03** 같은 색을 좀 더 연하게 발색하여 창틀에 음영을 넣습니다. 안쪽 직사각형의 왼쪽 상단과 바깥의 오른쪽 하단 테두리를 따라 좌우가 반전된 'ㄱ'과 'ㄴ' 모양으로 얇게 칠해 주세요.

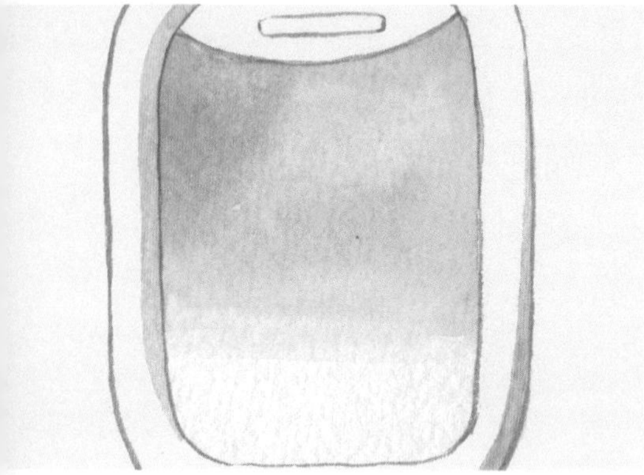

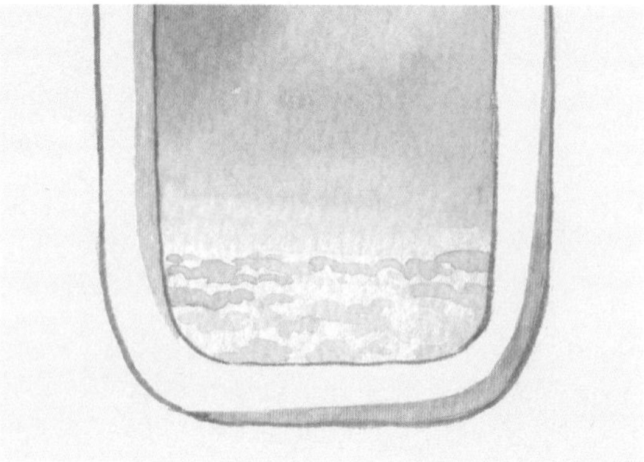

04 05

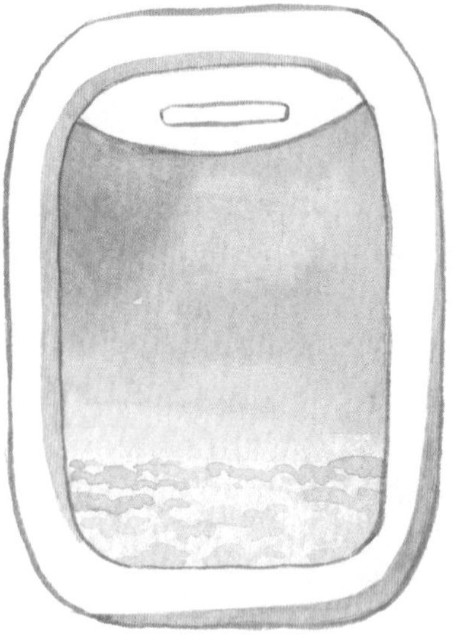

**04** 진하게 발색한 하늘색에 물을 많이 섞어 하늘을 채색합니다. 상단의 3/4 정도만 채색한 후 아래쪽으로는 깨끗한 붓으로 색의 경계만 살짝 풀어 주세요. 그 후 위쪽에 고여 있는 물감을 왼쪽으로 살살 밀어냅니다. 왼쪽의 좁은 부분이 조금 더 진해지면서 단조로운 느낌이 줄어듭니다.

신한 SWC Horizon Blue

**05** 같은 색으로 아래쪽에 구름을 그립니다. 위로 볼록한 곡선으로 몽실몽실하게 그려 주세요. 비행기 창문 완성.

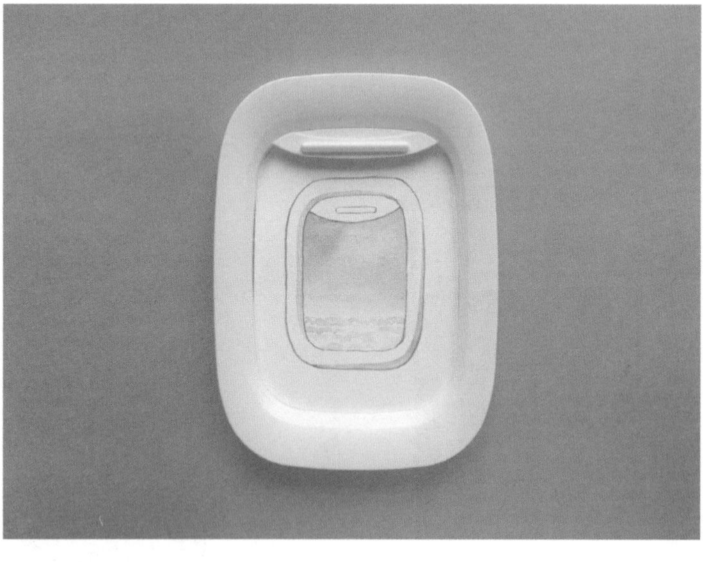

○ 다섯번째

# 과일가게

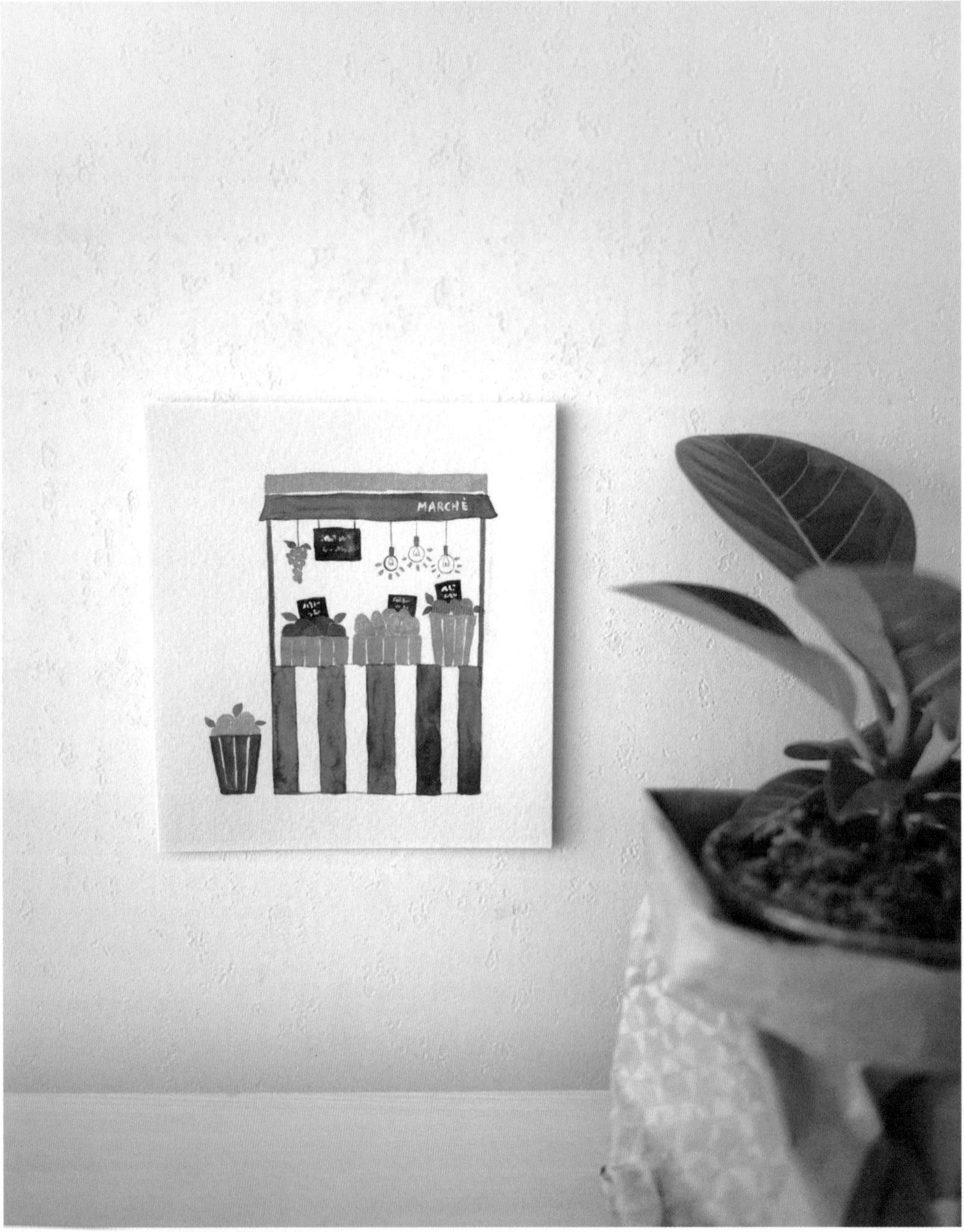

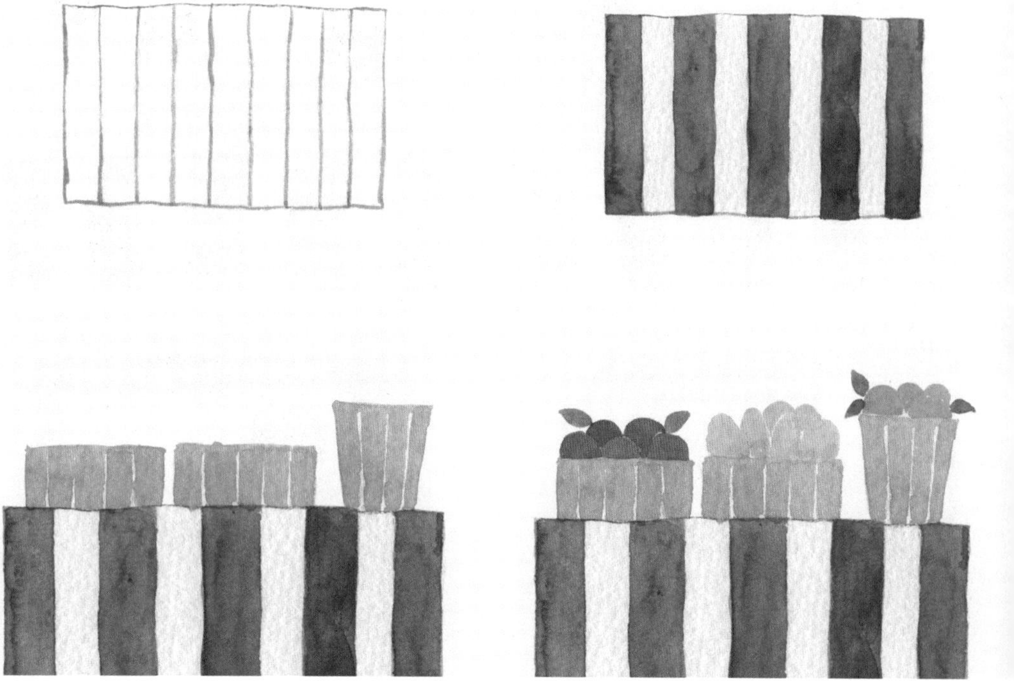

01 02
03 04

**01** 초록색으로 직사각형을 그린 후 안쪽에 세로선을 일정한 간격으로 그어 주세요. 총 아홉 칸을 만듭니다. 미젤로 미션 Green Grey

**02** 한 칸씩 건너뛰면서 초록색으로 채색합니다.

**03** 황토색으로 위쪽에 바구니를 세 개 그려 주세요. 테두리부터 그린 후 안쪽은 세로로 굵게 한 줄씩 칠합니다. 사이사이에 얇게 틈을 남기고 칠해 주세요. 세 번째 바구니는 세로로 길게, 아래쪽으로 좁아지는 모양으로 그립니다. 미젤로 미션 Raw Sienna

**04** 왼쪽 바구니에 빨간색으로 사과를 그립니다. 바구니에 담겨 있는 모습이니 반원 형태로 쌓아서 그려 주세요. 가운데 바구니에는 노란색으로 망고를, 오른쪽 바구니에는 주황색으로 오렌지를 그려 넣습니다. 사과와 오렌지에는 초록색으로 잎사귀도 그려 주세요.

미젤로 미션 Permanent Red, 신한 SWC Permanent Yellow Deep, 미젤로 미션 Yellow Orange

Tip 과일을 그려 나갈 때에도 사이사이에 간격을 조금씩 남겨 두고 칠하면 하나하나의 형태를 쉽게 구분할 수 있어요.

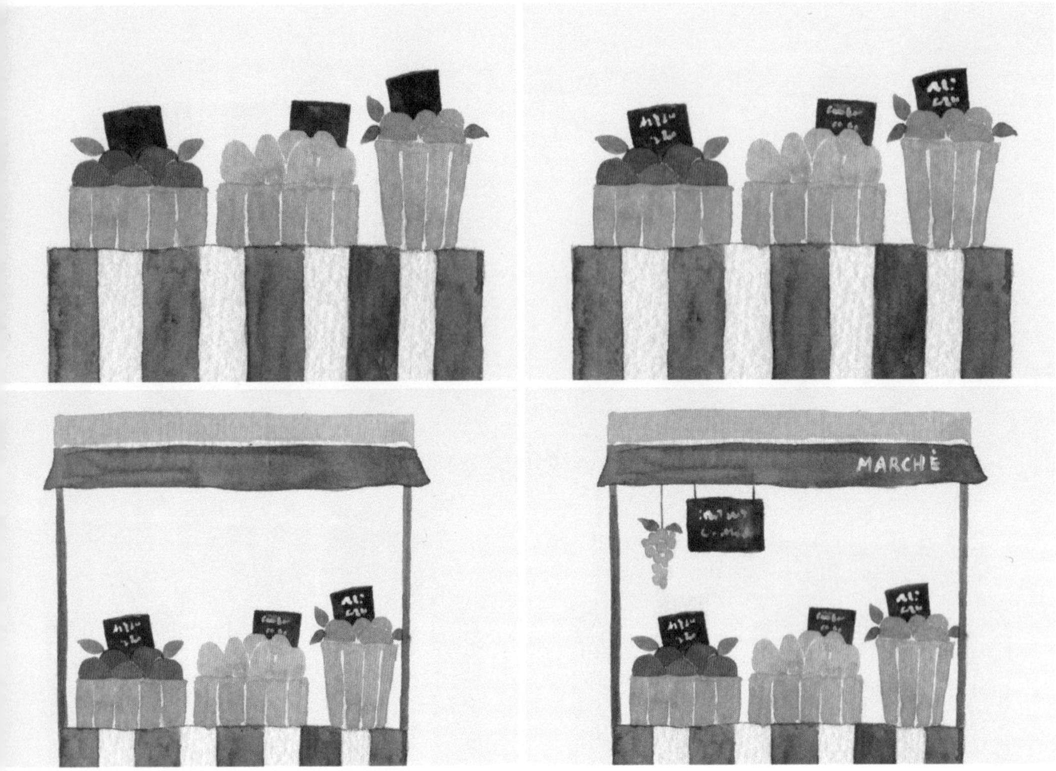


| | |
|---|---|
| 05 | 06 |
| 07 | 08 |

**05** 검은색으로 바구니마다 가격표를 그립니다. 과일에 가려져 윗부분만 보이는 사각형으로 그려 주세요. 미젤로 미션 Ivory Black

**06** 흰색 아크릴물감으로 가격을 써 넣습니다. 꼬불꼬불한 선이나 점으로 표현해도 무방합니다. JO SONJA'S Titanium White

**07** 매대 양쪽에 갈색 세로선으로 지지대를 얇게 그린 후 노란색과 초록색으로 차양을 그려 주세요. 초록색 차양은 사다리꼴 모양으로 그리고, 노란색 직사각형 부분과는 살짝 간격을 두고 채색합니다. 미젤로 미션 Van Dyke Brown

**08** 차양 아래로 매달려 있는 청포도를 그려 볼게요. 차양 아래로 검은색 줄을 길게 그은 후 연두색으로 작은 동그라미를 여러 개 그려 포도를 표현합니다. 초록색으로 잎사귀도 그려 주세요. 포도 옆쪽에는 검은색으로 가격표도 하나 매달아 주세요. 마찬가지로 흰색 아크릴물감으로 가격표에 글씨를 간략히 써 넣습니다. 초록색 차양에도 'MARCHÉ'라고 써 주세요. 신한 SWC Leaf Green

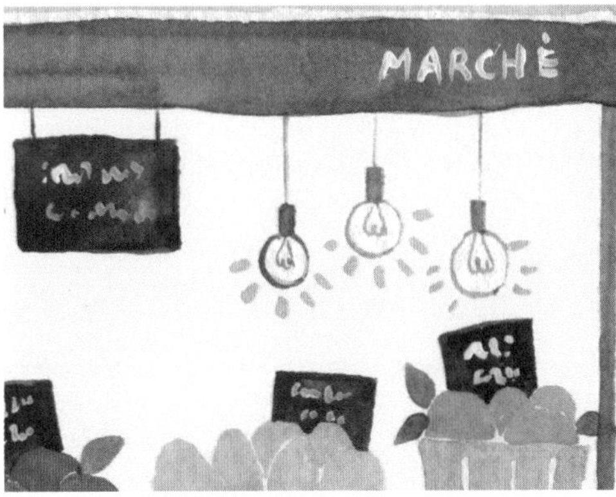


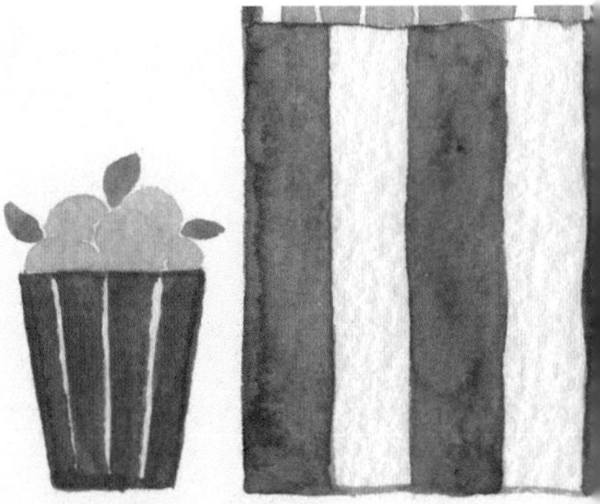

09 10

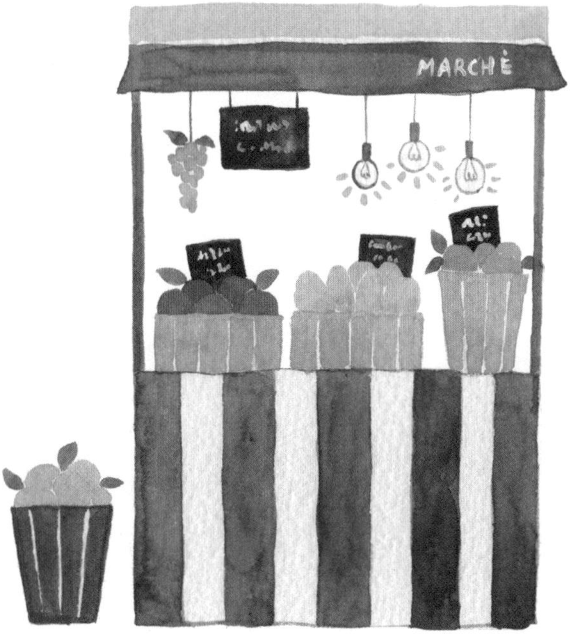


**09** 검은색으로 차양의 오른쪽 아래에 매달려 있는 전구를 그립니다. 필라멘트도 간략히 그려 넣습니다. 노란색으로 전구 주변에 점선을 몇 개 넣어 불빛도 표시해 주세요.

**10** 3번과 같은 방법으로 매대 왼쪽 아래에 갈색 바구니를 하나 그려 주세요. 연두색으로 바구니 위쪽에 소복이 쌓여 있는 청사과를 그립니다. 초록색으로 잎사귀도 그려 주세요. 과일가게 완성.

# 라벤더아이스크림

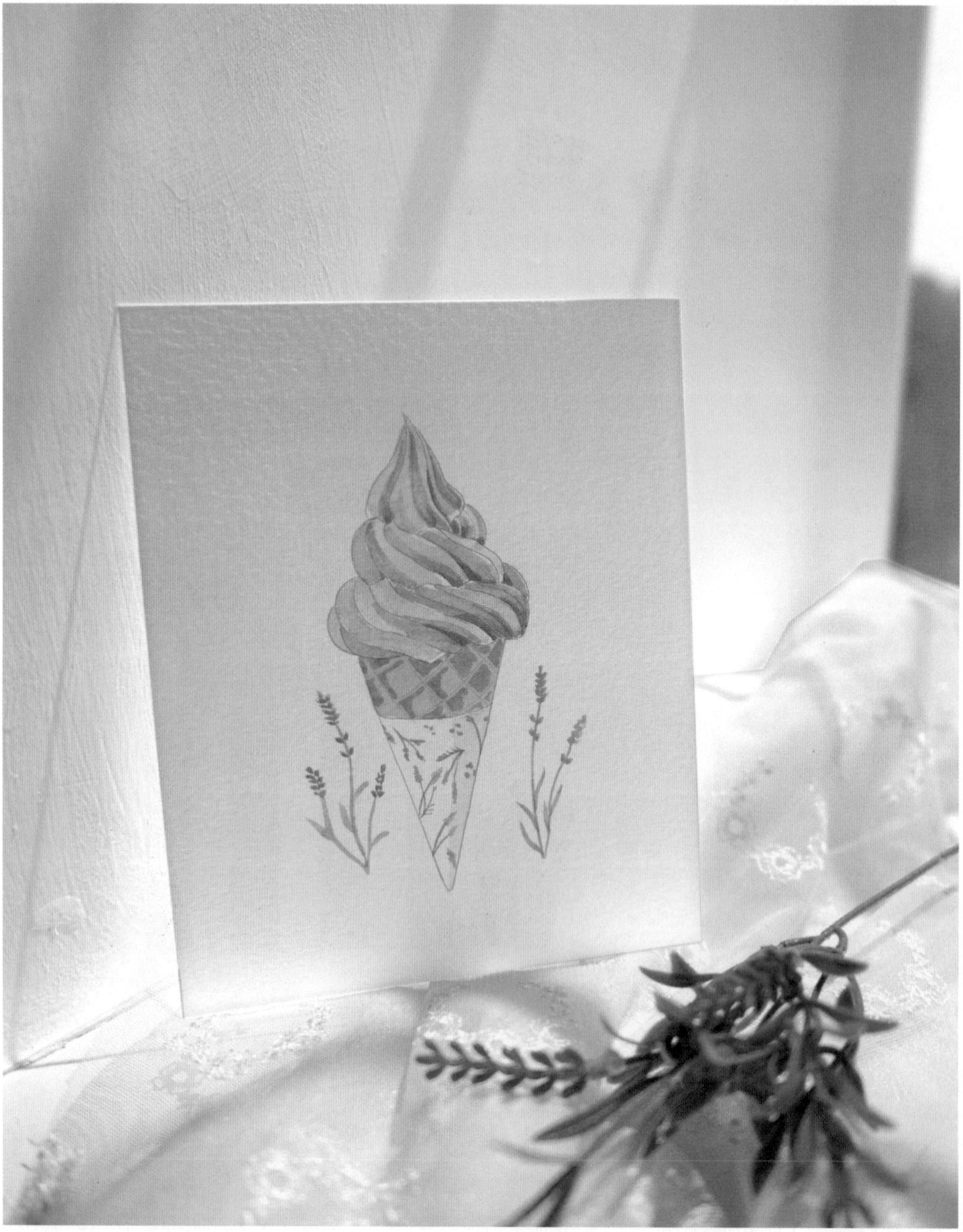

샤프(0.3mm)

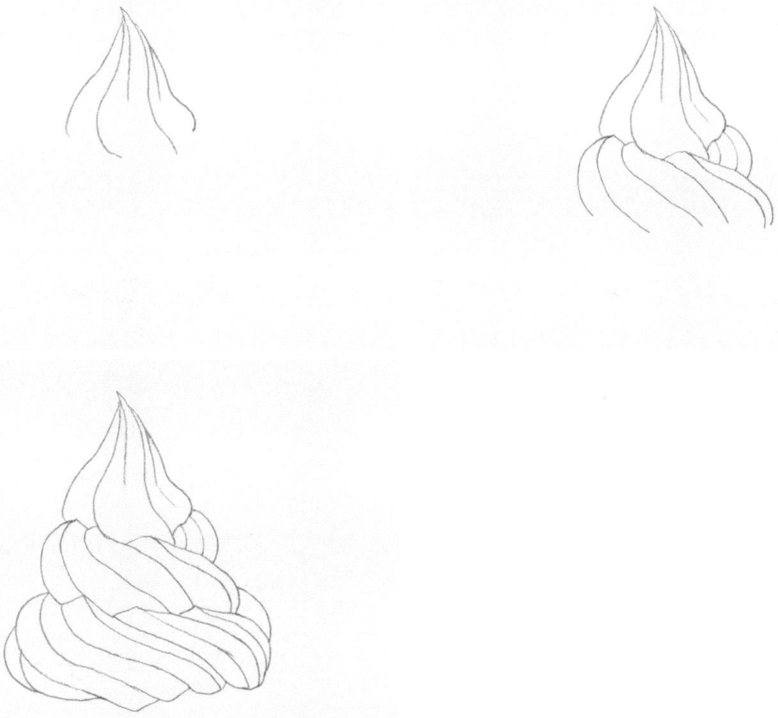

01 02
03

**01** 샤프로 소프트아이스크림의 윗부분부터 그립니다. 위쪽 끝은 뾰족하게 각을 살려서 그려 주세요.

**02** 왼쪽 위에서 오른쪽 아래로 말려 내려오는 모양으로 아랫부분을 이어서 그립니다. 오른쪽의 빈 공간에는 오른쪽으로 볼록한 곡선을 몇 개 넣어 채워 주세요.

**03** 같은 방법으로 맨 아래쪽은 옆으로 좀 더 넓게 그려 주세요. 전체적으로 삼각형 모양을 만든다고 생각하면 그리기 쉬워요.

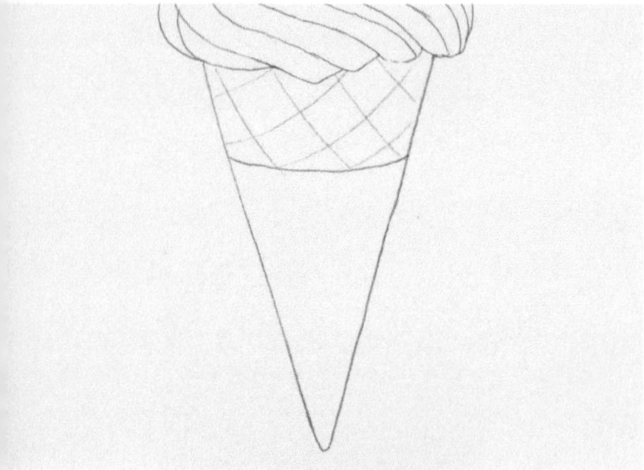

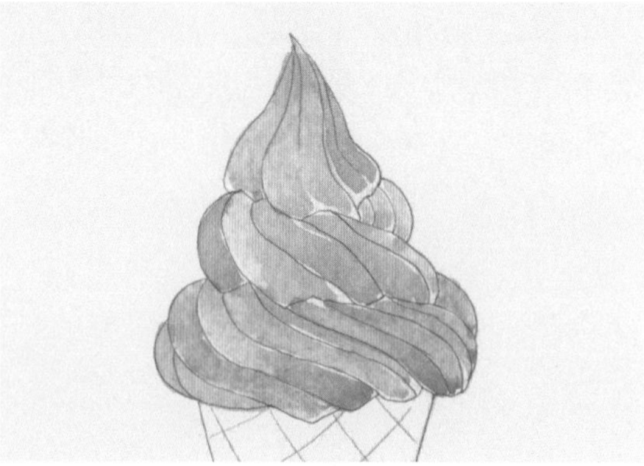

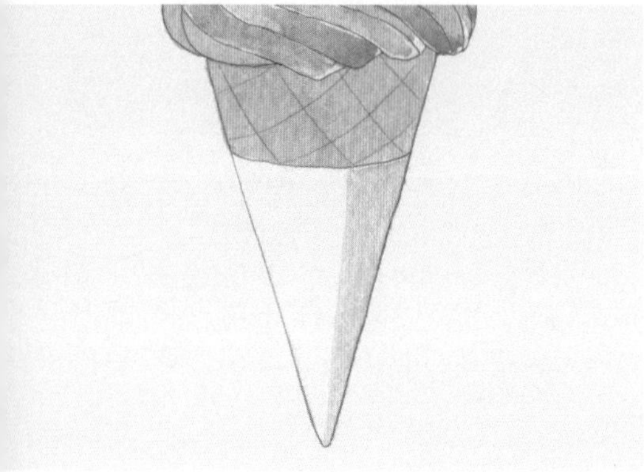

04 05
06

**04** 아래쪽에 아이스크림콘을 그립니다. 아래로 뾰족하게 콘을 그린 후 안쪽에 완만한 곡선을 가로로 넣어 종이깔때기 부분을 구분합니다. 콘에는 사선으로 격자무늬를 그려 주세요. 스케치 완성.

**05** 연보라색으로 아이스크림을 한 번 채색합니다. 아이스크림이 말려 있는 결을 따라 한 칸씩 칠해 주세요. 신한 SWC Lilac

**06** 황도색으로 아이스크림콘을 채색합니다. 종이깔때기는 연하게 발색한 검은색으로 오른쪽에 음영만 넣어 주세요. 미젤로 미션 Raw Sienna, Ivory Black

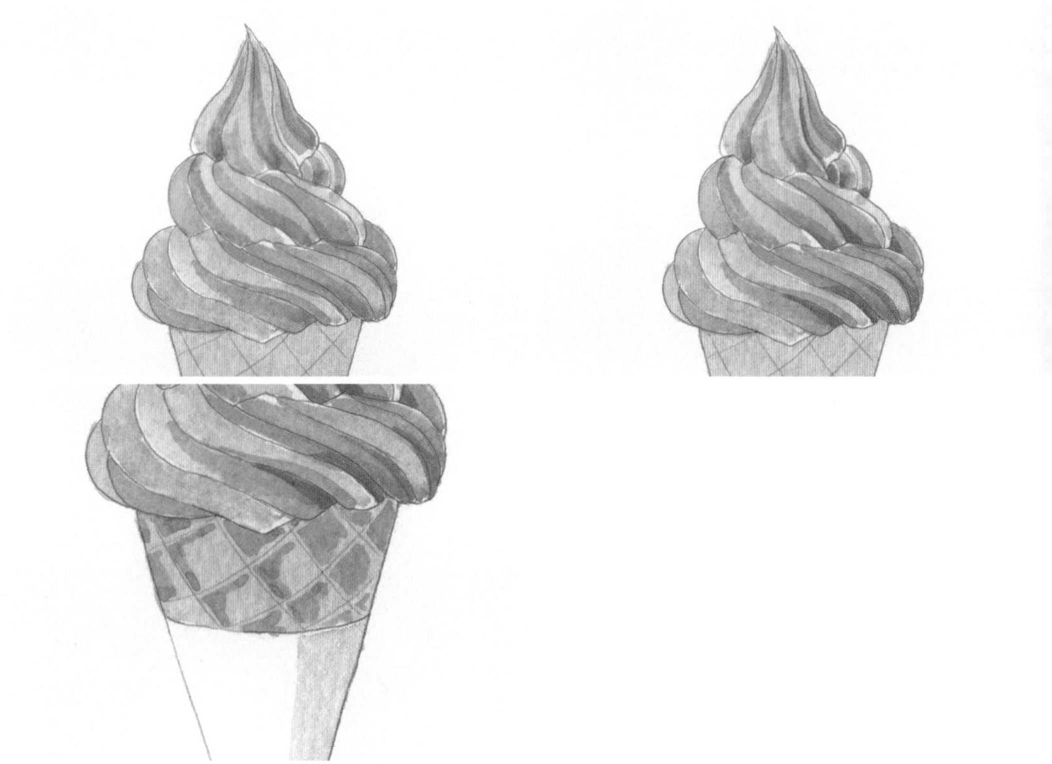

07 08
09

**07** 연보라색에 보라색을 조금 섞어 아이스크림에 음영을 넣습니다. 스케치의 각 칸마다 한쪽 테두리를 따라 반 정도만 덧칠해 주세요. 미젤로 미션 Bright Clear Violet

**08** 같은 색에 보라색을 좀 더 섞어 한 번 더 음영을 넣습니다. 아이스크림의 오른쪽 부분을 위주로 좁은 영역에 음영을 넣어 주세요.

**09** 황토색에 갈색을 조금 섞어 아이스크림콘에 음영을 넣습니다. 격자무늬의 테두리를 따라 '<' 모양으로 음영을 넣으면 와플 느낌의 콘이 완성됩니다. 콘의 오른쪽 부분은 사각형 안쪽을 거의 채우는 느낌으로 칠해 주세요. 미젤로 미션 Van Dyke Brown

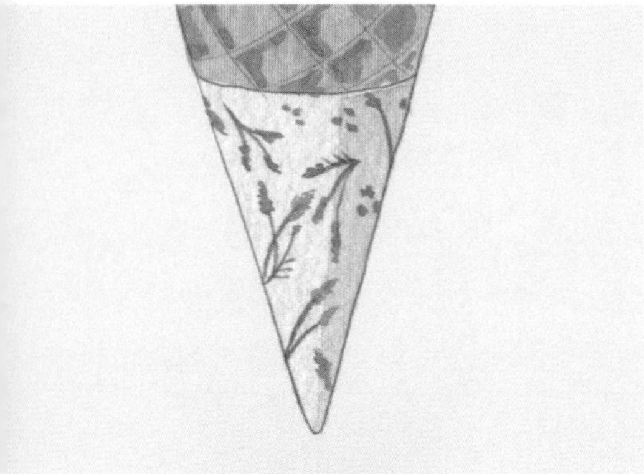

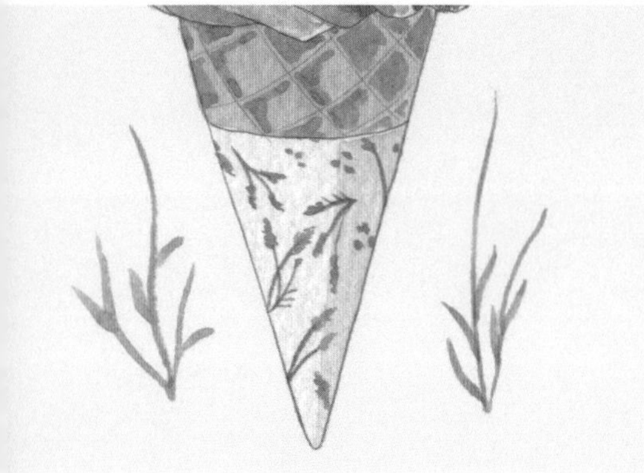

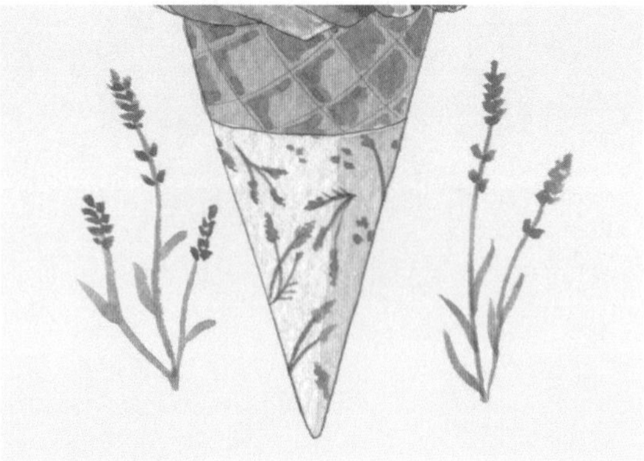

10
11 12

**10** 종이깔때기에 라벤더를 그려 볼게요. 초록색으로 줄기를 먼저 그리고 줄기 끝에 연보라색으로 점을 콕콕 찍어 라벤더를 표현합니다. 군데군데 연보라색으로 점을 추가해 꾸며 주어도 좋아요.

미젤로 미션 Green Grey

**11** 아이스크림 양옆으로 라벤더를 그려 볼게요. 연두색에 초록색을 조금 섞어 줄기부터 가늘게 그립니다. 잎사귀도 얇게 붙여 주세요. 신한 SWC Leaf Green

**12** 연보라색으로 줄기 끝에 점을 콕콕 찍어 라벤더꽃을 그려 주세요. 라벤더아이스크림 완성.

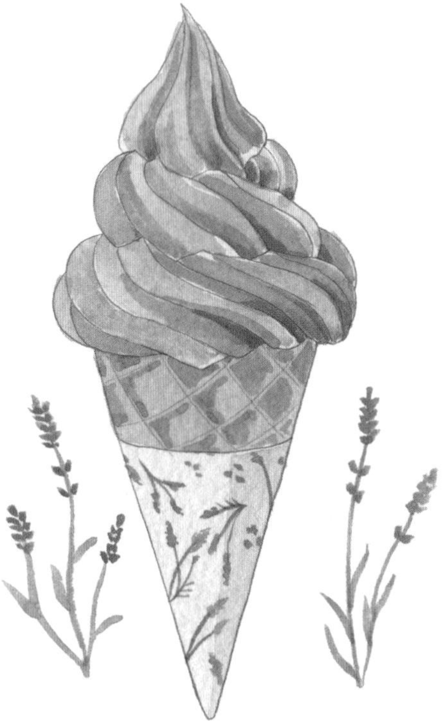

일곱번째

# 트램

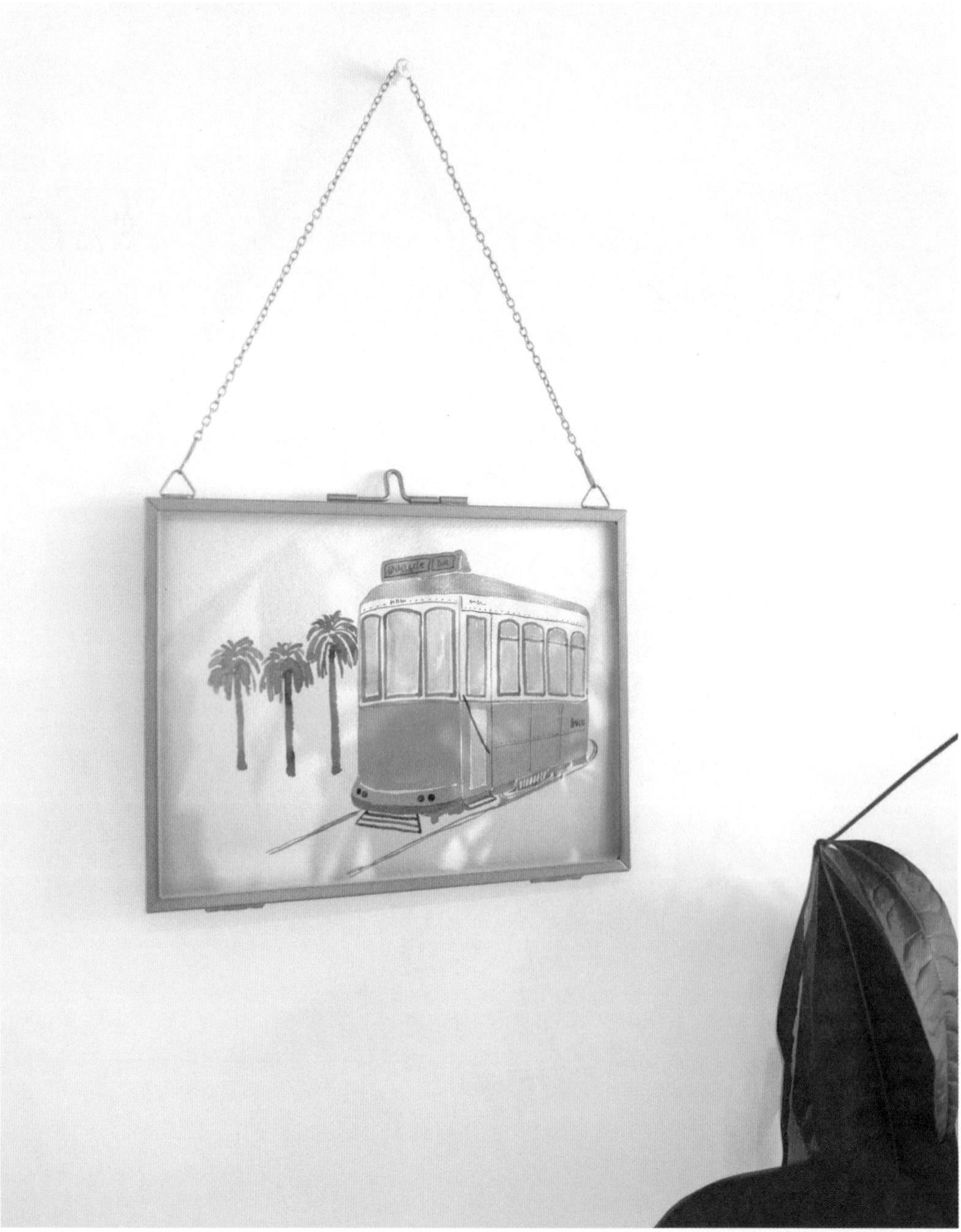

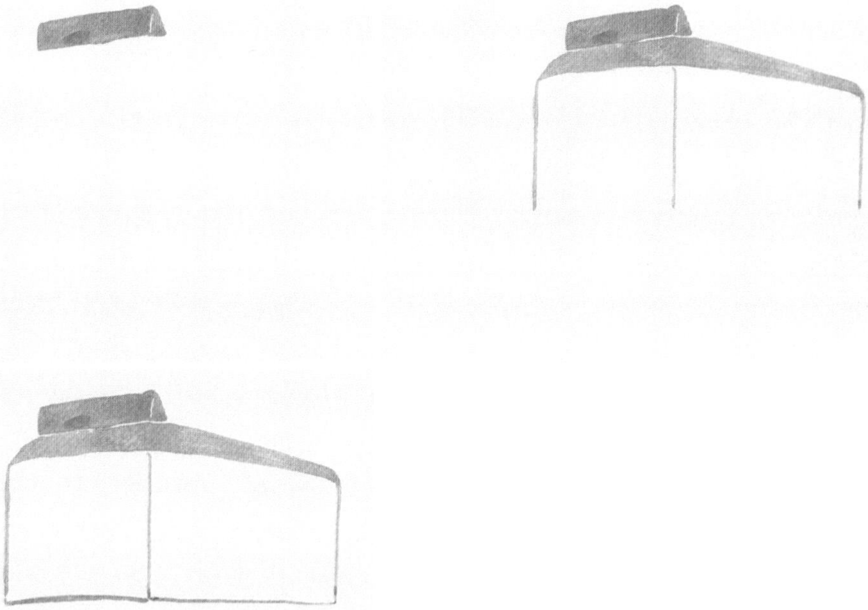

01 02
03

**01** 연하게 발색한 검은색으로 트램 상단의 번호판부터 그립니다. 살짝 비스듬한 직사각형으로 앞면을 먼저 그린 후 오른쪽에 얇게 틈을 남기고 삼각형을 그려 옆면을 표현합니다.

미젤로 미션 Ivory Black

**02** 번호판 아래로 트램의 지붕을 길게 그립니다. 뒤쪽으로 갈수록 위아래 길이가 좁아지도록 그려 주세요. 지붕 아래로 선을 세 개 내리그어 트램의 앞면과 옆면을 구분합니다. 선 세 개의 끝 지점이 같은 높이에 있도록 나란히 그어 주세요.

**03** 가로선을 그어 세로선 세 개를 이어 주세요. 트램 앞면은 가로선이 위쪽으로 살짝 볼록하도록 그립니다.

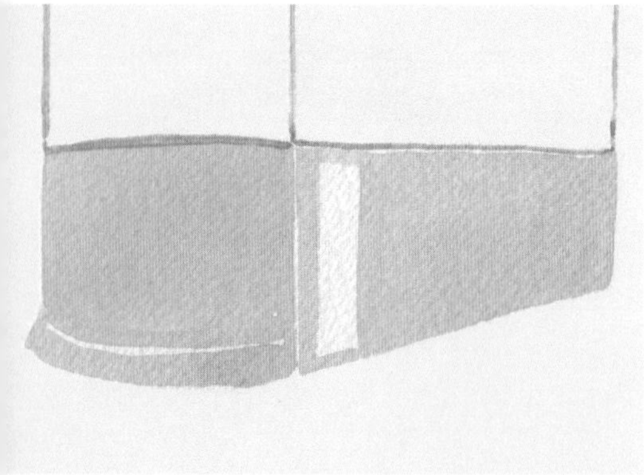

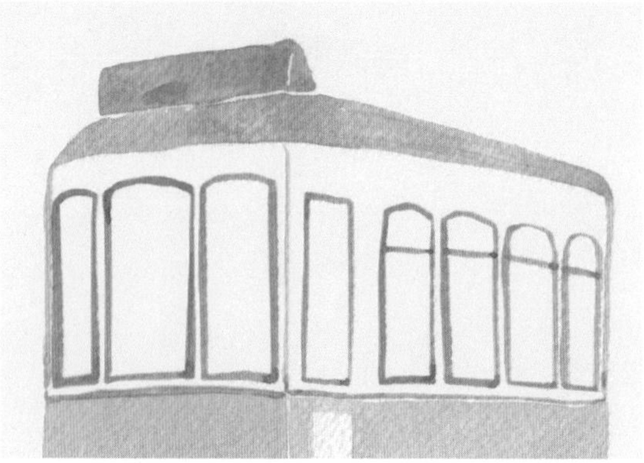

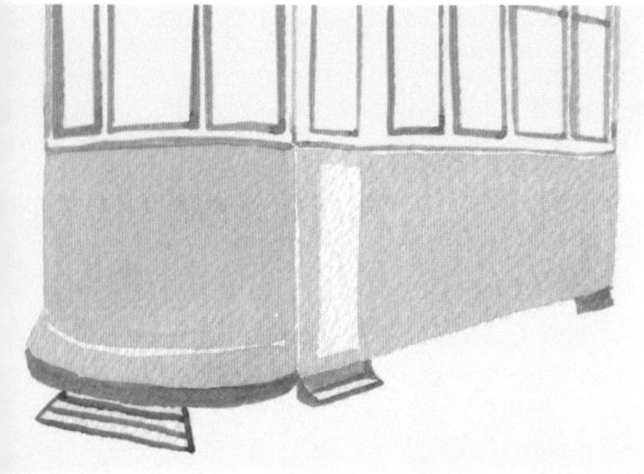

| 04 | 05 |
| --- | --- |
| 06 | |

**04** 노란색으로 트램 아랫부분을 그립니다. 앞면은 아래쪽의 가로선이 아래로 살짝 볼록하도록 칠해 주세요. 얇게 간격을 두고 맨 아래쪽에는 범퍼를 그립니다. 양옆이 사선으로 살짝 넓어지고 아래로 볼록한 형태로 그려 주세요. 옆면은 앞쪽의 창 부분을 제외하고 채색합니다. 아래쪽 선이 위로 점점 올라가도록 그려 원근감을 표현해 주세요. 신한 SWC Permanent Yellow Deep

**05** 갈색으로 트램 윗부분에 세로로 긴 창문을 그려 넣습니다. 앞면에는 위쪽이 둥근 모양의 창문을 세 개 그려 주세요. 옆면은 맨 앞쪽 출입문의 창문만 직사각형으로 그리고 나머지 창문은 위쪽을 둥글게 그린 후 안쪽에 가로선을 하나씩 그어 주세요. 미젤로 미션 Van Dyke Brown

**06** 같은 색으로 앞범퍼 아래쪽을 곡선 형태로 칠하고 그 아래에 사다리꼴 모양의 부품을 그립니다. 출입문 아래쪽에는 작은 계단을 그려 주세요. 맨 뒤쪽에도 사각형을 작게 그려 넣습니다.

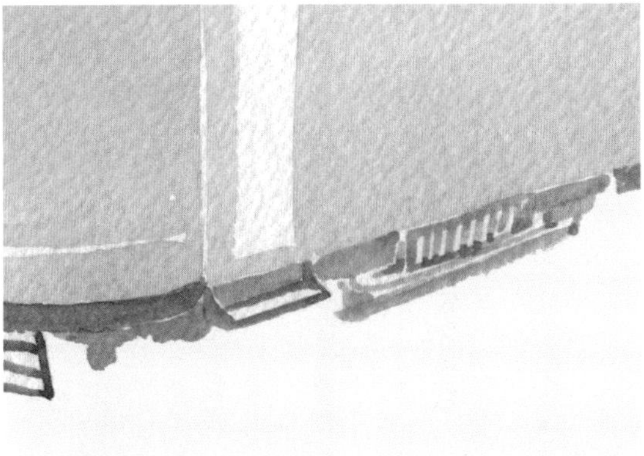

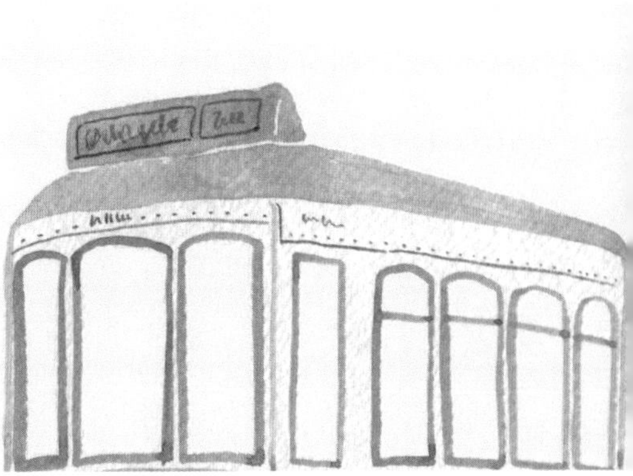

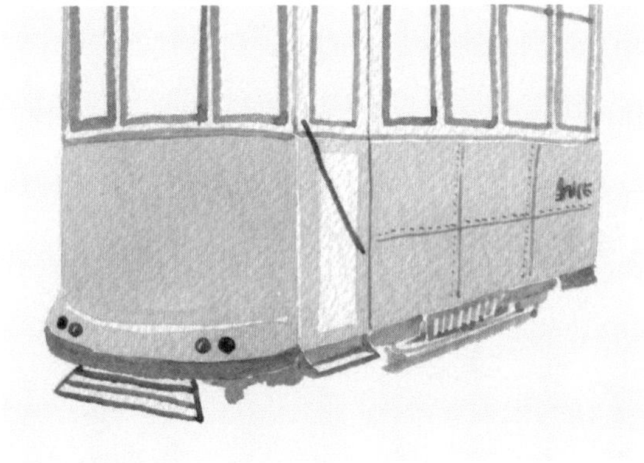

| 07 | 08 |
| 09 | |

**07** 연하게 발색한 검은색으로 트램 밑바닥의 부품을 대강 그려 주세요.

**08** 아주 얇은 붓으로 바꾸고 좀 더 진하게 발색한 검은색으로 디테일을 묘사합니다. 번호판에 사각형으로 테두리를 그린 후 안쪽에 글씨를 간략히 표현합니다. 앞면과 옆면의 창문 위쪽에는 철판을 덧댄 부분을 선으로 그리고 선 위쪽으로 점선을 콕콕 찍어 넣어 나사를 표현합니다. 앞면 위쪽의 중앙과 출입문 위쪽에는 글씨도 간략히 그려 넣습니다.

**09** 옆면에는 세로선을 길게 넣어 출입문을 구분하고, 위쪽과 마찬가지로 옆면의 하단도 디테일을 묘사합니다. 출입문의 손잡이는 사선으로 길게 그려 주세요. 앞범퍼 양쪽에는 빨간색과 갈색으로 라이트를 동그랗게 그려 넣습니다. 미젤로 미션 Permanent Red

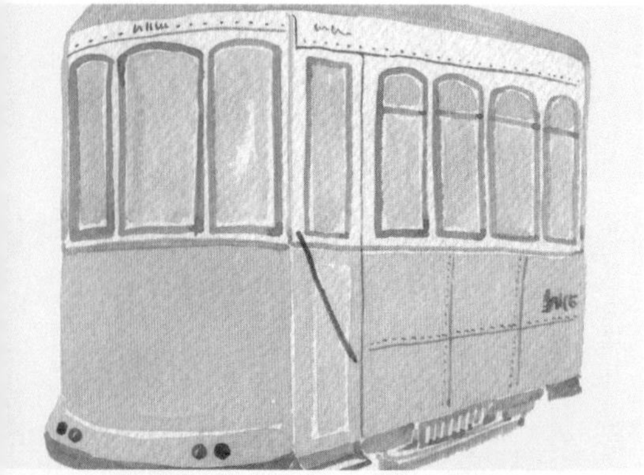

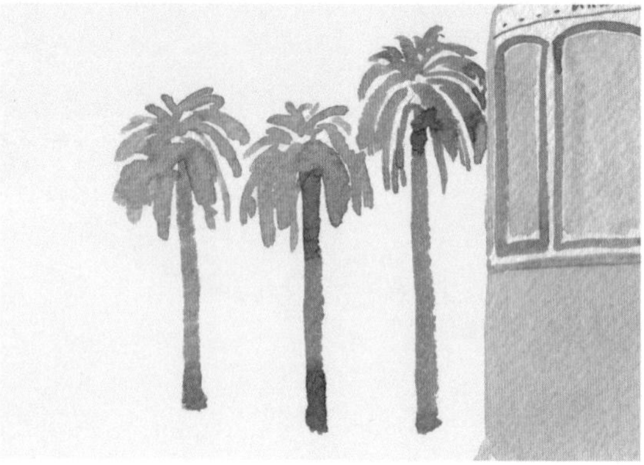

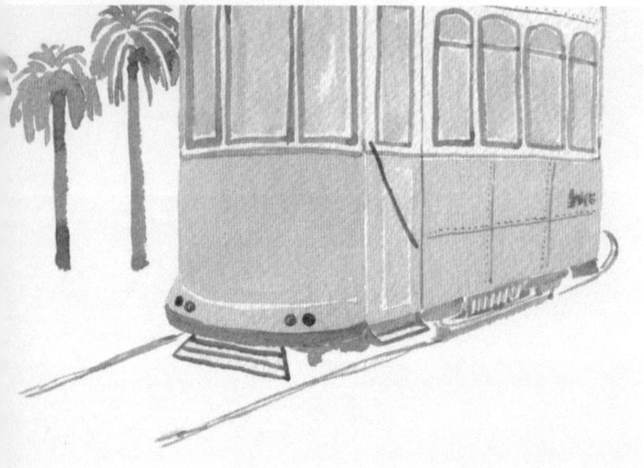

10 11
12

**10** 하늘색에 검은색을 섞고 묽게 발색하여 창문을 채색합니다. 색을 꽉 채우지 않고 군데군데 여백을 남겨 두며 대강 칠해 주세요. 신한 SWC Horison Blue

**11** 트램 왼쪽에 야자나무 세 그루를 그립니다. 갈색으로 나무 기둥을 그린 후 아래로 휘어진 잎사귀를 초록색으로 그려 주세요. 아래쪽 잎사귀는 길게, 위쪽의 잎사귀는 사방으로 짧게 그립니다.

미젤로 미션 Green Grey

**12** 연하게 발색한 검은색으로 트램의 철로를 얇게 그려 주세요. 트램 완성.

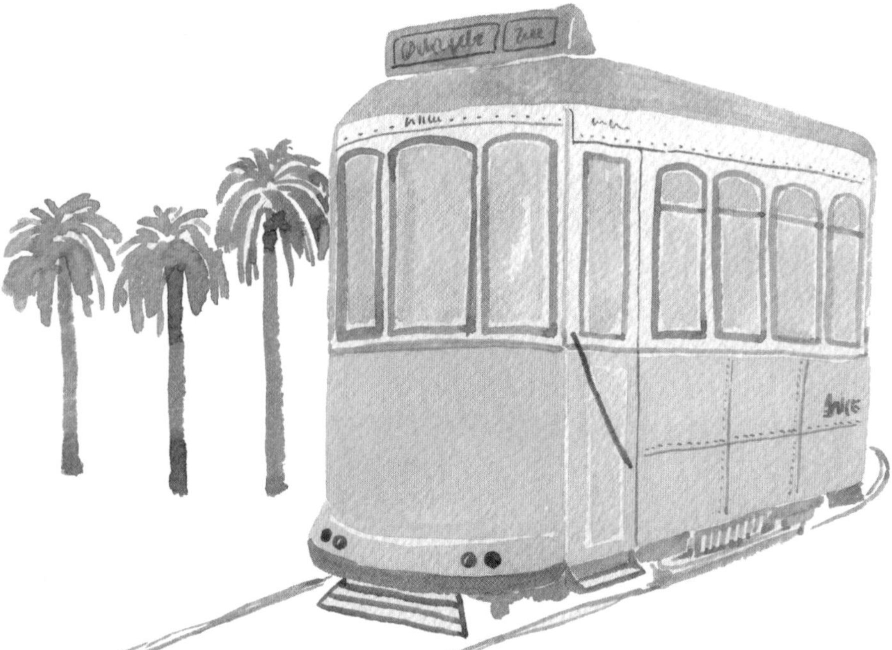

# 여행지 자석

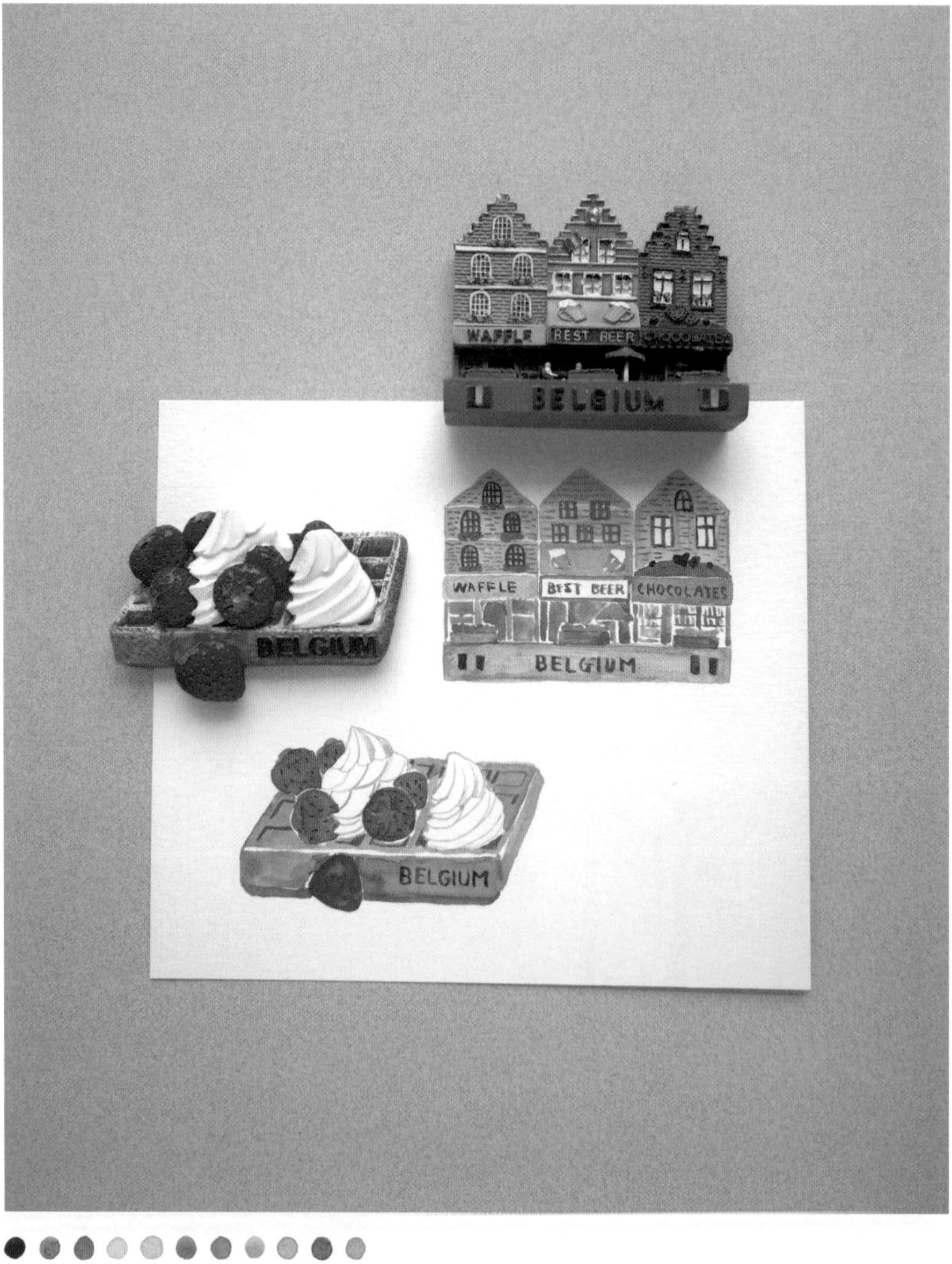
WAFFLE
BEST BEER
CHOCOLATES
BELGIUM
BELGIUM
WAFFLE
BEST BEER
CHOCOLATES
BELGIUM
BELGIUM

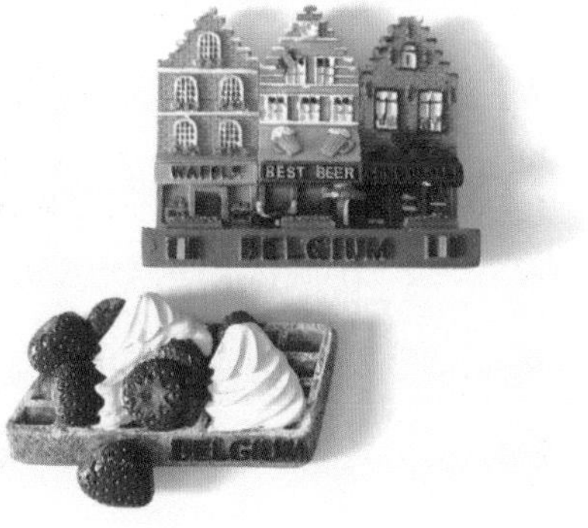


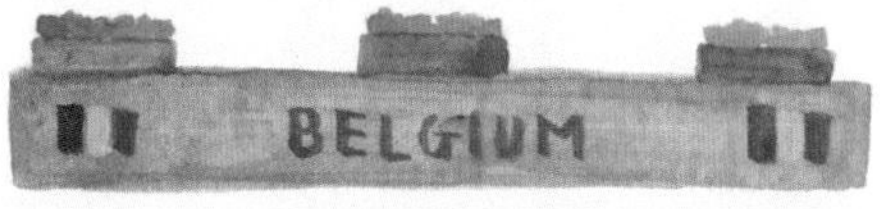


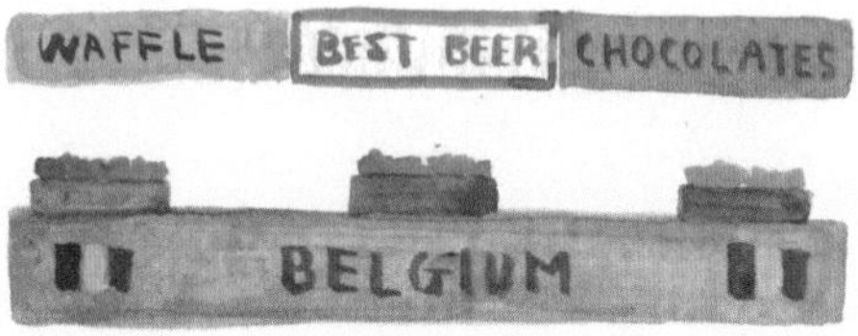


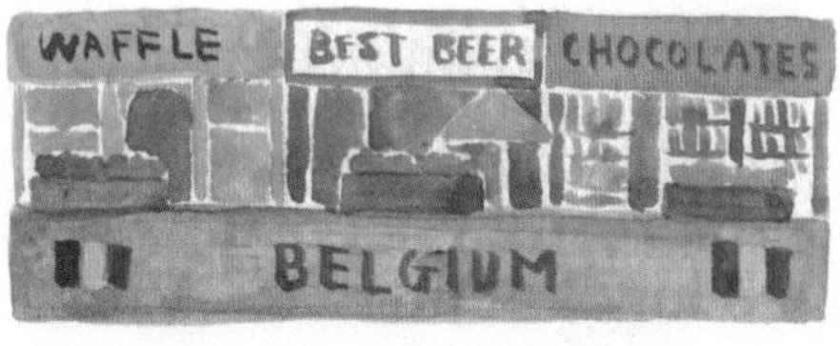


| 01 | 02 |
|---|---|
| 03 | 04 |

**01** 자석을 관찰합니다.

**02** 첫 번째 자석을 아래쪽부터 그립니다. 연하게 발색한 검은색으로 직사각형 모양의 받침을 길게 그리고 그 위에 화분 세 개를 그려 주세요. 초록색으로 화분 위쪽에 풀도 간략히 그립니다. 빨간색으로 받침 중앙에 'BELGIUM'이라고 쓴 후 받침 양쪽에 검은색, 노란색, 빨간색으로 벨기에의 국기를 그려 넣습니다.

미젤로 미션 Ivory Black, Green Grey, Permanent Red, 신한 SWC Permanent Yellow Deep

**03** 화분 위쪽에 간판을 그립니다. 왼쪽 간판은 하늘색으로 직사각형을 그린 후 물감이 마르면 빨간색으로 글씨를 써 주세요. 같은 방법으로 가운데 간판은 초록색으로 테두리만 그린 후 빨간색으로 글씨를 쓰고, 오른쪽 간판은 빨간색으로 그린 후 갈색으로 글씨를 씁니다.

신한 SWC Horison Blue, 미젤로 미션 Van Dyke Brown

**04** 황토색으로 첫 번째 간판의 아랫부분을 그립니다. 자세하게 묘사할 필요 없이 간략하게 표현해 주세요. 문은 갈색으로 칠합니다. 연하게 발색한 검은색으로 두세 번째 간판의 아랫부분도 그려 주세요. 미젤로 미션 Raw Sienna

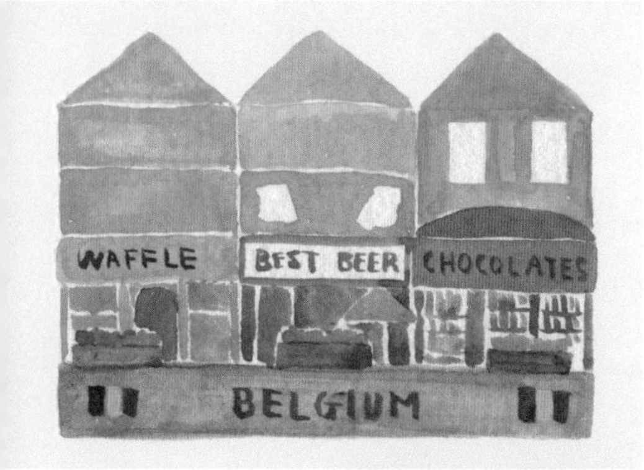


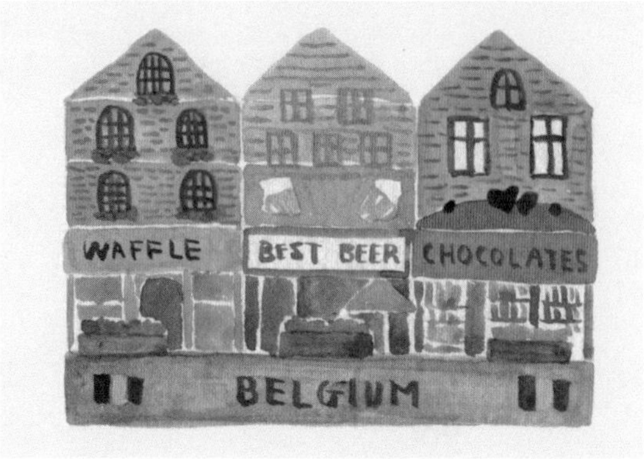


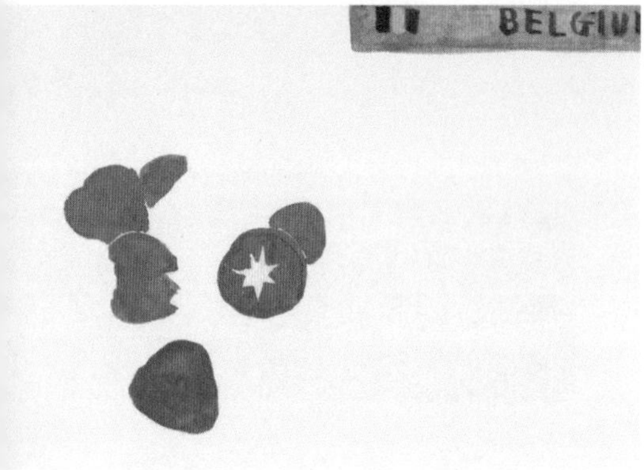

| 05 | 06 |
|---|---|
| 07 | |

**05** 이제 건물 윗부분을 그립니다. 하늘색으로 왼쪽 건물부터 그려 주세요. 층 사이사이에 얇게 틈을 남기고 사각형으로 채색합니다. 맨 꼭대기는 삼각형으로 그려 주세요. 같은 방법으로 가운데 건물은 분홍색으로 그립니다. 2층에는 맥주 조형물이 들어갈 자리를 비우고 채색합니다. 마지막 건물은 간판 바로 위쪽에 빨간색으로 반원 모양을 납작하게 그린 후 민트색으로 채색합니다. 세로로 긴 창문이 들어갈 자리를 비워 둔 후 층을 구분하지 않고 칠해 주세요.

신한 SWC Shell Pink, 미젤로 미션 Compose Blue

**06** 남색으로 왼쪽 건물에 위쪽이 둥근 창문을 그립니다. 창문 아래에는 초록색과 빨간색으로 점을 찍어 식물을 간략히 그려 주세요. 하늘색에 남색을 섞어 건물 외벽에 점선을 넣어 벽돌건물을 표현합니다. 가운데 건물에는 주황색으로 네모난 창문을 그려 주세요. 2층의 여백에는 노란색으로 맥주잔 부분을 그려 넣은 후 분홍색에 빨간색을 조금 섞어 3층과 꼭대기의 외벽에만 줄무늬를 넣습니다. 마지막 건물에는 갈색으로 창문과 하트 모양 조형물을 그립니다. 민트색에 남색을 섞어 외벽에 점선도 넣어 주세요. 미젤로 미션 Indigo, Yellow Orange

**07** 이번에는 와플 모양 자석을 그립니다. 빨간색으로 딸기 부분만 먼저 그려 주세요. 꼭지 부분은 여백으로 남겨 두고 채색합니다. 겹쳐 있는 딸기 사이사이에는 얇게 간격을 남겨 주세요.

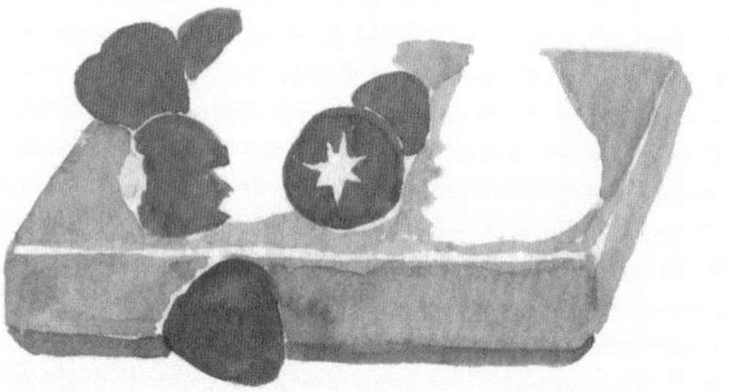

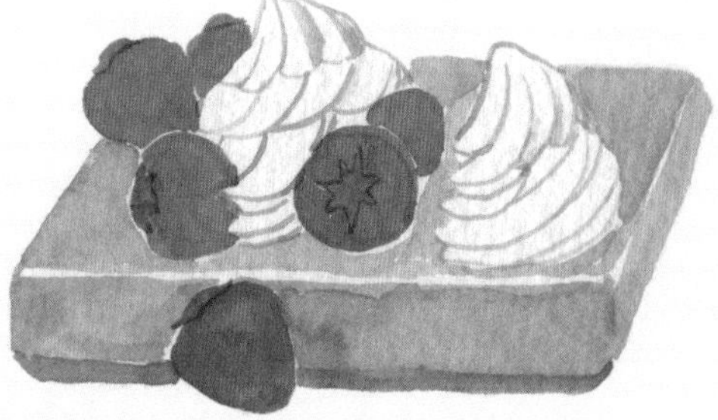

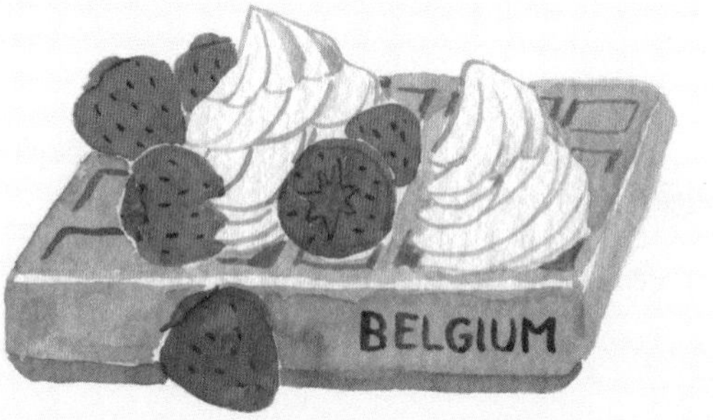


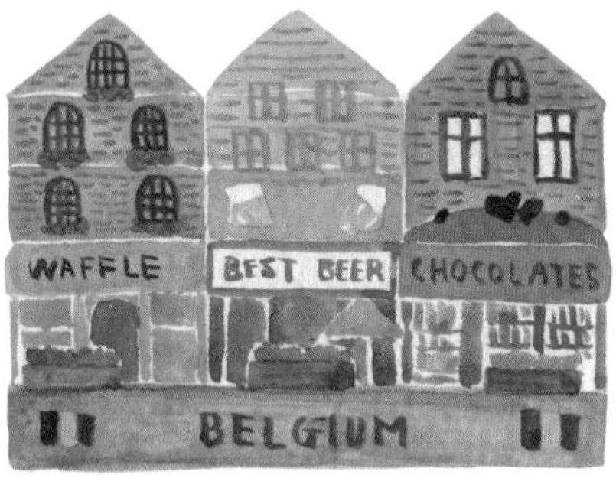


08 09
10

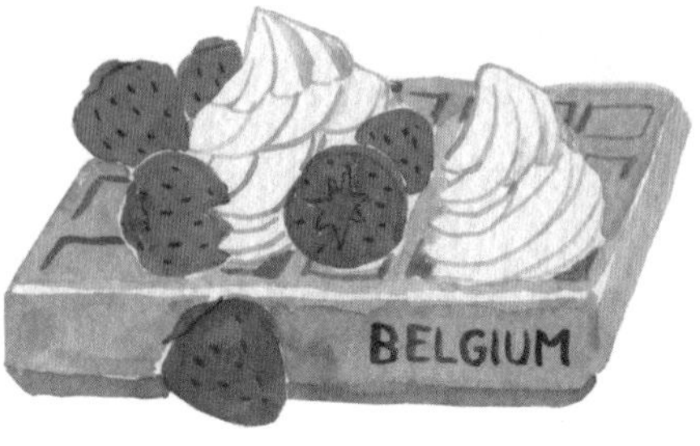


**08** 황토색으로 와플을 그립니다. 윗면부터 크림이 올라갈 부분을 제외하고 채색해 주세요. 윗면과 간격을 조금 두고 옆면도 각각 채색합니다. 맨 아래쪽은 갈색을 조금 섞어 어둡게 칠해 주세요.

**09** 초록색으로 딸기 꼭지를 그려 넣습니다. 연하게 발색한 검은색으로 크림도 묘사해 주세요.

**10** 황토색에 갈색을 섞어 와플의 무늬를 묘사합니다. 검은색으로 딸기 씨를 콕콕 그려 넣고 와플 옆면에 'BELGIUM'이라고 써 주세요. 여행지 자석 완성.

# 6

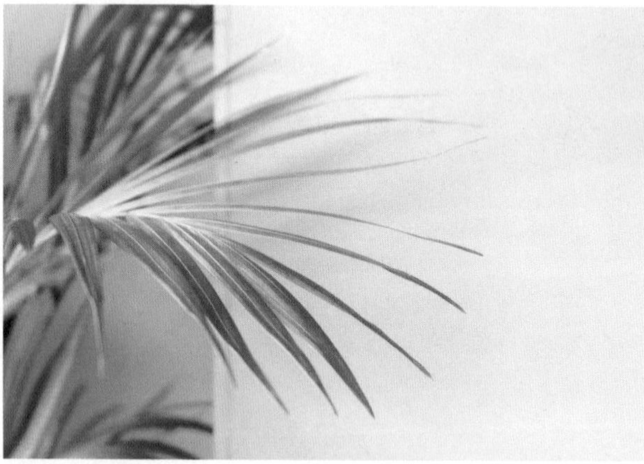

○

# 내가 그린 그림 활용하기

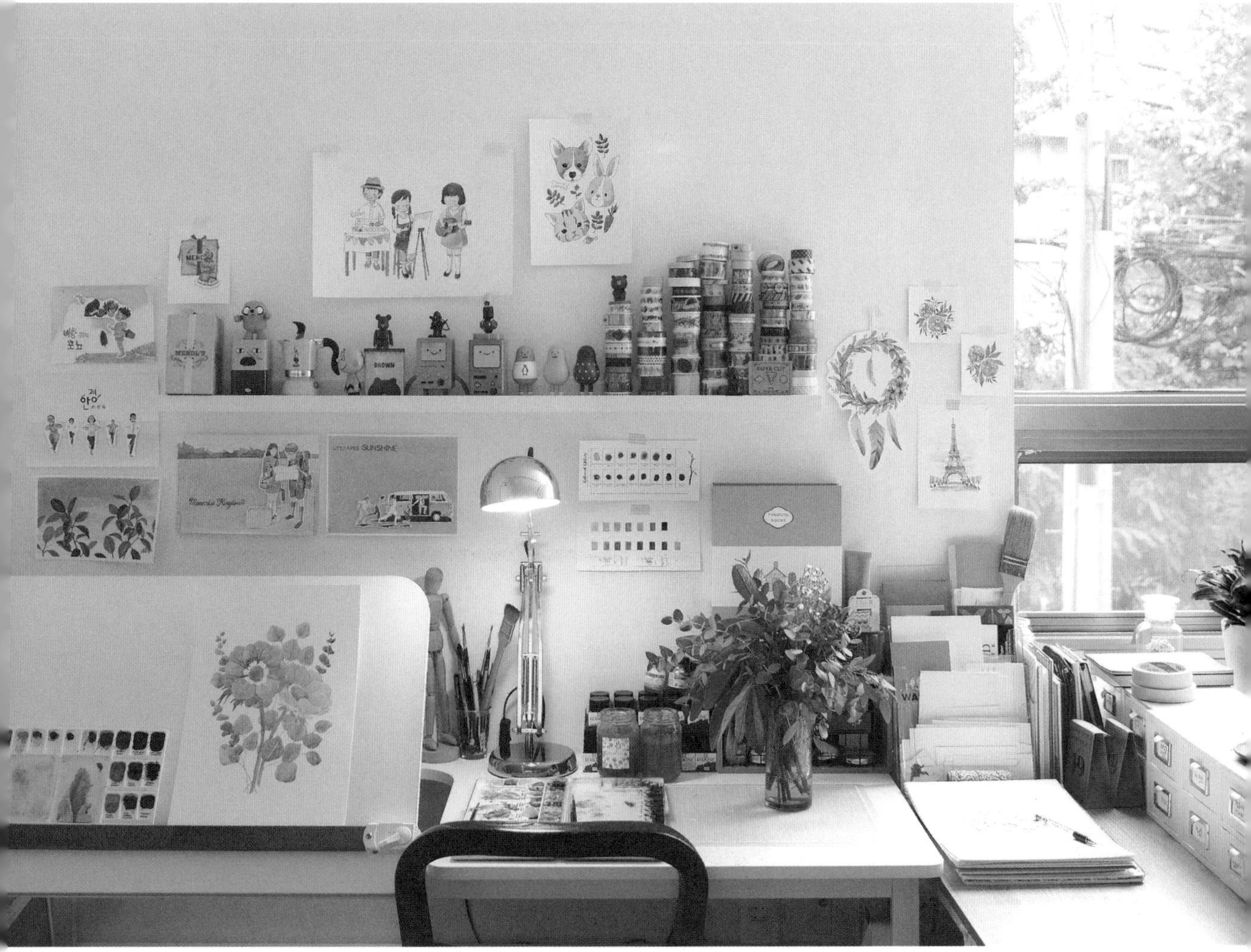

○
첫
번
째

# 내 그림으로 벽 꾸미기

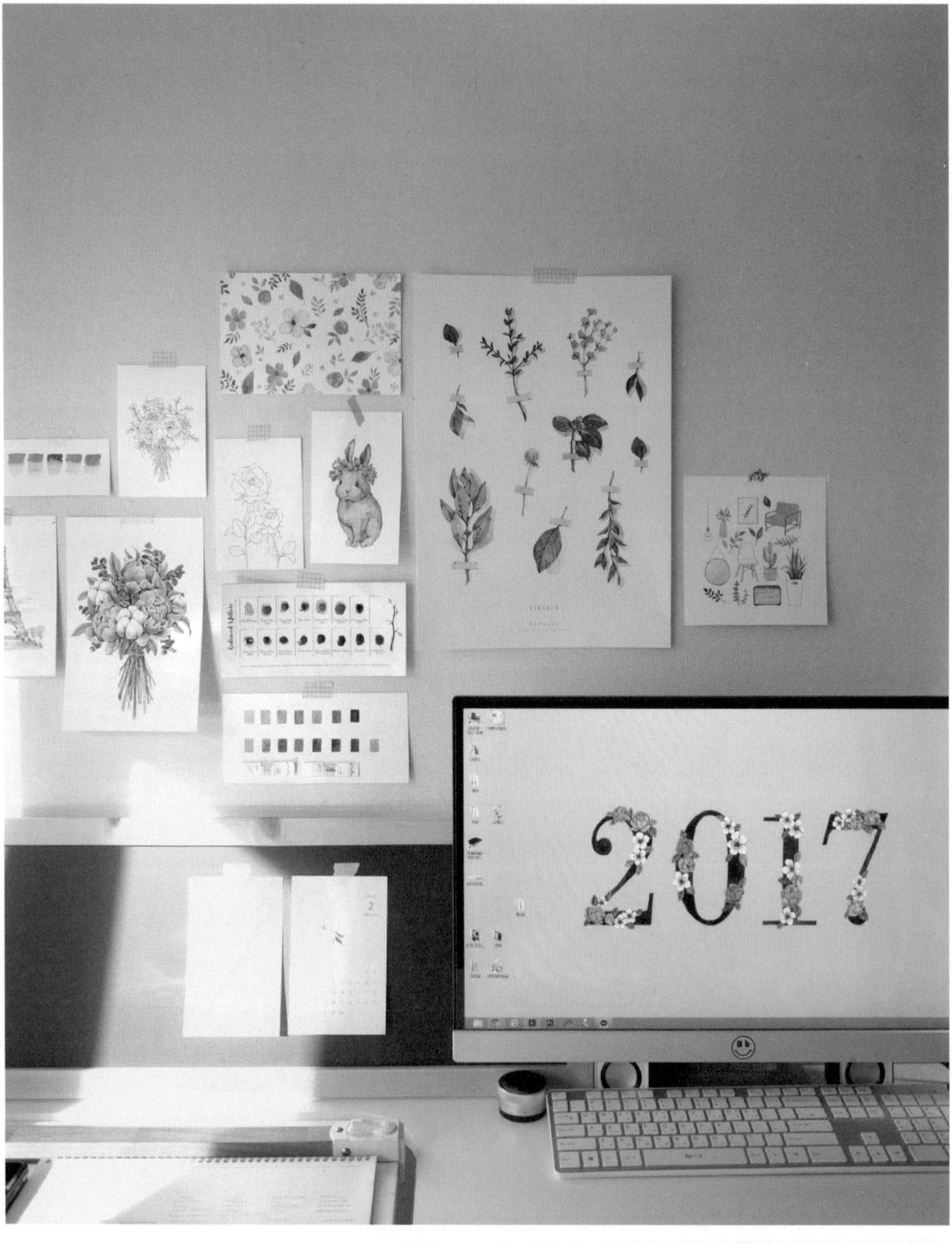


마스킹테이프, 드라이플라워 또는 압화 등

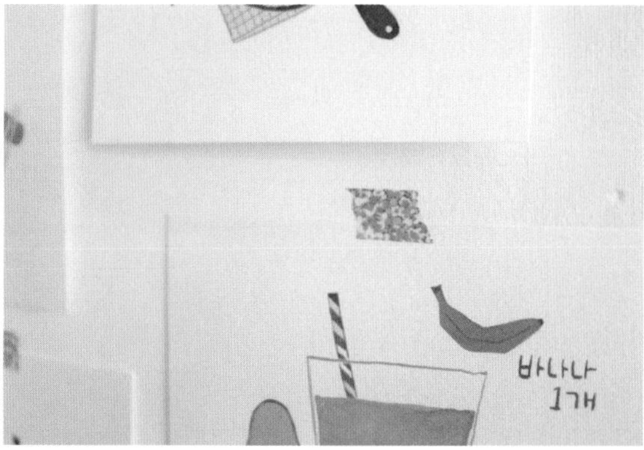


**01** 좋아하는 마스킹테이프로 벽에 그림을 붙입니다.

**02** 그림을 여러 장 붙일 때에는 줄을 맞춰 나란히 붙이는 것보다 조금씩 들쑥날쑥하게 붙이는 것이 자연스럽고 예뻐요.

**03** 그림에 빈 공간이 있다면 살짝 겹쳐서 붙이는 것도 좋습니다.

01

02 03

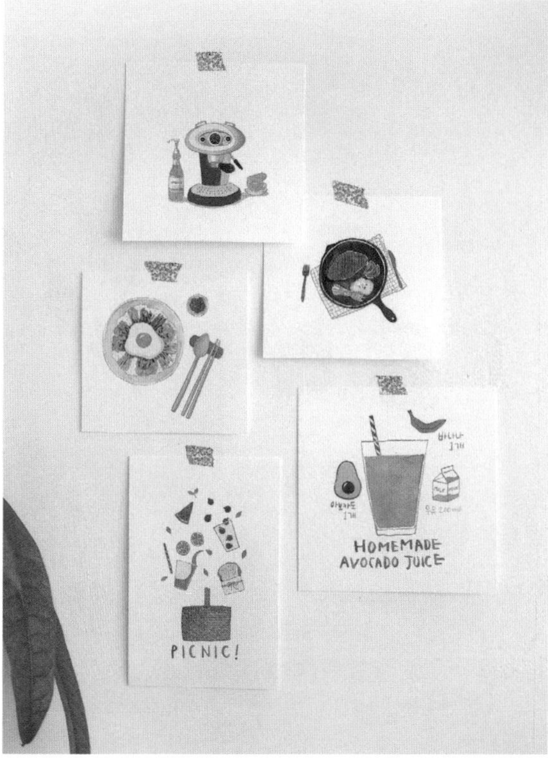


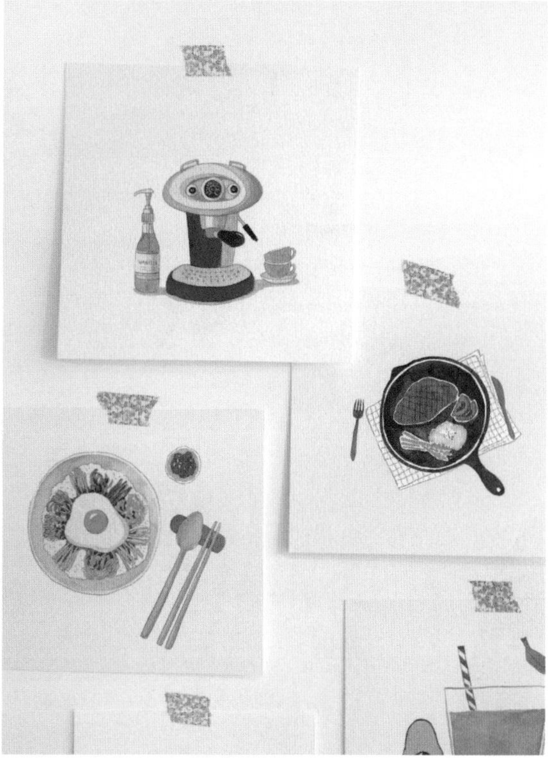

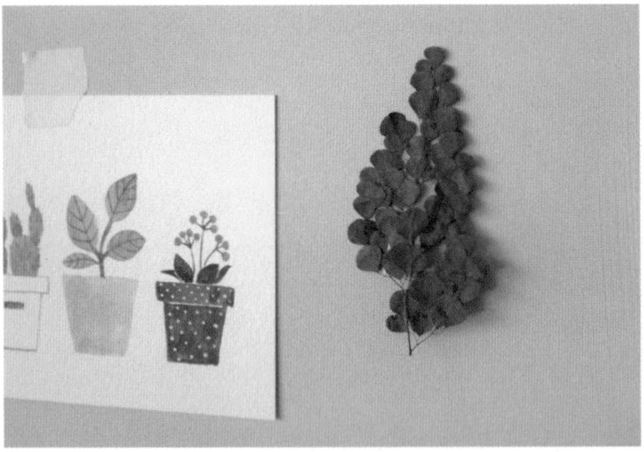

**04** 드라이플라워나 압화 등을 함께 붙여 꾸며 보세요. 마스킹테이프를 바깥쪽으로 동글하게 말아 압화 뒤쪽에 붙이면 양면테이프처럼 활용할 수 있습니다.

**05** 주제가 겹치는 그림들을 모아 벽에 같이 붙이며 그 공간의 주제도 만들어 보세요.

04

05 05

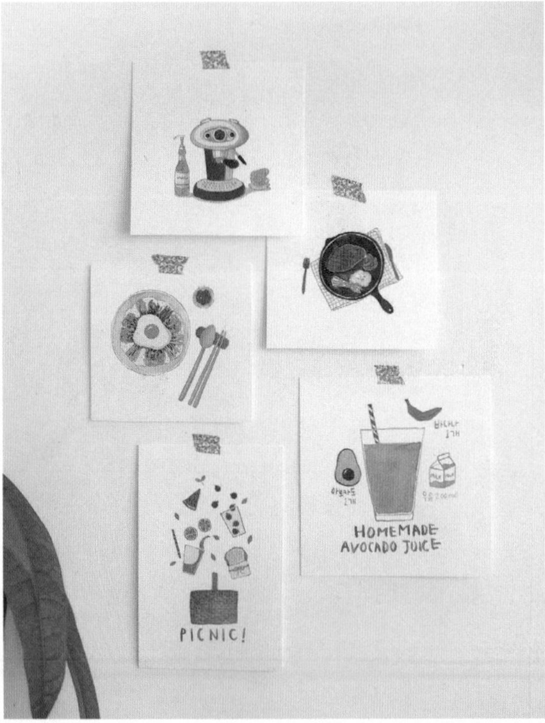


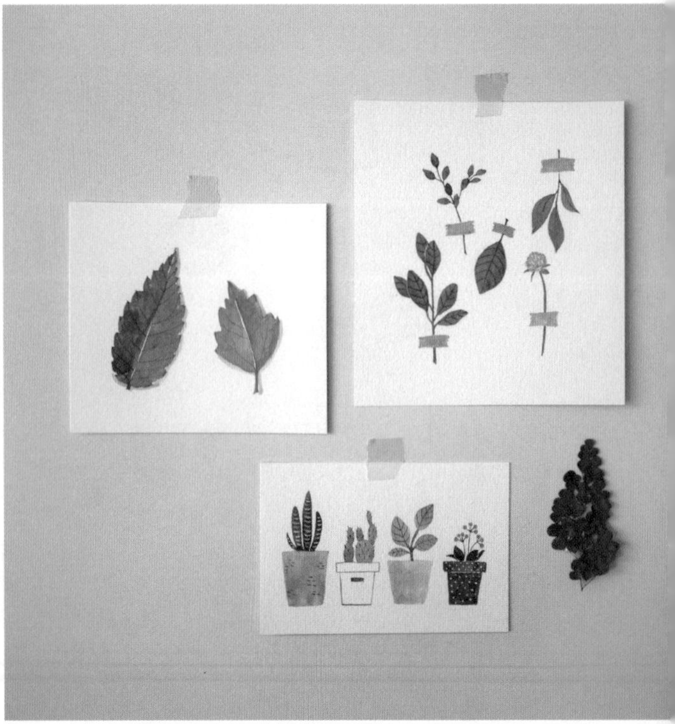

ㅇ 두 번 째

# 여행노트 만들기

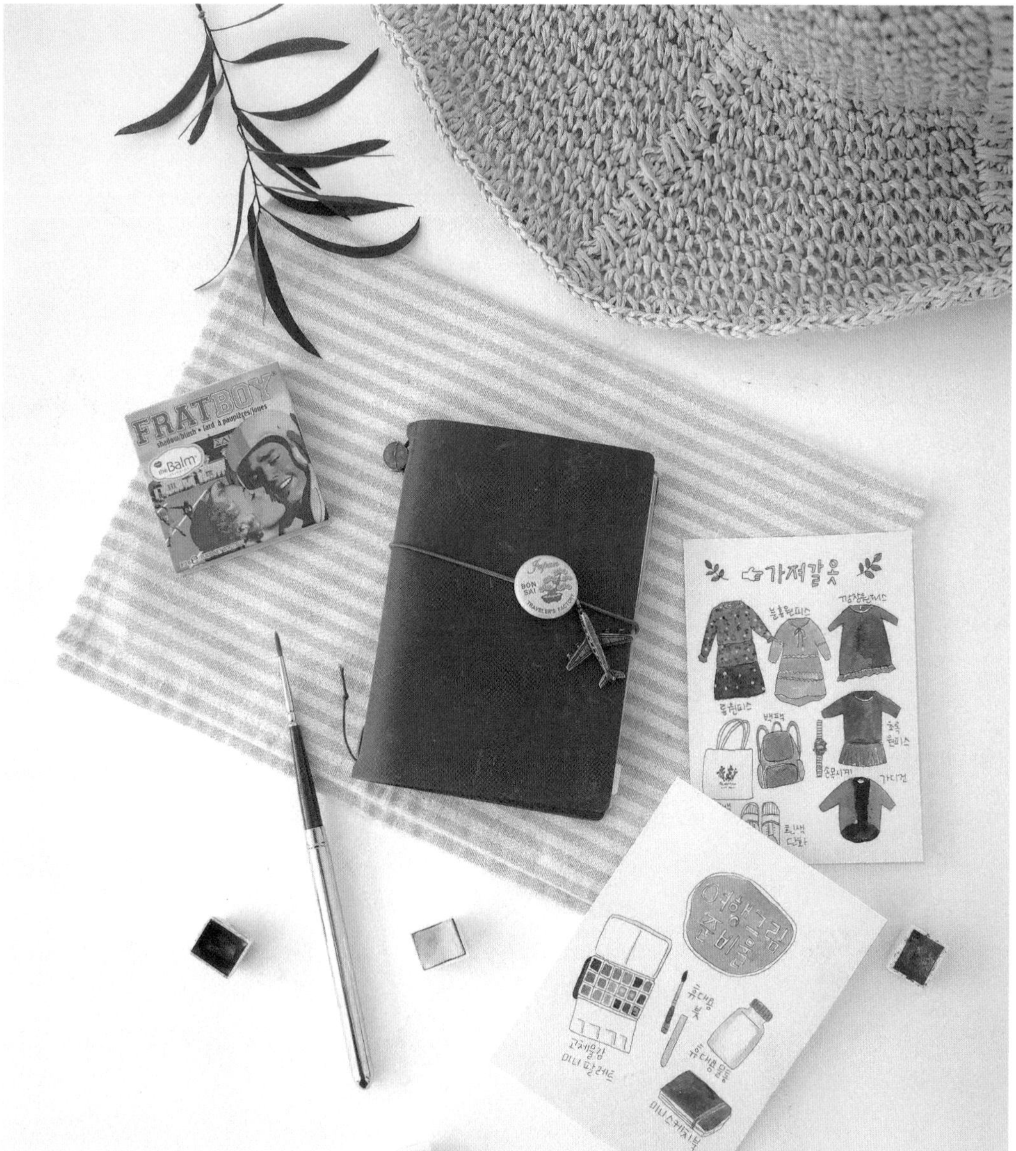


여행노트, 마스킹테이프, 작은 펜 등

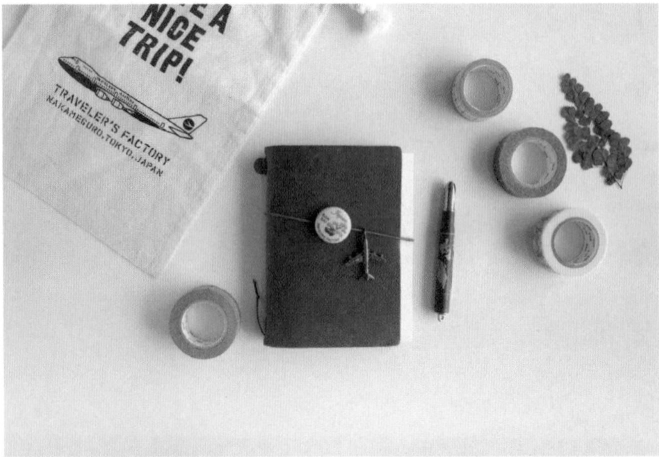


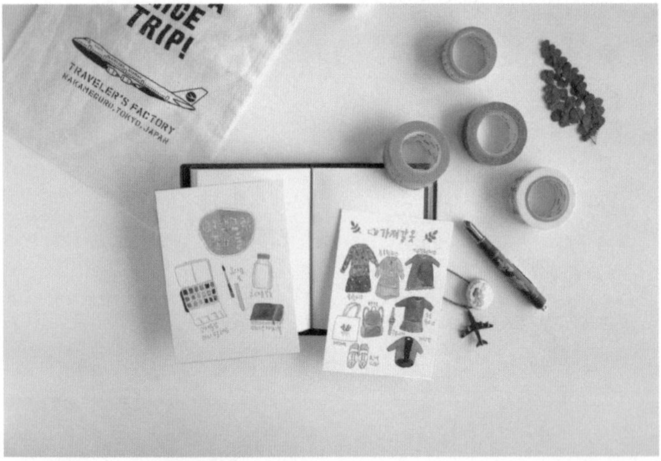


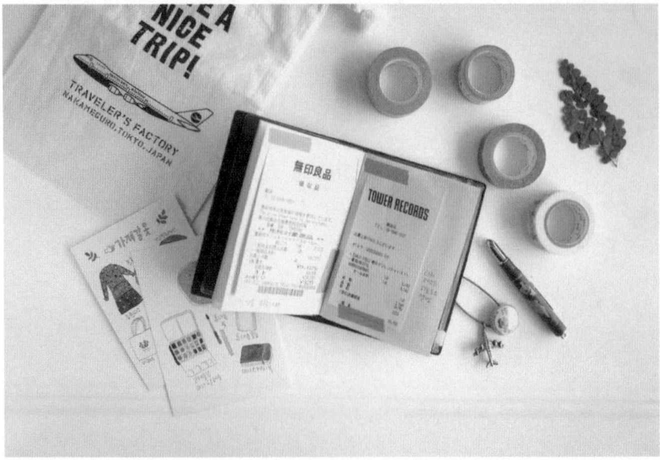


01
02
03

**01** 여행노트는 가지고 다니기 편한 크기로 준비하는 것이 좋습니다. 작은 펜과 마스킹테이프도 꼭 챙겨 주세요.

**02** 여행 준비를 그림으로 시작해 보세요. 챙겨야 할 준비물이나 여행 코디를 여행노트에 직접 그려 보는 거예요. 여행노트의 종이가 얇다면 수채용지에 그린 후 오려 붙이는 것도 좋은 방법이에요.

**03** 여행 중에는 영수증이나 쿠폰 등을 모아 여행노트에 붙여 보세요. 가계부로도 활용할 수 있어요.

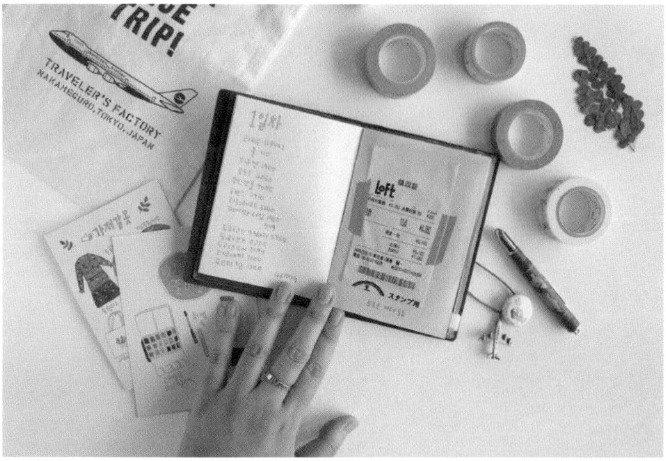


04

**04** 여행 경비나 여정을 적어 두는 것도 좋아요. 여행이 끝난 후에는 한 권의 여행기록부가 되어 있을 거예요.

**05** 비닐포켓을 추가로 달면 티켓 등을 보관할 수 있어 좋습니다.

05

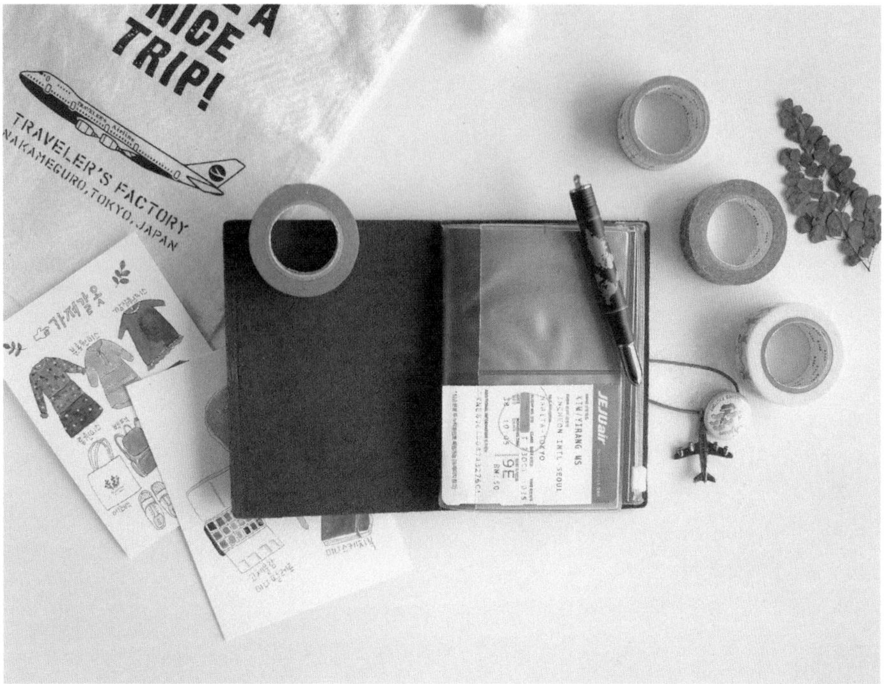

ㅇ
세
번
째

# 액자 포장하기

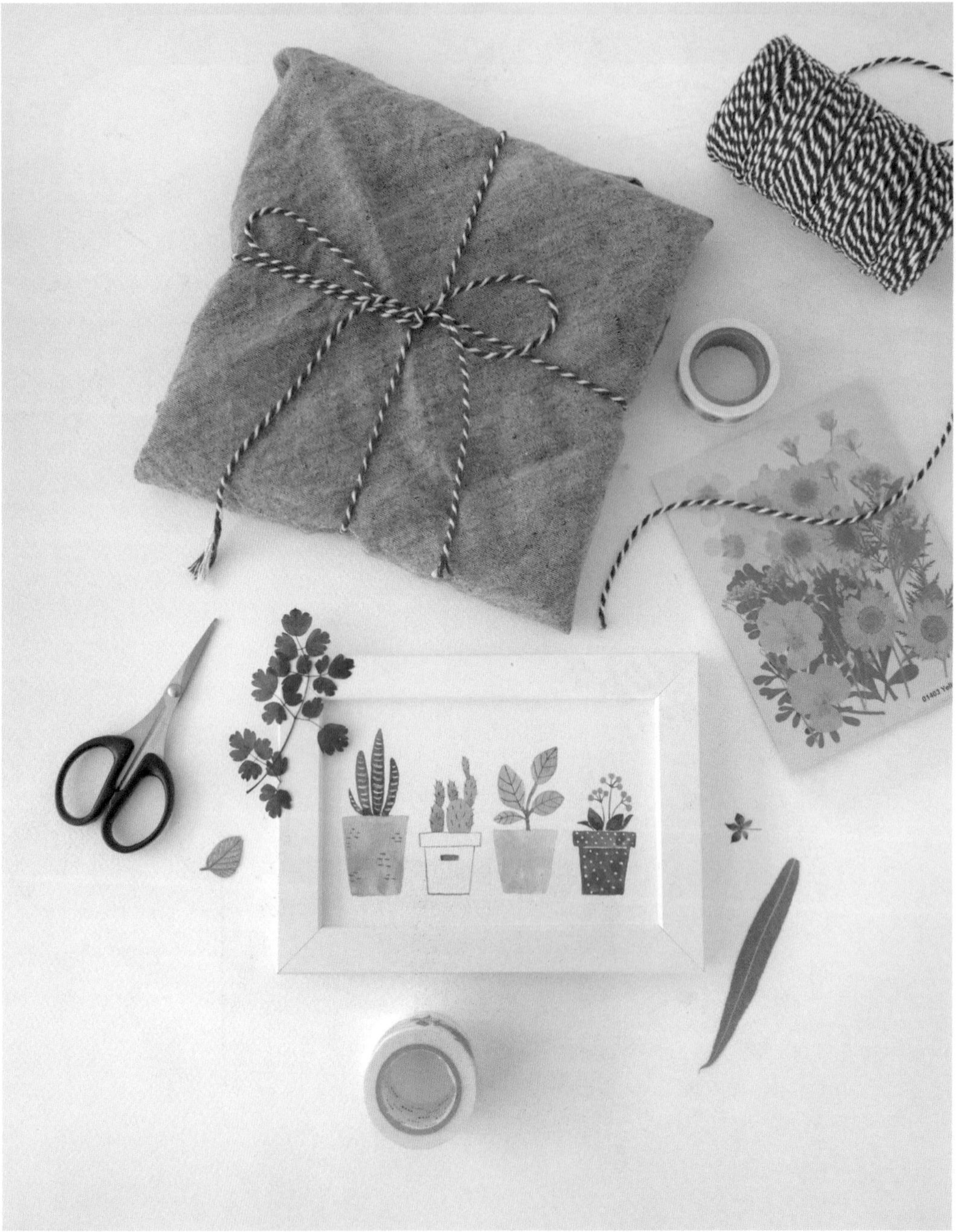

액자, 크라프트 포장지, 마스킹테이프, 가위, 끈, 드라이플라워 등

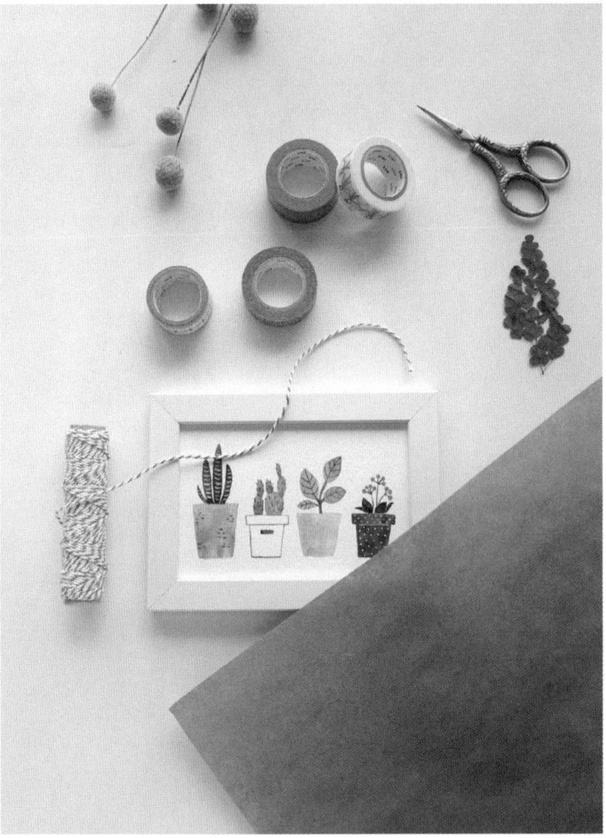

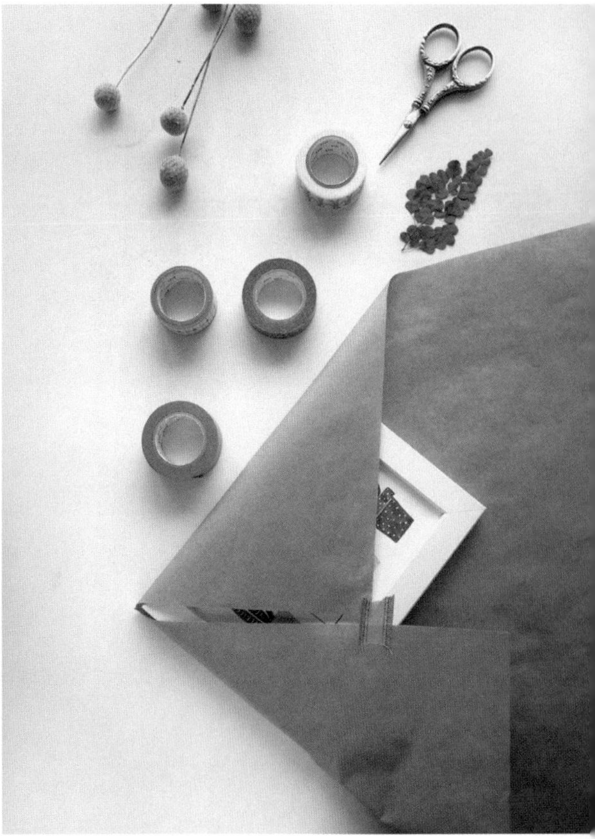

01 02

**01** 선물할 그림을 액자에 넣고 크라프트 포장지, 마스킹테이프, 가위, 끈, 드라이플라워 등을 준비합니다.

**02** 포장지 왼쪽 하단에 액자를 비스듬히 두고 포장지의 양쪽 모서리를 접어 마스킹테이프로 고정합니다. 그대로 액자를 뒤집어 포장지로 돌돌 감아 주세요.

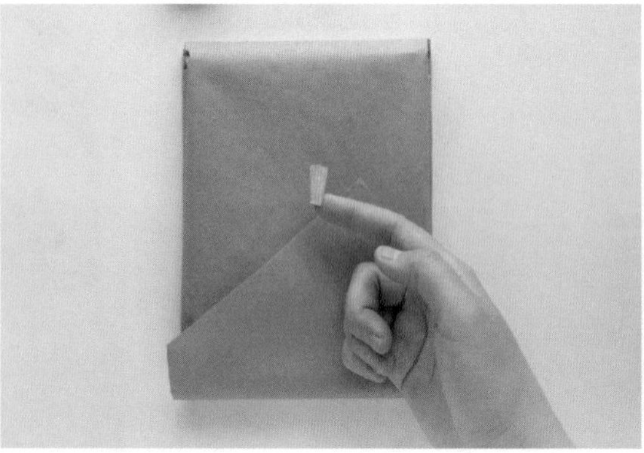

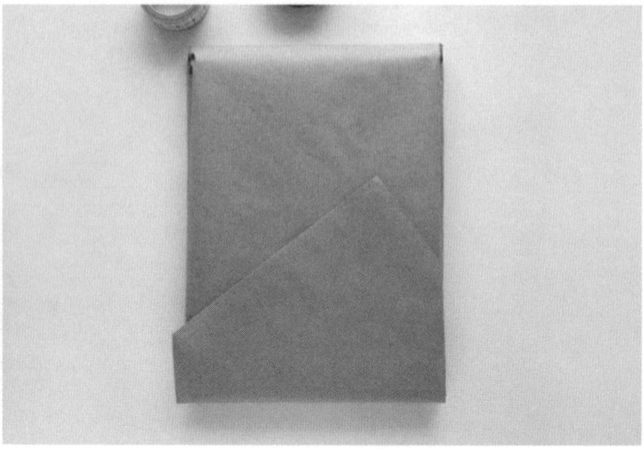

**03** 감다 보면 포장지의 마지막 끝부분이 뾰족하게 남을 거예요. 마스킹테이프를 바깥쪽으로 말아 양면테이프처럼 만든 후 포장지 끝부분의 안쪽에 붙여 고정해 주세요.

**04** 끈을 넉넉히 풀어 준비합니다.

**05** 먼저 앞에서 뒤쪽으로 끈을 가로로 감고 뒷면에서 만난 양쪽 끈을 위아래로 교차하여 앞으로 가져옵니다.

| 03 | 03 |
| --- | --- |
| 04 | 05 |

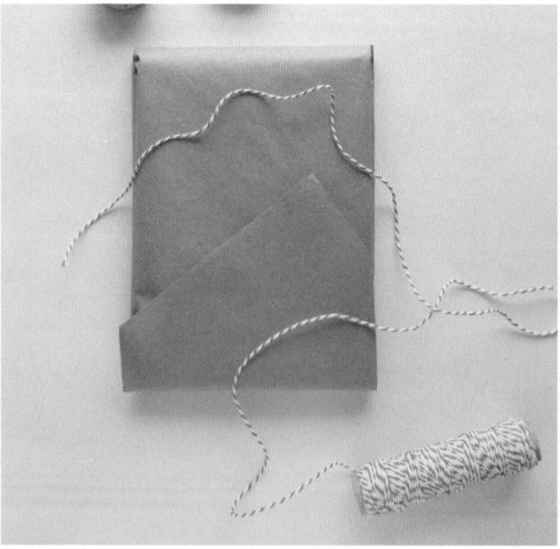

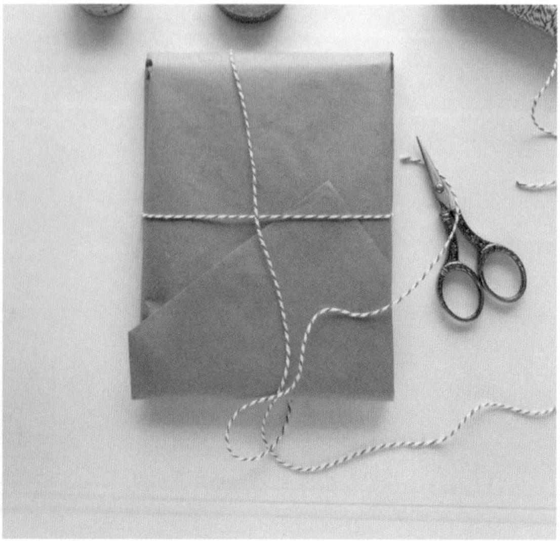

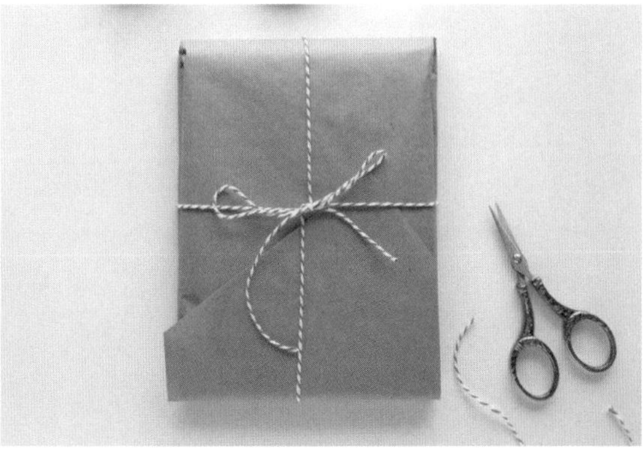

06

07

**06** 리본을 묶은 후 끈을 적당히 잘라 주세요. 양쪽의 길이가 다른 것이 자연스럽고 예쁩니다.

**07** 취향에 따라 드라이플라워 등을 붙여 장식해도 좋아요. 포장 완성.

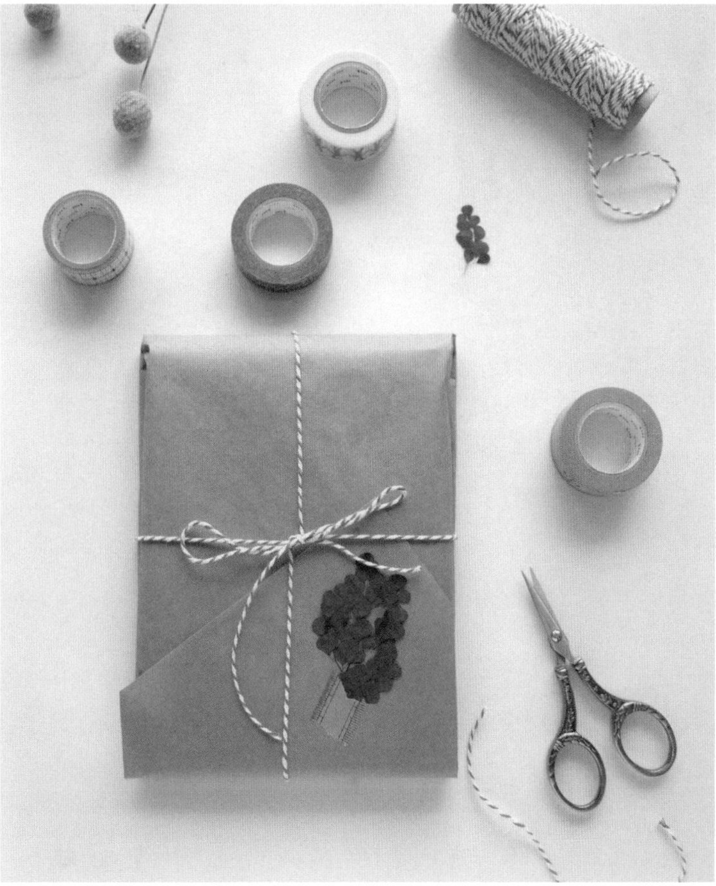

ㅇ
네
번
째

# 홈카페 메뉴판 만들기

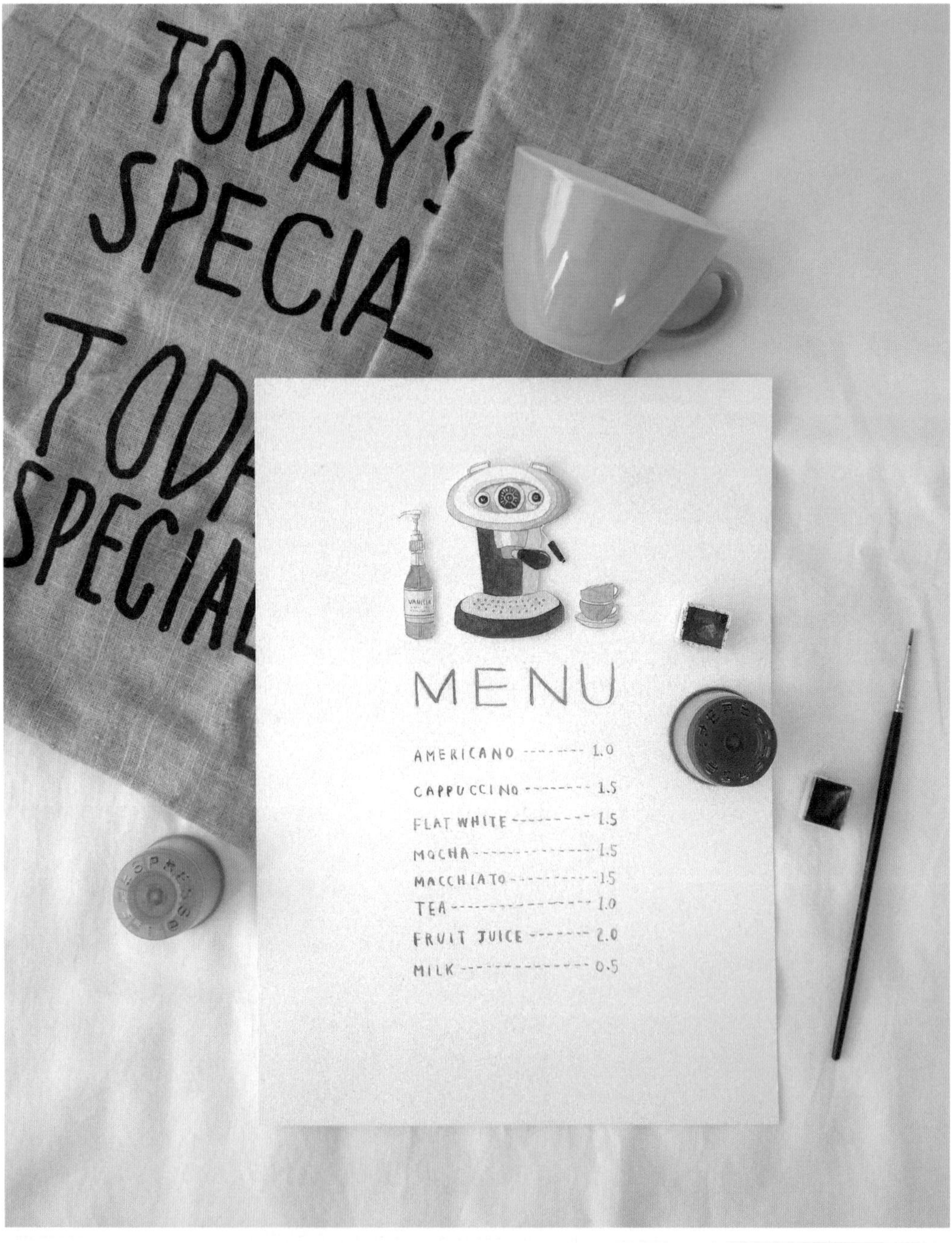


수채화용지, 아트나이프, 양면테이프(또는 마스킹테이프), 얇은 붓

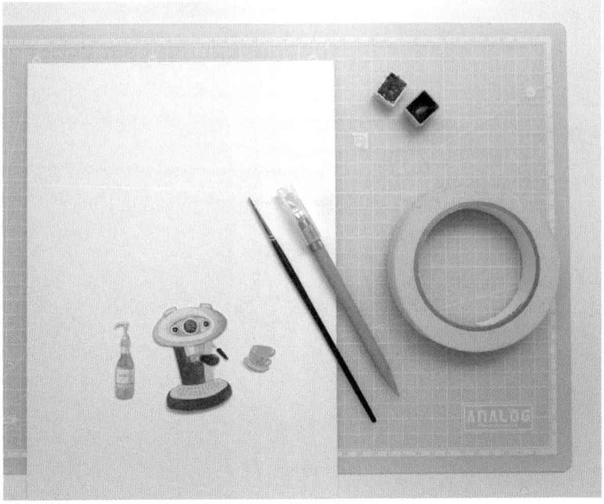


**01** A4용지 사이즈로 자른 수채화용지와 함께 빨간색과 검은색 물감, 3M의 도톰한 양면테이프 또는 마스킹테이프, 얇은 붓 등을 준비합니다. 메뉴판에 붙일 그림은 잘라서 준비해 주세요.

**02** 메뉴판이 될 종이에 그림을 직접 그려도 좋지만 따로 그려 놓은 그림을 오려 붙이면 입체감이 생겨 더 예쁘답니다. 커터칼보다는 섬세하게 오릴 수 있는 아트나이프를 사용하는 것이 좋아요.

01

02

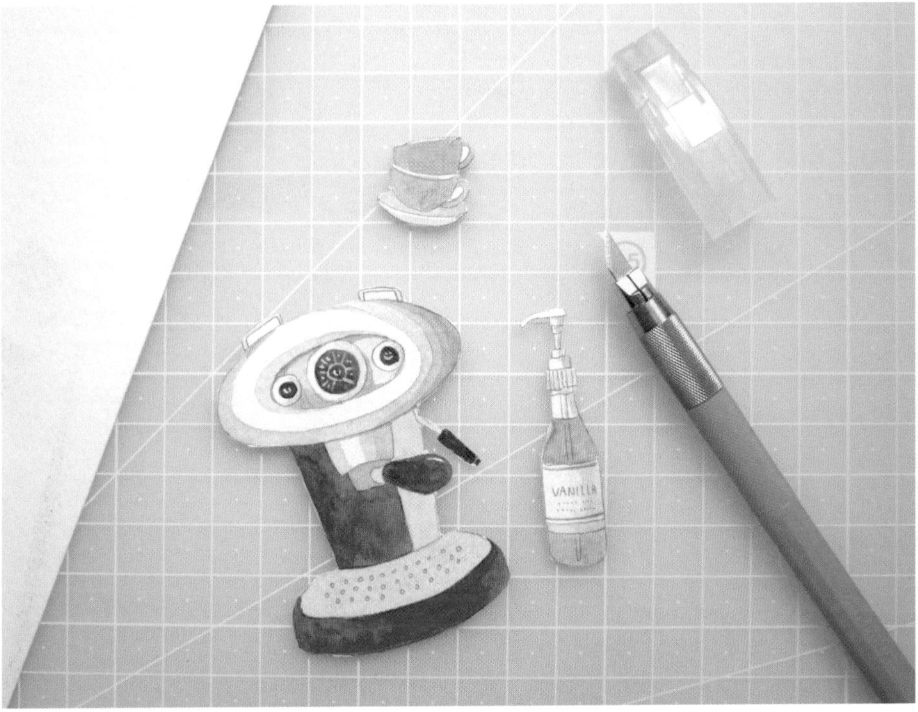

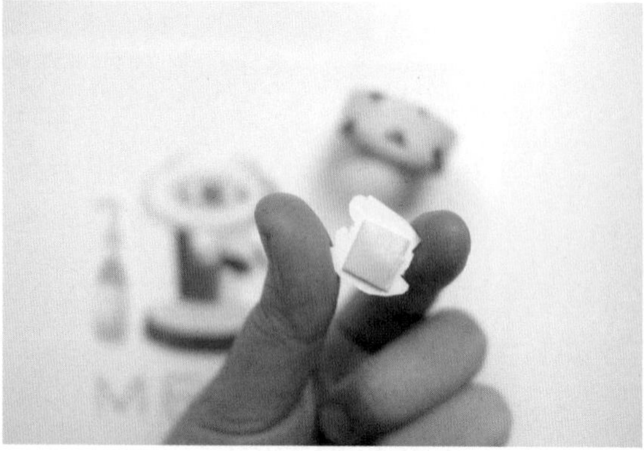

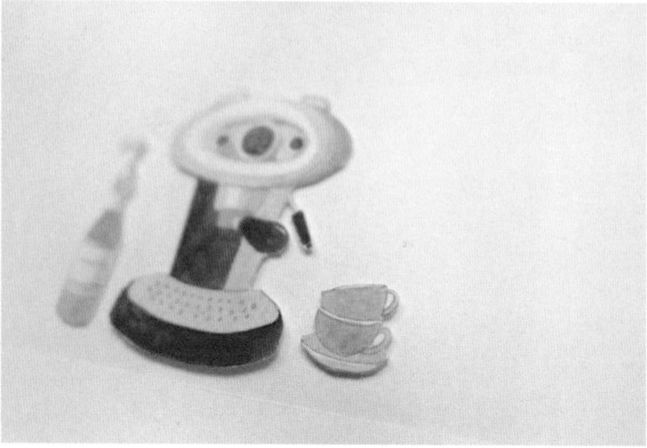

**03** 오려 낸 그림은 풀로 붙여도 무방하지만 테이프를 이용하면 그림이 살짝 더 튀어나와 보이기 때문에 입체감이 살아납니다. 도톰한 양면테이프로 붙이거나 마스킹테이프를 바깥쪽으로 말아 접은 후 한 번 더 접어 두툼하게 만들어서 붙여 주세요.

03 | 03

04

**04** 빨간색과 검은색 물감으로 그림 아래쪽에 메뉴를 자유롭게 적어 주세요. 가로 폭을 맞추어 쓰면 더욱 단정해 보입니다.

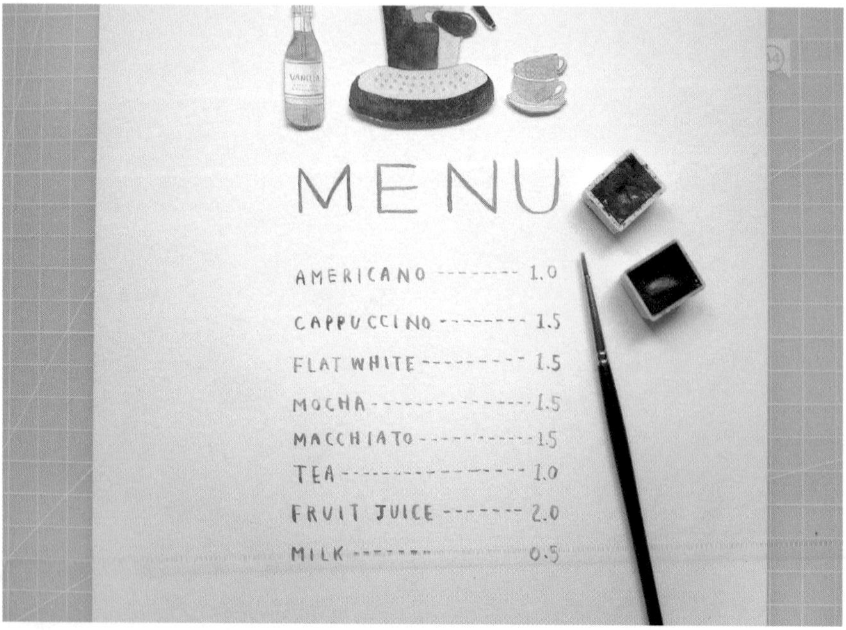

○ 다섯번째

# 달력 만들기

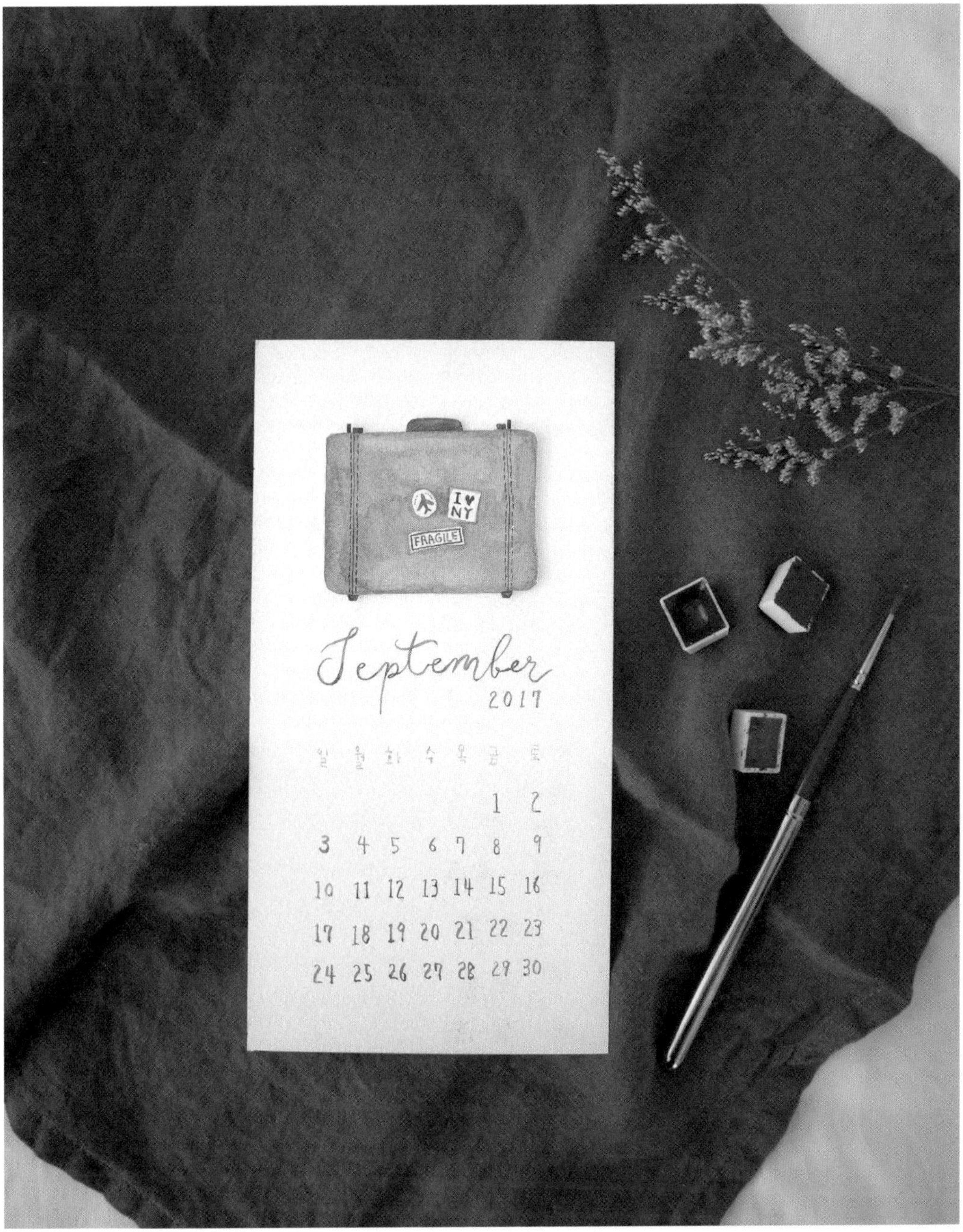


수채화용지, 아트나이프, 양면테이프(또는 마스킹테이프), 얇은 붓

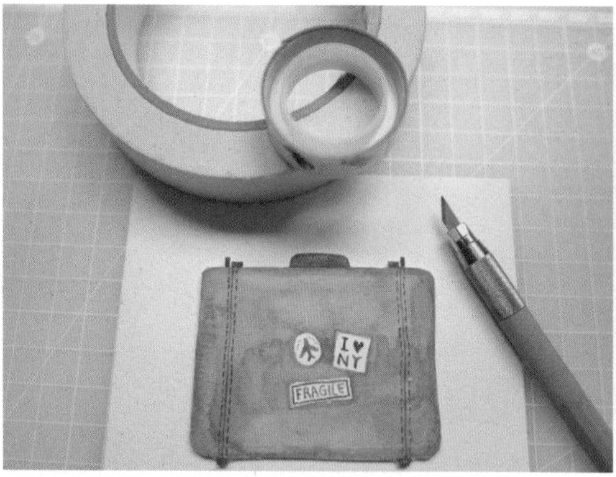


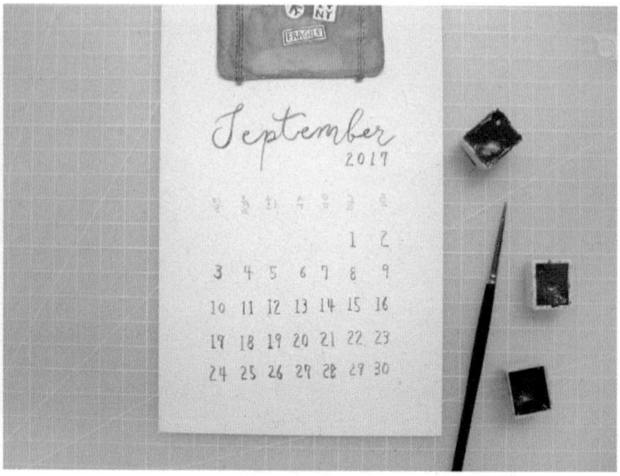


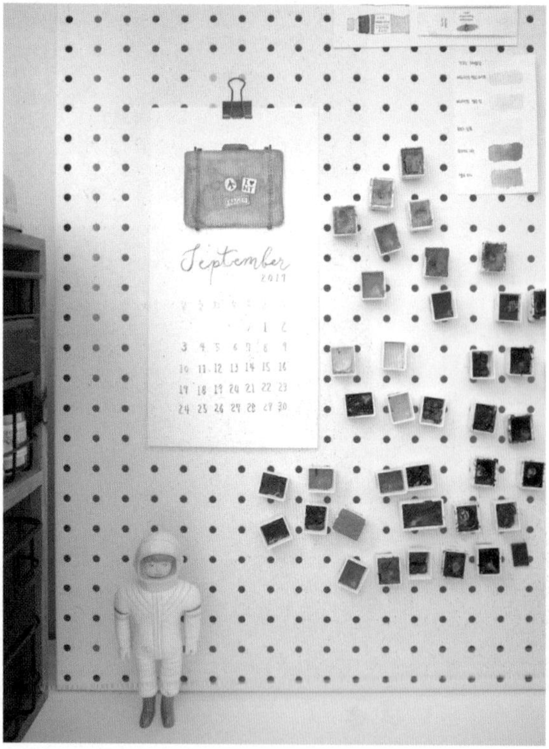


01 02
03

**01** 앞서 만들어 본 홈카페 메뉴판과 마찬가지로 달력에 붙일 그림을 아트나이프로 섬세하게 오려 주세요. 오려 낸 그림은 달력을 만들 수채화용지에 테이프로 붙입니다.

**02** 그림 아래쪽에 얇은 붓으로 달력의 내용을 써 주세요. 월 이름과 연도는 갈색으로, 요일과 날짜는 연하게 발색한 검은색으로 씁니다. 일요일에 해당하는 날짜는 빨간색으로 구분해 주세요. 월 이름은 예쁜 필기체로 써서 강조해도 좋습니다. 포토샵에서 마음에 드는 서체로 글씨를 쓴 후 그대로 따라 써 보는 것도 좋은 방법이에요.

**03** 완성된 달력을 잘 보이는 곳에 붙여 주세요.

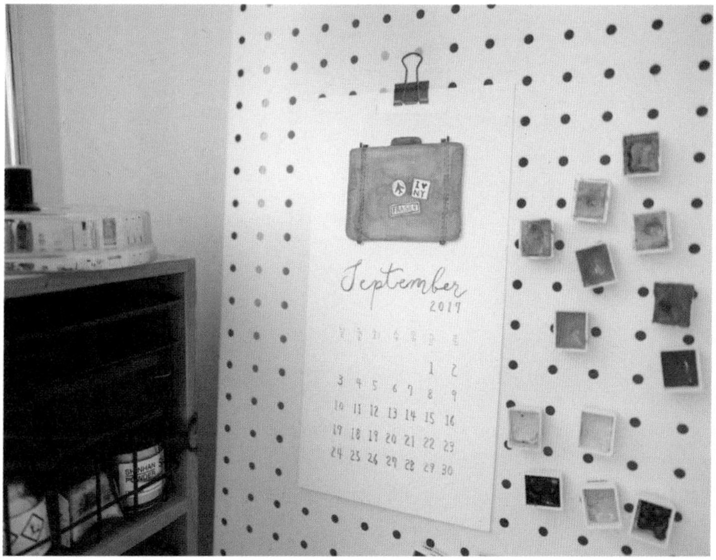
September
2017
1 2
3 4 5 6 7 8 9
10 11 12 13 14 15 16
17 18 19 20 21 22 23
24 25 26 27 28 29 30

* 샤프로 먼저 그린 후 채색한 그림들을 모아 스케치 도안을 제공합니다. 아직은 사진만 보고 따라 그리기 어렵다면 스케치 도안을 먹지에 대고 선을 따라 그려 보세요.

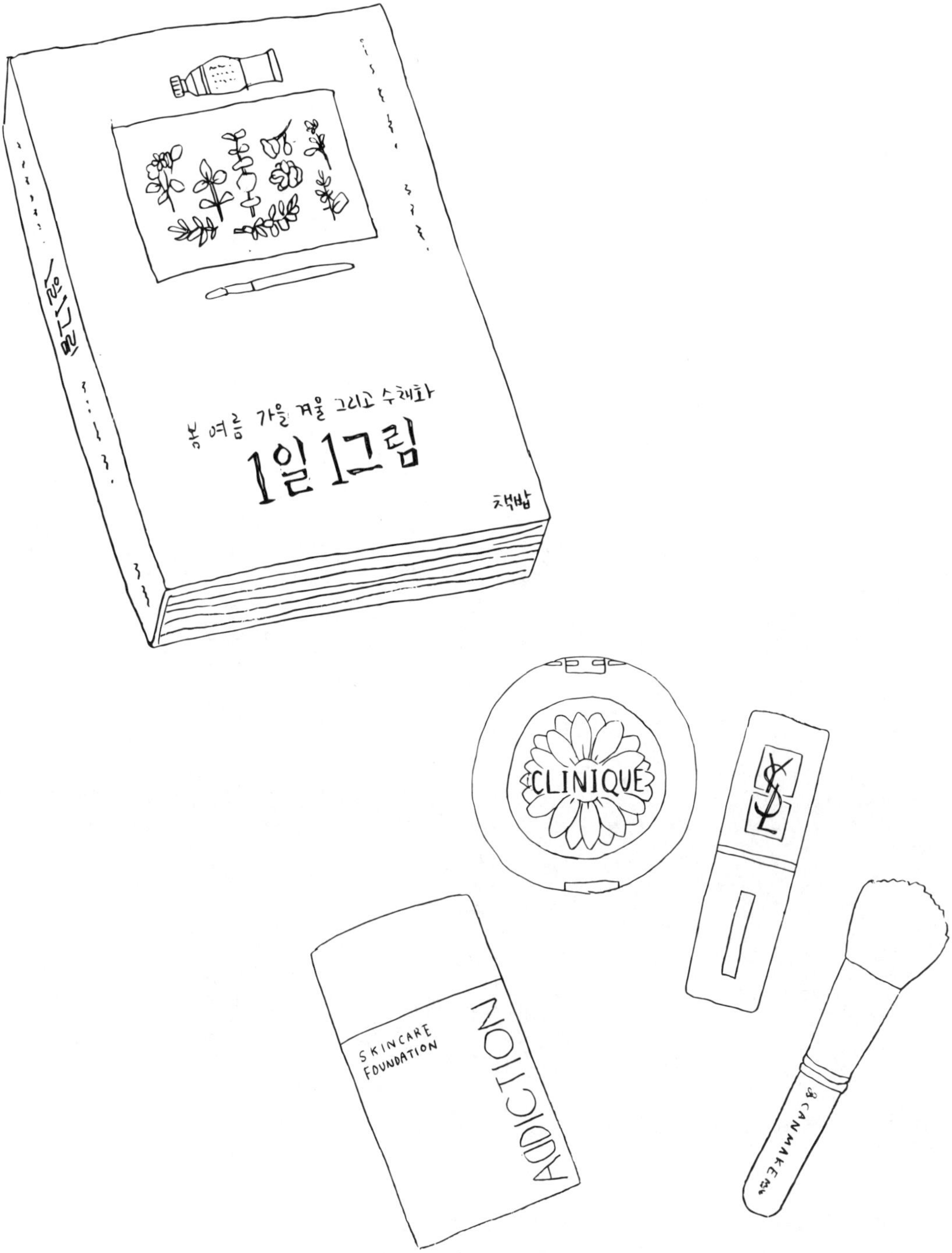

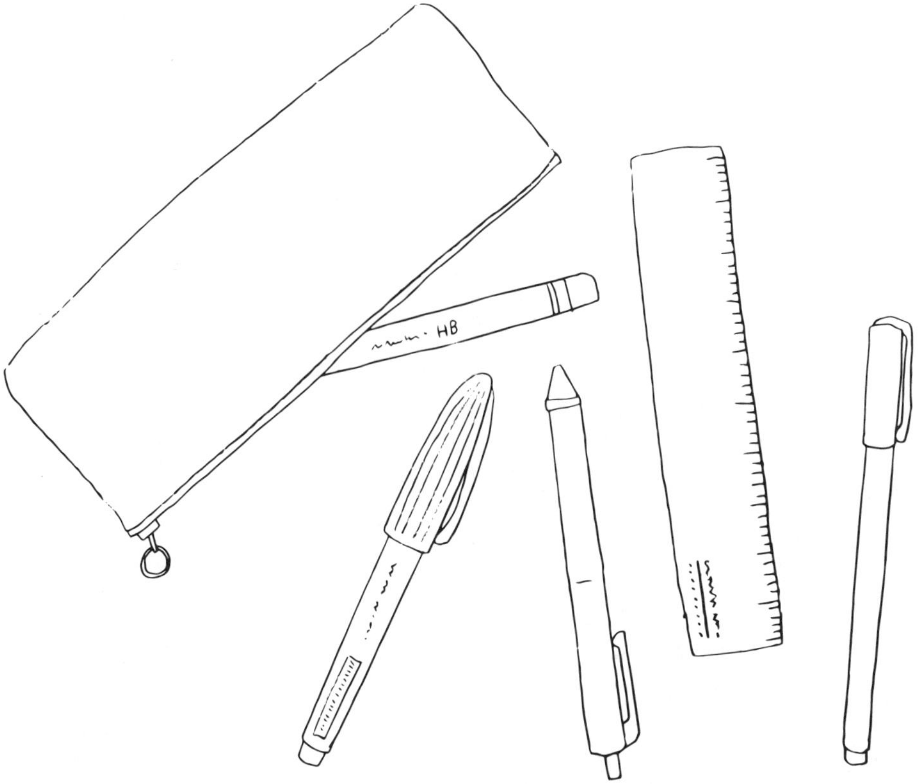
HB

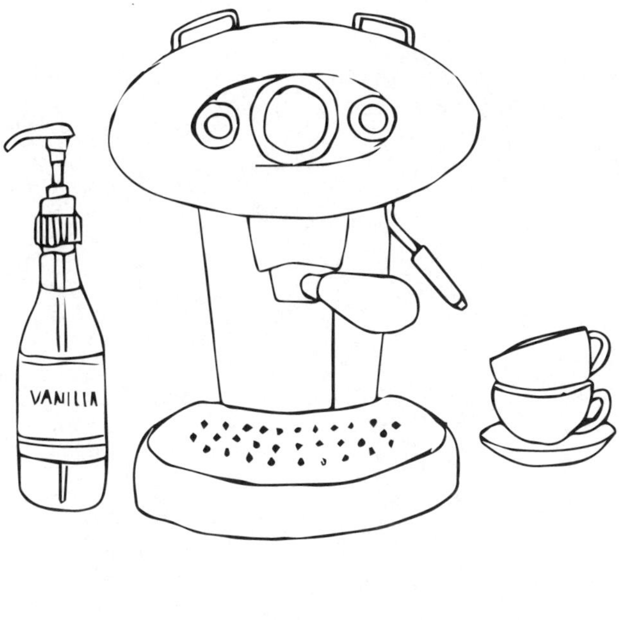
VANILLA

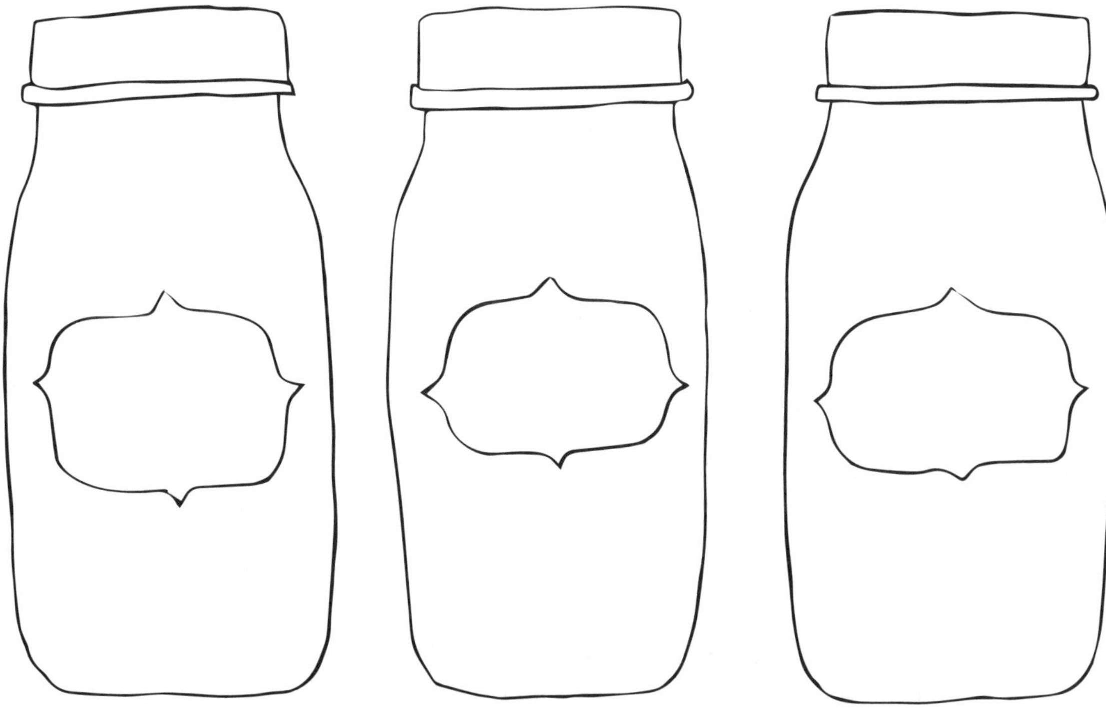

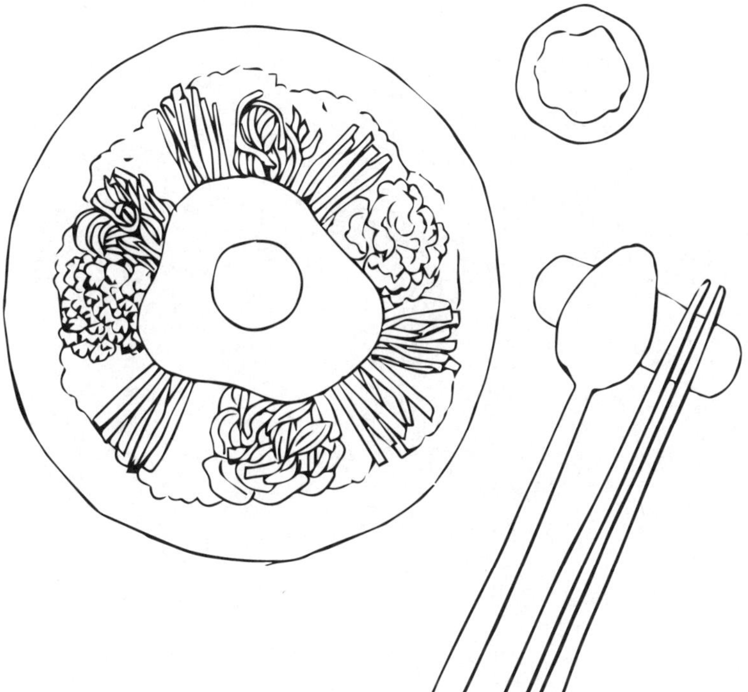

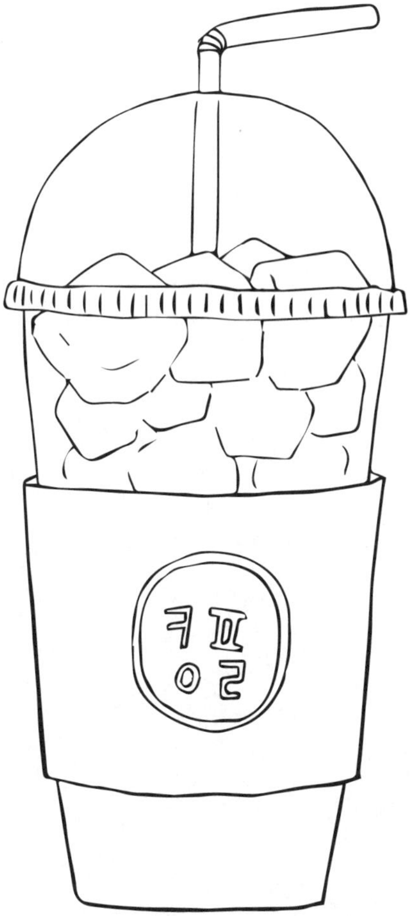

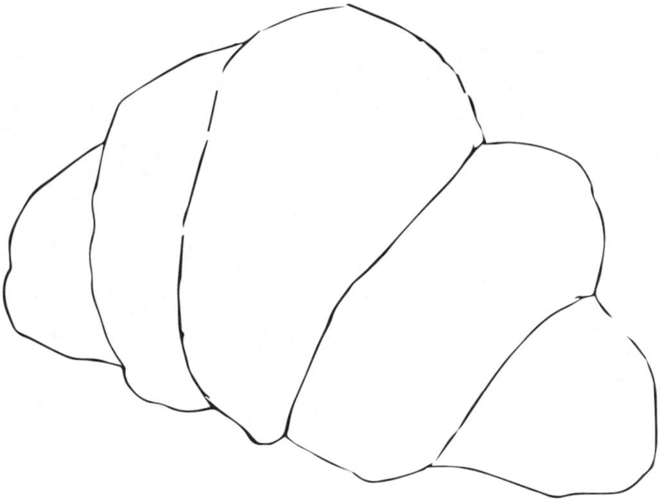

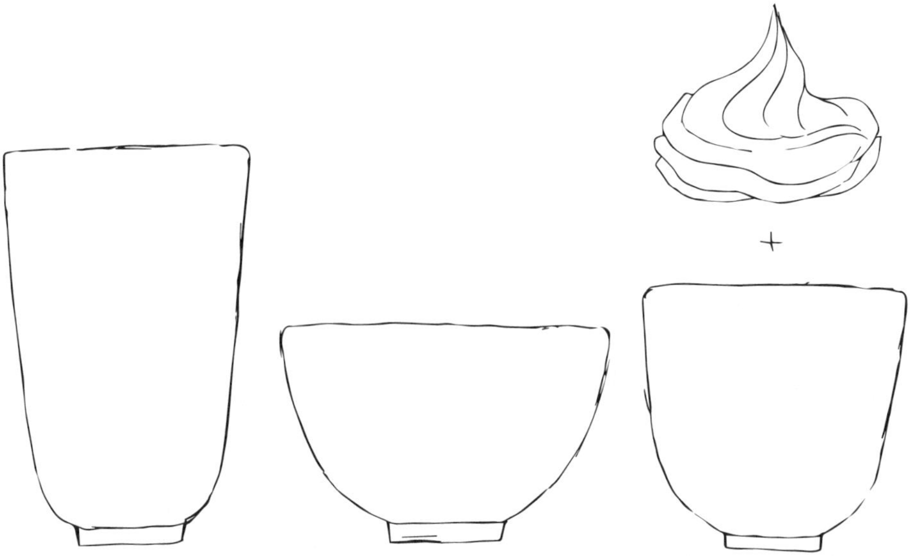

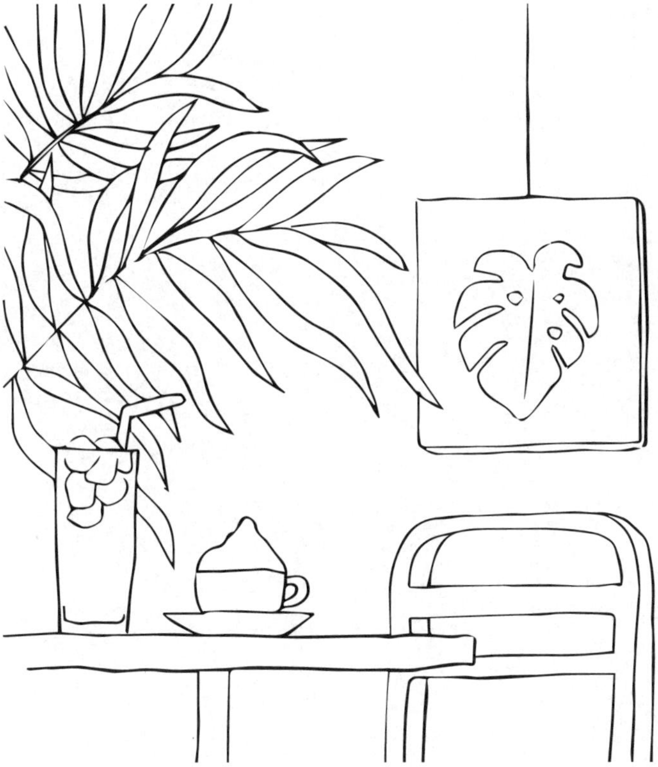

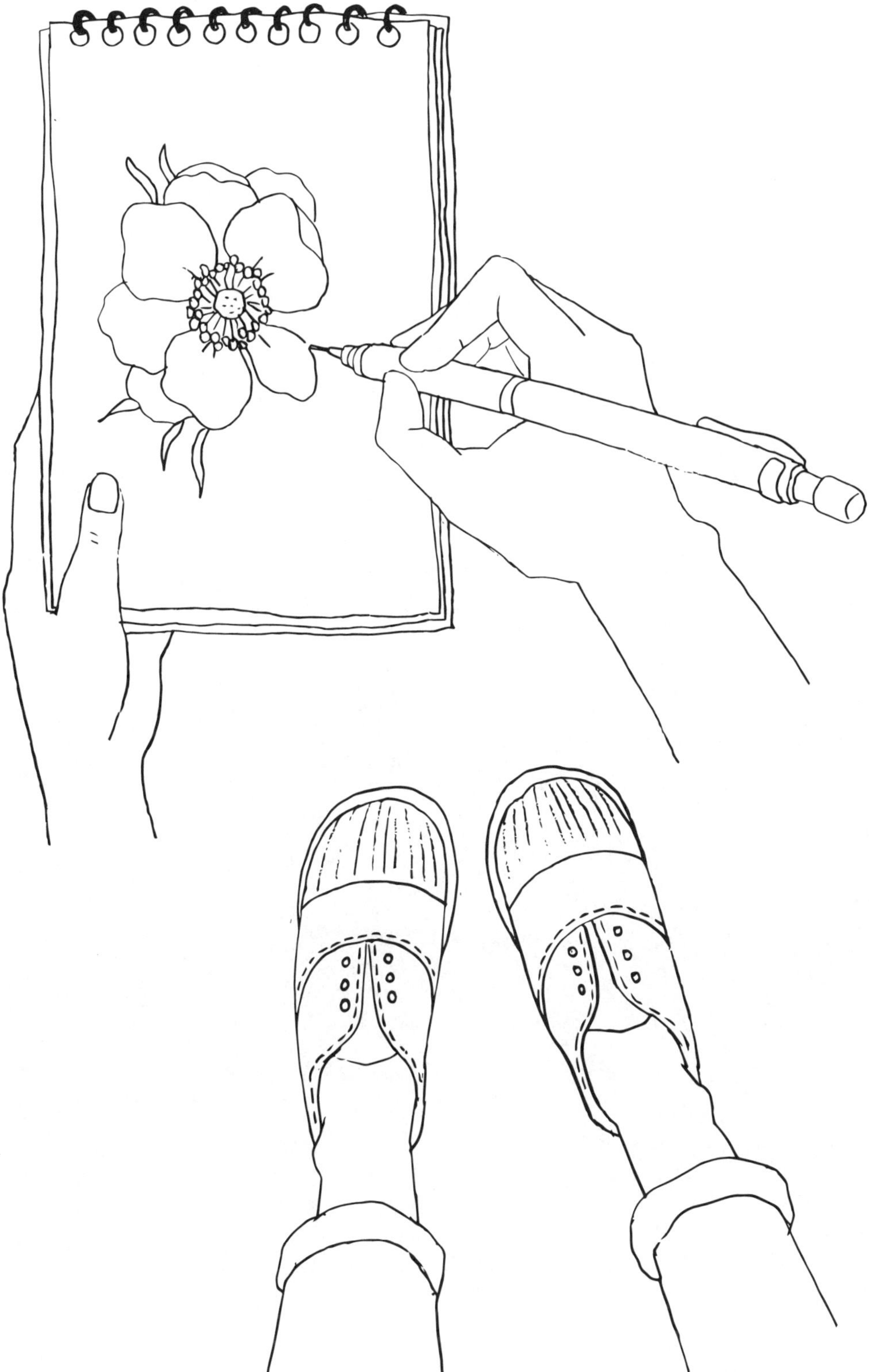

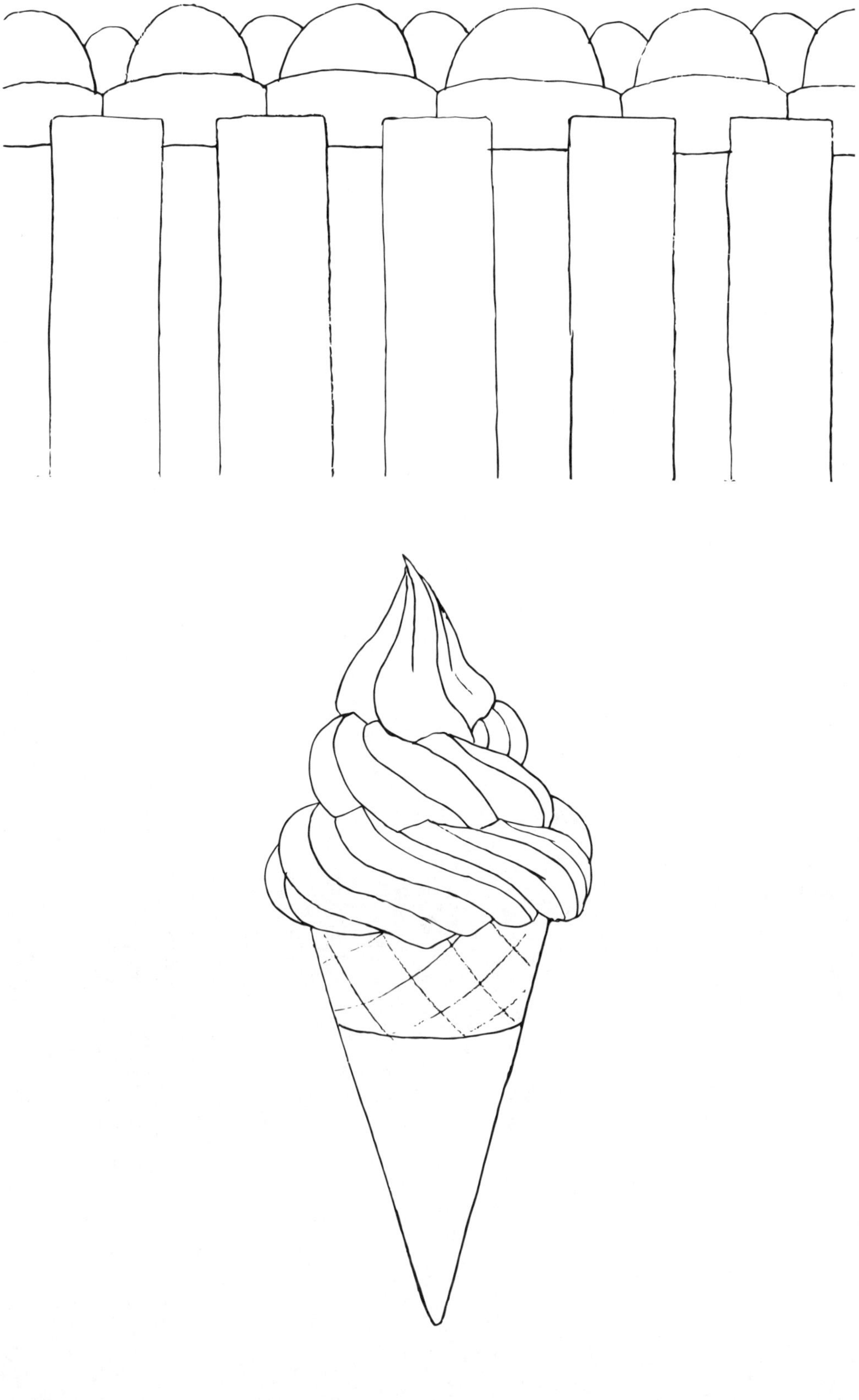

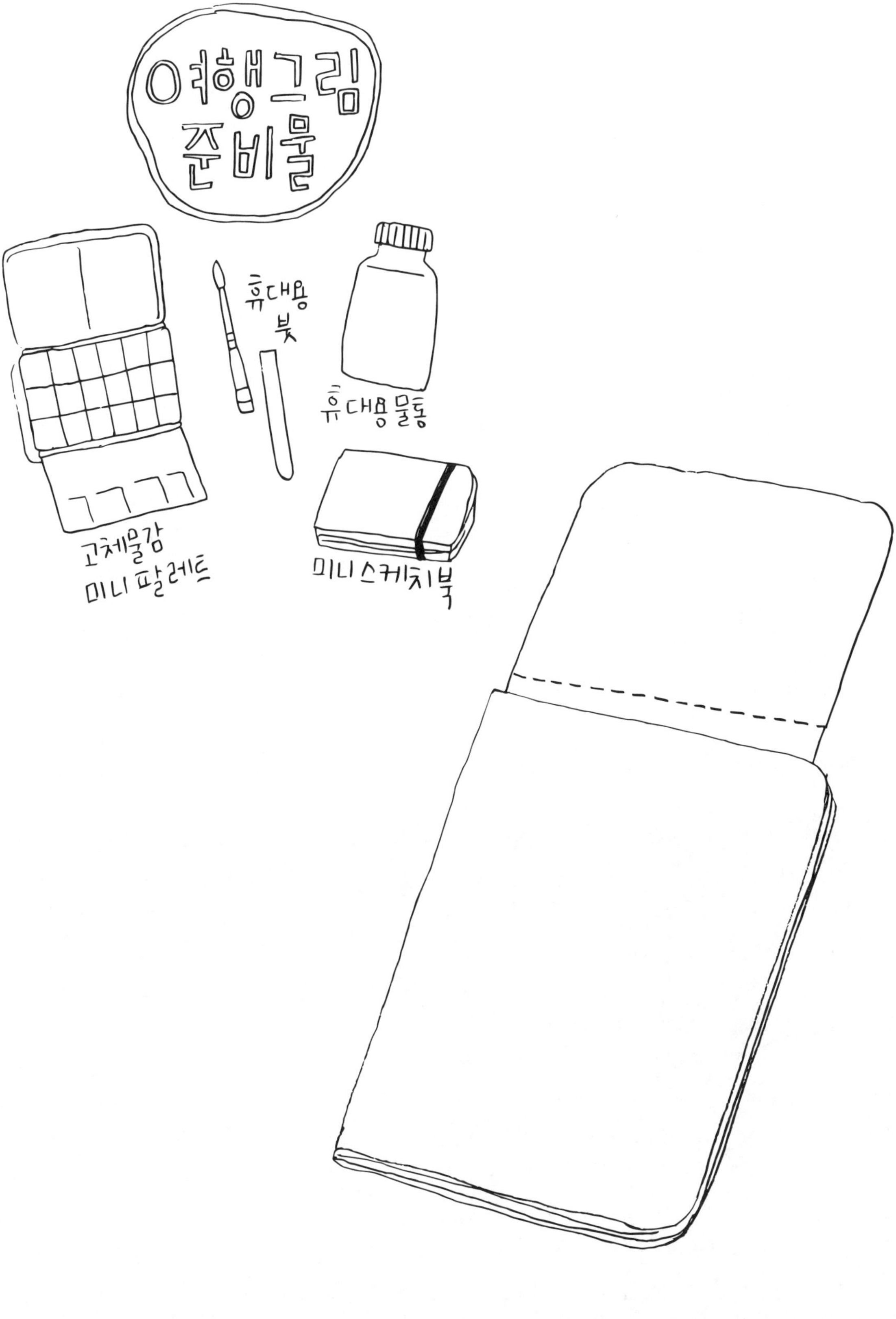

여행그림
준비물
휴대용
붓
휴대용물통
고체물감
미니 팔레트
미니스케치북